S. Jaishankar

WHY BHARAT MATTERS

インド外交の新たな戦略

なぜ「バーラト」が重要なのか

S・ジャイシャンカル

笠井亮平＝訳

सत्यमेव जयते

白水社

インド外交の新たな戦略

——なぜ「バーラト」が重要なのか

インド外交の新たな戦略——なぜ「バーラト」が重要なのか

目次

はじめに　9

第1章　世界観を提示する――計算、文化、明晰性　23

第2章　外交政策と国民――日々の生活にどう影響するのか　37

第3章　世界の現状――情勢を理解する　61

第4章　バック・トゥ・ザ・フューチャー――国家安全保障とグローバリゼーション　79

第5章　転換の二〇年――世界を導く国になるための基礎を敷く　107

第6章　友好国をつくり、人に影響を及ぼす――なぜインドはグローバルな地位を築く必要があるのか　137

第7章　約束されていたクアッド――共通利益に新たな思考が求められるとき　169

第8章 中国と向き合う——リアリズムの重要性の認識 203
第9章 安全保障再考——現代の状況にどう適応するか 235
第10章 未踏の道——リーダーの追憶と歴史の再訪 263
第11章 なぜ「バーラト」が重要なのか——自らの価値を理解し、自信を表明する 289
謝辞 321
訳者あとがき 323
訳注 *10*
人名索引 *8*
事項索引 *1*

略語一覧

ARF	ASEAN地域フォーラム
AU	アフリカ連合
BIMSTEC	ベンガル湾多分野技術経済協力イニシアチブ
CDRI	災害レジリエントなインフラ連合
CELAC	ラテンアメリカ・カリブ諸国共同体
CET	重要・新興技術
CPEC	中国・パキスタン経済回廊
CTC	テロ対策委員会
FIPIC	インド・太平洋島嶼国協力フォーラム
GCC	湾岸協力会議
HADR	人道支援・災害救援
I2U2	インド・イスラエル・アメリカ・アラブ首長国連邦
IBSA	インド・ブラジル・南アフリカ
IMEC	インド・中東・ヨーロッパ経済回廊
INSTC	国際南北輸送回廊
IORA	環インド洋連合
IPMDA	海洋状況把握のためのインド太平洋パートナーシップ
IPOI	インド太平洋海洋イニシアチブ
ISA	国際太陽光同盟
LAC	実効支配ライン
MMPAs	移民・移住パートナーシップ協定
NSG	原子力供給国グループ
OSOWOG	一つの太陽、一つの世界、一つの送電網
PIF	太平洋島嶼フォーラム
RCEP	地域的な包括的経済連携
RIC	ロシア・インド・中国
SAARC	南アジア地域協力連合
SAGAR	地域全体にとっての安全と成長
UNCLOS	国連海洋法条約

凡例

＊訳者による注は章ごとに（1）（2）と番号を振り、「訳注」として巻末にまとめた。

はじめに

この一〇年、わたしは外交の政策形成を間近に見てきただけでなく、その過程に参加する機会にも恵まれてきた。外務大臣として、またかつては外務次官や駐米大使として、この時期の分析、議論、戦略立案に深く関わってきた。回顧録を記すのはわたしの意図ではないし、責務を担っている現在にあってはなおさらそうだ。しかし、今はきわめて大きな変革の時期にあるがゆえに、そこで生じている変化について多くの人びとに客観的な説明をすることも求められている。分析の世界は先入観にとらわれ、自らの枠組みに合わない事態を把握しかねているように見える。政治の世界では論争が過熱し、本来のスタイルに反するような主張を展開している政党すらある。こうしたことから、説明という責務は実際に関わっている者が担わないわけにはいかない。自らの考えを発表してきた過去の経験もあり、この役割を引き受けるべきとの結論に達したのは自然なことだった。本書を著そうと考えたのは、こうした動機による。

四〇年以上に及ぶ職業外交官としての経験を積んできたことで、世界の現状や課題、複雑な関係はもとより、それらがインドに及ぼす意味やいかなる方向性で行動をとるべきかについて、現場ならではの見方を提示することに重きを置いている。これこそがわたしが職業として長年取り組んできたことなのである。これは何も、われわれが個々のパーソナリティや人間関係を避けているとか、その重要性を軽視しているということではない。むしろその逆に、外交のかなりの部分は人間同士のケミストリーや信頼関係をめぐるものであり、それがゆえに正しい決断を下す際にヒューマン・ファクターは常に中心に位置づけられるのである。しかし実際には、きわめて多くの客観的要素と主観的要素が統合された全体像に行き渡った結果、どちらかと言えば人間的な要素が目立たない印象を伴うということがよく起こる。

まさにその取り組みの中で、わたしは経済的分断、新型コロナウイルスのパンデミック、ウクライナ紛争、[1]西アジア（中東）情勢の急変、先鋭化する大国間競争といった課題と苦闘する世界について思考を重ね、このような脆弱な環境の中で、インドがグローバルな地位を高めていくためにはどうすれば良いかを見極めようとしてきた。この作業を通じて気づかされたのは、現在に至る年月の中でインドがいかに大きな進歩を遂げたか、そして二〇一四年までの時代[2]と比べていかに違ったかたちで見られるようになったかだ。いまやインドは防御的な非同盟路線から脱却し、複数の国と等距離を保ってさまざまな課題について関与を行っている。インドは地域の問題であれグローバルな問題であれ、その解決に多大な貢献をなしてもいる。年を経るごとに大きなインパクトを及ぼす世界にとってのパートナー、すなわち「ヴィシュワ・ミトラ（世界の友）」としての台頭を示すものにほかならない。G20ニューデリーサミットはインドにグローバルなテーマを規定する能力があることを示しただけでなく、他国がインドとの関係を重視していることが浮き彫りになった。

純粋に中立的な立場で検証することの問題は、この一大転換を余すところなく伝えられないという点にある。もう一つは、転換が生じるのは必然だと示すことで、アイデアが持つ力やリーダーシップの重要性を軽視しているという点だ。インドが歩んできたこの道程、そして今後われわれを待ち受ける可能性を真に正しく理解するためには、個人に焦点を当てたアプローチも必要になってくる。そこには外交プロセスの生々しい側面も含まれるが、多くはナレンドラ・モディ首相個人の見方と考えからもたらされるものだ。そこで、若干のためらいはあったものの、政策の形成と決定がどのように行われるかの概要を読者に知ってもらえるような序文を本書の冒頭に置くことにした。

わたしがナレンドラ・モディと直接の接点を持ったのは、二〇一一年のことだった。当時、わたしは駐中国大使で、彼はグジャラートの州首相だった。彼が訪中する前の時点で、準備の緻密さとさまざまな分野で中国の成長を理解したいという意欲に衝撃を受けたものだった[3]。彼が印中両国の発展を文明の復興という観点でとらえていることは当時からすでに明らかだった。もう一つ印象に残ったのは、彼は海外訪問に際して自国政府の立場から逸脱したくはないという考えから、政務ブリーフィングを要請したことだった。印中関係のアジェンダを踏まえれば、当然ながらテロ対策と主権問題が焦点になった。

包括的なブリーフィングときめ細かいフィードバックを重視する業務スタイルは、わたしにとって初めて接するものだった。そうしたやりとりを重ねるなかで、彼は断固たるナショナリズム、強い目的意識、そしてディテールにもこだわる人物だとの印象を抱くに至った。他者の思想や経験に対してもオープンな姿勢でいることも伝わってきた。訪問中の数日間をともにするなかで、わたしはアジア各国の近代化に関する自らの考えを話すとともに、彼自身の見方を知ることができた。モディは日本の経済とテクノロジーにおける先進性だけでなく、社会の結束力と文化面の誇りにも感銘を受けていることがはっきりとわかった。彼がリー・クアンユーのリーダーシップの質について詳しく語っていたことも記憶に残っている。二〇一五年にリーの葬儀に彼が自ら出席を決めたのは、当然のことだった。わたしは折に触れてこの初めての関わりについて思い返してきた。というのは、そこにはテロに対する彼の断固とした考え、国家としての懸念事項を率直に表明する姿勢、社会と経済の発展に対する強い関心を理解するためのヒントがあるからだ。さらに、二〇一四年以降に文化におけるリバランス[4]に向けた取り組みを進めていく考えの一端を知ることもできた。

　二度目の接触は、二〇一四年のインド総選挙の頃に間接的なかたちで起きた。このときは開票前の段階から政権交代が起こるだろうとの予測が広がっていた。当時わたしは駐米大使を務めており、あらゆる可能性に備えておくことが任務だった。バラク・オバマ大統領と次期インド首相の電話会談を早期に実現するべく、慎重に準備を進めていった。この件に特有だったのは、単なるロジスティクスやプロトコール上の問題以上に懸念しなくてはならないことがあった。それは過去から生じた件[5]の対処であり、重要な懸念事項にほかならなかった。結果的には、この件は首尾良く解決することができた。だが、この一件は国益を前面に出すとともに、重要なパートナーになりうる国には戦略的アプローチで臨むべきというモディ首相の直感がしっかりと発揮されたものだった。

　この時期について論じる際には、二〇一四年にマディソン・スクエア・ガーデンで開かれたイベント[6]について触れないわけにはいかない。このイベントは中身そのものというよりも、在外インド人とのつながりと、対外的なアピールという現在に至るまで続く潮流の始まりを告げたという点で大きな意味を持っていた。首相としてのモディと初めて会った際、在外インド人の重要性と海外におけるインドのイメージ構築という文脈からこのアイデアが持ち上がった。重点が置かれたのは、このイベントはニューヨークで開催し、その反響がまずワシントンに、さらには世界中にメッセージとして伝わるようなかたちで開催する必要があるという点だった。マディソン・スクエア・ガーデンでのイベント以降、これはモディ外交を代表する一面となり、世界中の国々で成功裏に展開されていった。民主主義世界のリーダーは間違いなく魅了され、自ら積極的に参加することも少なくなかった。デンマークや日本からアフリカやオーストラリアまで、この種のイベントは政治の世界のロックコンサートとして受け止められている。

この取り組みは在外インド人にとって、モチベーションであると同時に自分たちの存在が認められる機会にもなっている。そして忘れてはいけないのが、これが「インドの物語」を世界と共有するための際立ったプラットフォームとなり、常に最新の状況にアップデートされながら展開されていることだ。在外インド人への配慮自体も、数々の要素が重なって形成されたものである。まず、彼らがインドの発展のために貢献し続けてくれていることに謝意を表するという意味がある。同時に、彼らに熱意を抱いてもらうことは、居住地の社会にもインドに関心を持ってもらうための取り組みを促すことにもつながる。だが、働き場所がグローバルに広がる時代の中でインド人の進出を支援するという、より重要な課題もある。そのために必要なのは、インド人の移動を促進し、海外での生活を快適にし、留学生や専門職などの人びとが抱える具体的な心配事を解消することだが、なかでもきわめて重要なのは、困難な状況に陥ったときに彼らを支援することである。他の分野で行動をとるときと同様に、メッセージには実行が伴っている。モディ首相はそうした不慮の事態に対応するためのウェブ上のポータルサイトや支援基金、対策システムの構築にとりわけ強い関心を注いできた。

外交においては個人間の要素が大きな意味を持ち、最高レベルではとくにそうである。モディ首相によるはっきりとした成果の一つは、国際的な舞台でカウンターパートと絶妙なケミストリーを構築して見せたことである。その対象は、西洋の指導者から湾岸諸国の支配者まで、民主主義国の政治家から政権交代が少ない国の政治家まで、インドと近しい国から大きく異なる考えを持つ国まで、多岐にわたる。そこには定型のパターンがあるわけではないが、多くの関係性が自らの経験を伝え合ったり、互いの成果に敬意を示したりすることから生じていることが見て取れるだろう。競争にさらされる分野であればどこでも当てはまることだが、支持率であれアイデアの発表であれガバナンス上の実行力であれ、結果を出している者は他者から関心と称賛を自然と向けられることが多いものだ。だが、それは個人的ないし文化的な側面もある。一例を挙げると、モディ首相が行う断食という習慣は二〇一四年の訪米時はもちろん、それ以降でも重要なポイントの一つだった。このときは、断食に関する根本的なとらえ方についても多くの関心を惹起することになった。同様に、彼がヨガを積極的に広めようとし、自らも実践していることは、他国のリーダーとの会話でよく話題に上るテーマである。話題はそれだけにとどまらず、食習慣や伝統医学から文化や遺産、歴史にも及び、こうしたやりとりが相手に強い印象を残したことで、インド自体も彼らの意識のなかに大きな位置を占めるようになったのである。

次に、現代世界が直面する課題についてモディ首相が折に触れて説明するアイデアや思想がもたらした影響について記そう。二〇一五年にパリで開かれた国連気候変動枠組条約締約国会議（COP21）はその一例であり、あのとき彼は太陽光発電推進に対する熱い想いを示すことで多くの人びとを驚かせたのだった。実のところ、西洋のリーダーのなかには、モディ首相との会談で気候変動対策のための行動について議論をしなくてはいけないと予想していた者もいた。ところが、結果的に彼らはインドのほうが自分たちの考えより数歩先を行っていることに気づかされたのである。興味深いのは、この分野で過去一〇年に生まれた重要なアイデアの多くがモディ首相個人によって提起されたものであり、二〇二一年にグラスゴーで開かれたCOP26の成果もそれに含まれる。

注目すべきもう一つの側面は、テクノロジーに対するモディ首相の関心の高さが世界中で関係構築に役立っているという点である。最初に世界の関心を引くことになったのは、二〇一四年総選挙で彼が選挙運動にテクノロジーを活用したことだった。しかしすぐに、ガバナンスにおける実践や政策遂行におけるツールへと広がっていった。社会保障や新型コロナウイルス対策でオンライン対応がいかに功を奏したかは、当然ながら国際的に注目を集めた。漏れが生じることについて指摘を受けることがわたし自身よくあるが、それはインド固有の問題ではない。半導体や再生可能エネルギーからドローンや航空技術に至るまで、さまざまなサイエンスの世界でインドは進歩を遂げているが、テクノロジーの導入に理解がある首相の存在は、インドが信頼される連携相手として見なされることに貢献しているのである。

「核心的な信念」というカテゴリーに入れられるべき課題もある。なかでもテロに立ち向かうことが重要度の高い課題であることは言うまでもない。二〇一一年に北京で初めて会って以来、顔を合わす際には常に、いかなる状況下であっても越境テロを当然のことにさせるわけにはいかないという点がこれ以上ないほど明確にされた。二〇一六年にウリで事件[7]が起きたときには、相応の姿勢で臨むことについて、政権内部で疑念はほぼなかった。二〇一九年にバーラーコート事件が起きたとき、わたしは政府に籍を置いていなかったが、方針にしっかりと則って対応していたということは指摘できる。国連では、インドは当然ながらテロリストに対する制裁を強く求めてきた。そして他国が何らかの政治的理由からそうした試みを阻止しようとした際には、躊躇なくそのことを公の場で指摘してきた。二〇二二年十月には国連安全保障理事会の一員として、二〇〇八年十一月二十六日に起きたムンバイ同時多発テロの現場の一つでテロ対策委員会（ＣＴＣ）の会合を開催した。インドは「テロにはカネを渡さない」のようなイニシアチブを強く信奉する国でもある。外交政策の観点では、明確な目標と確固たる指示の下で動くことが当然ながら常に有利である。憲法第三七〇条に関する問題[8]で世界への説明が求められたときも、まさにそうだった。ナショナリスティックな姿勢は自然とナショナリスティックな外交をもたらすのであり、世界はそれに慣れてもらう必要がある。

国内の経済的プライオリティは、海外で政策を推進する際の強力な要因となる。リソースの円滑な流入とベストプラクティスの吸収は、近年さらに必要性が高まっている。モディ首相は、起業家との会談、テクノロジー施設への訪問、イノベーションやスキル促進の追求のように、さまざまなかたちで最前線に立ってこの取り組みを導いてきた。これらすべてにおいて、雇用の創出と能力の向上は彼の中心的な関心事であり続けている。モディ首相の外国訪問でインドの基幹プロジェクトに関係のある施設や活動への訪問が重要な位置を占めることは多いのは、その表れである。ここから、インドの成長の加速と総合国力のさらなる向上に向けた強い決意が感じ取れるはずだ。その実践がオーソドックスな思考やグローバルな主張とは相容れない対応になる場合もある。二〇一九年の「地域的な包括的経済連携（ＲＣＥＰ）」参加をめぐる問題[9]はその一例だ。相当な圧力を受けながらも、モディ首相は不参加という勇気ある決断を下した。以来、この決断は地政学的観点から正当性が十分に証明されている。この他にも、それぞれにジレンマが明らかになっている貿易・経済協定交渉がある。インドは、明確な計算と社会にもたらす影響についての確かな直感に基づく姿勢で臨んでいる。

だが、モディ政権を保護主義的な観点で位置づけるのは重大な過ちである。むしろその逆に、インドの歴史においていまほど世界から資本とテクノロジーを引き込もうと熱心に取り組んできたことはなかった。インドのパートナー国が理にかなった条件を提案し、それがこちらの利益に見合う場合には、驚くほど速いスピードで合意が達成されることが多い。世界経済、とりわけ込み入ったサプライチェーンの複雑さについてもしっかりとした理解がある。また、「ワクチン・マイトリー」[10]であれ最初の対応オペレーションであれ、あるいは開発協力パートナーシップの拡大であれ、課題への対応においては国際主義がしっかりと発揮されている。

インド外交のフットワークが軽くなり、クリエイティブさを増すようになったとすれば、それは外交を時代に合わせるとともにレスポンスを速くするべく意識的に尽力してきたリーダーによるところが大きい。「近隣第一政策」に関わる全体的な思考は、二〇一四年の就任宣誓式とモディ首相個人の経験から形成されたものである。この非互恵的で寛大な政策に関わるアイデアを事務側が理解するには時間を要したが、最終的には実現した。「地域全体にとっての安全と成長（ＳＡＧＡＲ）」[11]は、外務省内にすら存在していた長年にわたる縦割り主義を打破する試みだった。湾岸地域との関係では、数十年に及ぶ関心の欠如があったが、これは改めなくてはならない。インドはハイフン化[12]を適用されようとしたときに抗ってきたが、イスラエルとパレスチナについてもそうしたハイフン化に終止符を打った。さらに、インドはパレスチナ人国家創設の必要性に関する立場とテロに対する鮮明な非難を分けてとらえてもいる。アフリカにおける大使館の新設と関与増大への注力は、長きにわたって提唱されていたことを実行に移したものだ。太平洋について言うと、二〇一四年までは完全に関心のかなたにあった。こうしたもろもろの変化をグローバルなレベルでの分析としっかり結びつけながら集積することで、まったく異なる見方が浮かび上がってくるのである。

政策が日々遂行される一方で、その時々で下される決定には国家の台頭における転換点を表すものがある。インドも当然ながら、この点について自らの試練と挑戦に直面するなかで対応してきた。そしてそれは、対立が際立ったかたちで現れる困難な状況の下で下された決断にほかならない。なかでも重要だったのは、新型コロナウイルス対策のロックダウンの最中に下された、中国との国境地域に大規模な軍隊を展開するという決断だった。決定的な意味を持つ段階で、装備を携えた何万もの兵士が急ピッチで空輸された。これは中国軍が長きにわたる合意に反して動きを見せたことに対応したものだった。それだけではない。その後、このときの事案が両国関係において異常な事態であったことを粘り強く伝えていく外交姿勢もまた、決して些細な問題ではなかった。

また、クアッドの立ち上げから、儀礼的な意味でも中身の面でも進展が見られた。クアッドについても強い抵抗があったが、それでも推進することができた。バンコクでRCEP不参加を決めたときの決断についてはすでに触れたとおりだ。インドはロシアからの原油購入について、自分たちに起きていることについては甘い姿勢をとる国々から公の場で圧力を受けることとなった。こうした決断はいずれも、インドの利益を最優先にするという考えに基づいて下されたものである。

地域ないしグローバルなレベルの問題に関わる対応についても記しておきたい。国内でまだワクチン接種が進行中だったときであっても、インドがグローバル・サウス諸国に対しワクチンを供給したことはその一例だ。スリランカで経済危機が起きた際、インドが行った支援の規模とスピードも同様である。興味深いケースとしては、「I2U2」[13]と「インド・中東・ヨーロッパ経済回廊（IMEC）」[14]が提起されたときの対応がある。このときインドは迅速に反応することで他のパートナー国を驚かせたが、これはまさにわれわれが地域に対する分析を行うなかでこうした枠組みの誕生を期待していたからにほかならない。

初期のモディ政権内で積極的に取り組んだのは、世界のインド観を変えることだった。これは、幅広い分野での能力構築とその発揮を意味していた。そこで必要とされたのは、グローバルなレベルで主要な議論に関与し、インドは問題の原因ではなく解決策を形成する側にあると認識させることだった。一方で、インドにはより大きな責任を引き受け、より積極的な貢献をなしていくだろうという期待も寄せられていた。われわれの側では、インドは自国の社会に生じた一大転換のさまざまな側面をよりよく理解すべく努めてきた。同時に、われわれはインドをより信用を置くことができ、信頼に足るパートナーとして確立すべく取り組んできた。こうしたファクターの一つひとつが、国際関係を特徴づける影響力のゲームの中でアピールポイントとなったのである。これらをつなぎ合わせることは、自国の進歩を発信するとともに今後の方針を明確に示すという、新たなナラティブの創出を意味している。「新生インド」というメッセージの発信において、これは核心中の核心なのである。

大国の外交というものは生半可なものではなく、台頭の最中にある国であればなおさらそうである。リーダーシップとコンセプトがはっきりとしていれば、その遂行は容易になる。だが、包括的なビジョンを構築し、その都度アップデートしていくことは簡単なことではない。過去一〇年でインドの国際的地位がより鮮明になったとすれば、それは一連の政策、決定、行動の結果によるものだ。ビジョン、さらには目標でさえも、実際に遂行するための戦略を構築しなくてはならない。それは、焦点を定め、かつ持続的なかたちで協議を重ね、投資を行い、メッセージを発信していくことを意味している。国民の目にはエレガントな白鳥のように見えても、その下では必死になって水かきをしているのである。

モディ首相のワークスタイルでもっとも目立つ特長は、全体像と細かなディテールを常に統合する能力だ。彼は在留インド人の退避オペレーションの対応やベストプラクティスの重要性に関する会議と同じように、半導体戦争やエネルギーの未来に関するブリーフィングにもじっくりと耳を傾けている。訪問であれ演説であれ行事への参加であれ、そのいずれも理由がある。すなわち、それぞれが大きなモザイクの一ピースを形成しているのだ。議論や決断のなかには、生じた事態への対処というかたちで行われるものもある。だが、より徹底しているのは、戦略的な道筋を明確に描くとともに、予測不可能な現代に適応していくことだ。過去一〇年にわたりどれだけの時間と労力がこの全体的な取り組みに費やされてきたかを知れば、多くの人びとはおそらく驚くだろう。政策が展開されるときには当たり前に、そして多くの場合、たまたま生じたかに見えるかもしれないが、実際には継続的な立案と実践の結果なのである。

モディ外交が「何」を「どのように」行っているかは、見ていれば誰でもわかる。「なぜ」なのかはより複雑な問いだが、これはもしかすると国民が直感的に気づいているものかもしれない。「なぜ」のかなりの部分は、インドがよりよい世界の構築に貢献できるというしっかりと心に刻まれた信念から来ている。この考えは、世界の発展を願う人びとの自己認識に内在するものであり、国際社会は一つの家族であり、過去に比してそうした姿勢が明らかに強まっているとの見方がそこにはある。だが、それ自体もまた、民族の再生と文明の再興への強いコミットメントの一側面にすぎない。国内においては、それは能力の構築や改革の実行、ガバナンスのクオリティ向上というかたちをとることは明らかだ。国外においては、グローバルな課題に影響を及ぼす力の向上として表されている。こうした方針の下で、先進的な思考やテクノロジーの受容をインドの伝統や個性と矛盾することなくミックスさせることが可能になるのである。国外で国際主義を貫く一方で国内ではナショナリズムを主張することには、何ら矛盾はない。これこそが大きなステージで役割を担い、国益を実現するためとあらばステージ自体を変える決意を持った新生インドなのだ。そのための国内の推進力と国境を越えた理解促進の希求が、併存している状況にある。

本書は一一本の文章をまとめたものである。そのすべてが相互にリンクしており、なかには内容が重なっているものもある。国際情勢の分析からインドにとってのチャンスの検討まで、テーマは多岐にわたる。全体像について取り上げたものもあれば、世界をかたち作るリアルな事象を扱ったものもある。主要国との関係については詳しく論じたが、世界の全体的枠組みについても見方を示した。文章の中には過去にさかのぼるものもあれば、未来へ誘うものもある。本書はこれらを重ね合わせることで、変革の一〇年について説明することを試みている。

国際的地位を高めようとするインドの希求は、終わりなき旅である。だが、われわれがこれまでの成果を把握し来るべき試練に備えてくなかで、それがこのように強い国のコミットメントと自信に基づいて推進されていることは、大きな安心材料だろう。遺産や文化から強みを引き出すのであれ民主主義とテクノロジーに対する期待によって試練に向き合っていくのであれ、それがまさに「新生インド」なのであり、国益を規定し、自国の姿勢を主張し、解決策を見出し、独自のモデルを推進していくことができるインドにほかならない。一言で言えば、それはより「バーラト」[15]的なインドなのだ。

第1章

世界観を提示する
——計算、文化、明晰性

三年前、前著『インド外交の流儀――先行き不透明な世界に向けた戦略』で、わたしは「アメリカに関与し、中国をマネージし、ヨーロッパとの関係を深め、ロシアを安心させ、日本により大きな役割を発揮してもらい、隣国をわが国の陣営に引き込み、近隣地域を拡大し、従来型の友好国を拡大していくときなのだ」と訴えた。それからの年月の中で多くの関係で進展があったが、すべての方面で同じレベルの展開があったわけではないのは当然だ。順調な進展を見せた関係もあった一方で、予想以上に複雑さを増したものもあった。同時に、世界全体でも大きな転換が生じた。移行期における国際秩序の試練は、新型コロナウイルスのパンデミックやウクライナ紛争、西アジアの戦闘が次々に起こったことによるインパクトゆえに、深刻度を増している。

いまや世界ははるかに厳しい状態になったということに疑いはない。インドに限って言えば、快適とはほど遠い状況にある。重要な懸念事項の多くがインドに直接的なインパクトを与えてきた。とりわけ、国境問題に関する中国の姿勢の変化は戦略的計算における主要なファクターの一つだ。だが、断固たる決意を持ったリーダーとそれを支持してくれる社会のおかげで、インドはこの激動の時代を進むことができている。台頭の渦中にある国は何よりも安定を求めるものだが、インドは深刻な予測不可能性の中で台頭していくべく計画を練っていかなくてはならない。

過去四半世紀の国際関係は、五つの現象によって支配されてきた。それは、グローバリゼーション、リバランス、多極(化)、テクノロジーのインパクト、そして諸国間で常に展開され続けてきた駆け引きである。このうち、もっとも根本的なものはグローバリゼーションだ。相互依存をもたらすという初期のモデルは高まりつつある試練にさらされているが、だとしても活発になる一方だろう。グローバリゼーションは、国際秩序におけるプレイヤーの相対的ウェイトにリバランスをもたらした。当初この動きは経済分野で展開していったが、いまや政治や文化面でも同様のことが生じている。リバランスの進行に伴い、今度は多極化がもたらされる。新たに力を持った国からなる一群が台頭し、一九四五年以来支配的な立場にあった国々に加わっていくだろう。この現象はいまも進行中であり、まだ初期段階にあるとすら言えるかもしれない。ここで重要性が高まっているのは、諸国がいかにして、またいかなるアジェンダの下で結集するかという点である。

　テクノロジーもまた、過去に比べてゲームチェンジャーとしての役割を強めている。日々のルーティンにテクノロジーが及ぼすインパクトははるかに大きくなっており、さらに言えばわれわれの普段の活動やニーズ、リソースを兵器化する力を持っている。事実、テクノロジーの進化は、「テケイド」[1]の観点から物事を考えざるを得なくなるほどのレベルにまで達しているのである。そして、諸国が長きにわたって繰り広げてきたゲームがある。この政治的競争は、国同士で展開されることもあれば、グループ間で展開されることもある。これらの現象は、個別的にも集合的にも、それぞれが現代インド外交の政策形成における主要なファクターとなっている。今日、インドは単に経済とテクノロジーの集中を是正する「再グローバル化」に備えるだけでなく、そのチャンスを総合国力の強化にも活かすべきだ。

　国際政治においては継続性と比べて少なくとも同じ程度の変化があることを踏まえれば、インドのアプローチは経験則に過度に頼るべきでないことは明らかである。構造的枠組みや過去の経験が重要な意味を持っているのは当然だ。しかし同時に、われわれの存在をかたち作り続けている前述のプロセスについても十分に理解する必要がある。全体の計算にも大きく関わる国家間および国家内の力関係には、重要な転換が生じている。その多くは、かつてのような支配力を持ち得ていないことは明らかなアメリカに集中している。力関係が変わったことは疑いがないが、それがいかなる結果をもたらすかについては、かなりの部分が未だ論争中の段階にある。その能力にしても影響力にしても過小評価するべきでないことは、最近の事態が示している。アメリカの新たな姿勢については、正しく理解することと自体が課題であり、国外に影響を及ぼすかたちで影響力を行使する際はなおさらだ。同国がさまざまな地域にどう関与しているかは、他の国々、とりわけ中国のプレゼンスの高まりに関する問いと並んで当然検討しなくてはならない問いである。

社会の中での政治的分極化もまた、多くの国が外交において考慮しなくてはならないファクターの一つだ。アメリカや中国をはじめとする国々では、国内の変化を受けて自国の姿勢の再調整を強いられている。地政学上のステージは変動しており、世界はこれまで西アジアとヨーロッパが競争の中心的な舞台であるという思考に慣れ親しんできたが、いまやインド太平洋への注目を増しつつある。このため、遠く離れた国々でさえも、それぞれがインド太平洋戦略を構築せざるを得なくなっているほどだ。ウクライナ紛争とそれによるエネルギー面での影響が重要であることは確かだが、インド太平洋へのシフトが変わることはないだろう。

こうした潮流の一つひとつがインド外交に独自の影響を及ぼしてきた。この流動性に効果的に対処するには、徹底した戦略構築と戦術上の調整の両方が求められる。インドの国内政策はパンデミックからの回復を確実にしただけでなく、コロナ対策をめぐる外交の基盤にもなった。ウクライナをめぐる政治姿勢においては、エネルギーと食料の安全保障上の必要性のみならず、ユーラシアという広範な地域のダイナミクスも考慮に入れた。中国については、国境地域で断固とした姿勢で部隊を展開するとともに、協力については意識的に制約を課してきた。クアッドの中では、インドは性格が大きく異なる政党間で円滑な政権移行を実現した数少ない国の一つだった。加えて、クアッドの格上げやＩ２Ｕ２[2]の立ち上げ、インド・中東・ヨーロッパ経済回廊（ＩＭＥＣ）の構築をはじめとする重要な政治決定を適切な時期に下すこともしてきた。

多方面に関与していくとともに、競合する各国との関係のバランスを確保し続けていくことも、この時期に真価が問われた。ヨーロッパとの協力緊密化には多大なリソースを投じてきたが、それをロシアとの伝統的関係維持とどう調和させていくかは容易ではなかった。南北の分断が深まるにつれて、Ｇ20議長国就任のタイミングに合わせて「グローバル・サウスの声サミット」を開催したことは、時宜を得た動きだった。そして多極化が進行し続けていくなかで、それに合わせてインドの関与も増大していったのである。

国家の選択を導くファクターにも、この数年間で多大な変化が生じてきた。以前であれば、パワーの伸張を評価する際には、軍事と経済というオーソドックスな基準を用いるというのが定番だった。インドが外交の選択肢を検討するときも、国家間のパートナーシップを基礎に置くことが多かった。だが、近年の展開によって、安全保障の評価と利益の計算において多くのパラメーターが登場してきた。経済であれ国家安全保障という広い分野であれ、インドの方向性もこうした状況に対応させていかなくてはならない。グローバル経済のデリスキングはいまや中心的な関心事の一つとなっている。市場経済と民主主義の国にとっては、より強靱で信頼度の高いサプライチェーンの構築に注力することを意味する。デジタル分野においても、信頼と透明性の重要性がともに強調されているのをわれわれは目の当たりにしている。分権的な世界経済は、現在の懸念事項に対するもっとも有効な解決策であるとの見方が高まりつつある。経済の集中に対するこうした感情は、テック戦争[3]が激しさを増していくにつれて、より高まっていく可能性が高い。相互依存は、それだけでは世界に平和と安全をもたらす確かな基盤に常になりえるわけではないことも理解しておく必要がある。これからも続くテケイドにおける再グローバル化は、われわれすべてにとって初めての経験となり、確実な連携を促していくだろう。

台頭する国家の物語《サーガ》

インドと世界が検討と計算を行っていくなかで直面するのは、こうしたシナリオにほかならない。われわれは不安定で激動する時代へと突き進んでおり、そこでは緩和と前進が同時に進行している。われわれが以前から到来するのではと思ってきた転換がいま現実に起きているのである。対外関係において、インドは自国の確固たるアイデンティティをしっかりと維持しながらも、有志国と考えを一致させることのメリットを見出そうとしている。国内の発展は、さまざまなパートナーと関与していくに当たり新たな関係性の構築を可能にしている。インドは世界最大の人口と現時点で世界第五位の経済規模を持つ国であり、その特長はG20議長国を務めた際の振る舞いに表れている。変貌するインドとダイナミックさを増す世界の交流は、双方にとって間違いなく初めての経験となる。この状況下でカギを握るのがリーダーシップの質だ。わたしはきわめて大きなストレスにさらされている世界で起きるさまざまな出来事を把握し、インドの可能性を検討する上での傾向を提示しようと試みてきた。これまでの取り組みと同様、これもまた議論好きな社会において続いている論争に貢献できればという意図がある。

世界にインパクトを及ぼす主要国は、決定的な事態が発生すると、それに対して行動を起こしている。それは紛争のときもあれば革命のときもあり、経済の重要な転換ということもある。そうした国々に共通しているのは、新たなプレイヤーとして能力と魅力を飛躍的に向上させることだ。インドの場合、独立初期の外交は能力面に由来する制約が次第に強まっていった。それは国家安全保障や政治的な危機の中で顕在化したと言えるかもしれないが、実際には社会・経済およびテクノロジーの分野での進歩が限定的だったことが累積した結果だった。だが、偉大な文明を有することを十分に活かすことができないという側面もあった。インドの発展は同レベルにあるグループの国々より後れをとっている。今日、インドがさまざまな分野で自律的に活動を展開するなかで、そうした変数が一体となって機能しはじめている。政治、経済、人口、文化、思想がしっかりと結びついているのである。幅広い分野にわたるこうした大きな変化によって、「新生インド」の形成に寄与しているのだ。

この一〇年で、国際社会におけるインドの空間は拡大し、地位も向上した。「近隣第一政策」が定着し、拡大近隣(4)が全方位に広がっていくなかで、インド外交の「マンダラ」がはっきりとした形になった。アフリカやラテンアメリカから太平洋やカリブ海諸国まで、グローバルなレベルでの存在感も拡大している。複数の主要陣営と同時に関与する試みも強化しているが、これには試練を伴うときもある。「ワクチン・マイトリー」はグローバル・サウスの旗手としての資格をあらためて明確に証明してみせたし、危機に真っ先に対応した行動はインドの国際的コミットメントを示すものだった。

カヴェリ、ガンガー、デーヴィー、シャクティ、アジェイといった作戦[5]は、在留インド人が困難にさらされた際に自分たちの政府が助けに来てくれることを示すものだ。二〇一四年にヨガの振興[6]を始めたが、それから一〇年を経て「シュリー・アンナ」[7]と呼ばれる雑穀の振興が進行中である。こうした取り組みは続いていくが、これまでにもたらした変化を確認し、評価を行う時期に来ている。そしてその作業は、インドが世界にとってこれまで以上に重要な存在であることを間違いなく示すことになるだろう。

　結局のところ、外交政策とは世界の状況を実際に評価し、自国の展望を描くことにほかならないのだ。全体像を正しく理解することができて初めて、行動の方向性が持つリスクとベネフィットを評価することが可能になる。だが、いかなる国も真空状態で計画を練ったり行動をとったりするというわけにはいかない。自国のビジョンを持ち、構造を念頭に置き、達成すべき目標を備えている必要がある。実践上の理由でも文化的な理由でも、これらは常に対外的に表明されるものとは限らない。だが、世界情勢を分析し、プロセスを理解し、解決策を提示することによって、その概要をはっきりさせることは可能である。その意味において、行間を読まなくてはならない空間も存在していると言える。

　G20議長国としてのインドが務めた役割も、現在の国際政治をいかに生き抜いていくかのヒントを与えてくれるという点で重要だった。グローバル・サウスが抱く関心事にスポットライトを当て続けることによって、インドはG20が世界の成長と発展を推進するという基本的な責務に回帰するのを実現してみせた。この点についてプライオリティを明確にし、グループとしての解決策を構築することもまた、相当な努力によって達成した目標だった。東西陣営の二極化と南北の分断という二つの試練が併存するなかで、一方がもう一方の問題を緩和するために活用された。短期的な結果を得るための新たな対応を含め、断固とした外交姿勢は、コンセンサスが非常に重要である状況下でその実現を促す働きをした。アフリカ連合（AU）の正式加盟実現に向けたイニシアチブはそれ自体が注目すべき成果だが、より大きな潮流を強化するという点でも有用だった。

G20ニューデリーサミットの成果によって示されたのは、アジェンダが野心的であればあるほど、他の加盟国が邪魔をすることが困難になるということだった。また、一定の時間の中で重要な関係を育んでいったことで、すべての加盟国がインドの成功に関わりを持つことになった。外交の進め方であれ、文化や伝統の示し方であれ、国民の参加の奨励であれ、インドのG20議長国としての振る舞いは、まさに「インド流」の実践にほかならなかったのである。

インド外交の実務に長年関わってきた者として、本書で果たしたい責務が二つある。一つは台頭する国家の思考を、その事態に対して関心を強めている世界に理解してもらうこと。もう一つはインドの国民に対して世界の展開を正しく理解することの必要性を伝えることである。これができてはじめて、インドという国が目の前に広がるチャンスと試練を十分に受け止めることができるのだ。実は、この二つのテーマは文化的な土台を通じてつながっている。結局のところ、この基礎こそがインドの社会における多元的で対話を重んじる性質をもたらしているのだし、それと同様に「一つの家族としての世界」に対するインドのアプローチにも影響を及ぼしているのだから。それはインド政治の精神《エートス》をかたち作るものであり、民主主義の選択を促したのはまさにその表れである。議論のスタイル、意思決定の仕方、各自の立場の表明方法――そのどれもがインド自身の文化的特徴を持っている。だがなによりも重要なのは、われわれの集合的な特質の中核にある価値と倫理をもたらしているという点なのである。

国の物語というものは、その地の人びとの想いを形にすることで生まれたものであると同時に、知恵と信念、慣行が凝縮されている。過去の困難な時代において文化や伝統が脅かされたことのある民族にとって、それは気持ちを鼓舞してくれる重要な物語でもある。真に偉大な物語は、その国の影響力が国境を越えて広まり、メッセージを伝えていくのに資するような気づきをもたらしてくれる。したがって、そこから現代世界に適用できる教訓を導き出したいという誘惑に駆られる。とくに激動の時代にあっては、物語のエピソードや結末からアドバイスを得たり、類似点を見出したり、自らの信念を強めたりすることができる。実のところ、叙事詩というものはいかなる時代の出来事を考える際にも導きを与えてくれるがゆえに、常に重要な存在であり続けているのである。

『ラーマーヤナ』と『マハーバーラタ』というインドの二大叙事詩のうち、統治や外交に関連付けられるのは後者であることが多い。そうとらえられるのには多くの理由があるが、その一つとしてストーリーそのものが挙げられる。しかしそうした見方も、二つの物語には異なる時代背景があり、それぞれに異なる行動原理があるという事実によるものだ。先に成立した『ラーマーヤナ』について言えば、思想の純粋さと行いの高潔さが中心的なメッセージとなっている。これに対し『マハーバーラタ』の場合は、人間の脆さや野望の追求を記述することに重点を置いている。現代的な言い方に置き換えれば、『ラーマーヤナ』はルールと規範の順守を追求するものであり、『マハーバーラタ』はリアルポリティクスの実践と評価することができるだろう。国際秩序は制約なき競争によって構築できるものではないため、規範の確立と維持に向けた取り組みは常に大きな意味を持っている。これは、混乱のただ中にある現代世界にあってはさらに重要と言えるかもしれない。『ラーマーヤナ』はこの観点から検討することが可能であり、ルールに基づいた秩序の構築におけるメリットと試練の両方に焦点を当てるべきだろう。

『ラーマーヤナ』が倫理に重きを置いている点は、『マハーバーラタ』のみならず、他国の文化における叙事詩との比較においてですら際立っている。『ラーマーヤナ』の基本的なストーリーは、善が悪にはっきりと対峙するというものだ。アジア各地の祝祭や寓話で『ラーマーヤナ』が取り上げられているのはこのためである。しかしこの設定の中においても、戦略を学ぶ者にとって教訓となる複雑さやジレンマ、衝動を見出すことができる。善意の活用、コミットメントの形成、協力関係の構築、選択結果の実行のいずれもが、物語の中で活き活きと描かれている。ほとんどの場合、決断の内容は自明のように映る。だが、重要な展開の数々にはバックグラウンドがあり、それを知ることで初めて物語をしっかりと理解することが可能になるのである。

『ラーマーヤナ』のエッセンスとは、聖なる勢力がラーマという化身[8]を通じて悪の世界を浄化する物語だと言える。このプロセスにおいて、ラーマは人としての行いの規範を設定するとともに、良き統治の推進を図っている。こうした理由により、「ラーム・ラージャ」として知られる彼の統治はルールに基づく秩序の典型例と見なすことができるのである。物語が展開していくなかで、当然ながらこうした説明だけでは語り尽くせないほどに中身ははるかに複雑だ。『ラーマーヤナ』は、主人公であるラーマに比類のない名声をもたらすことになる強さの形成と能力の獲得を描くところから幕を開ける。さまざまな試練を経ていくなかで、ラーマは巧みな対応でそれを乗り越え、最後の戦いに向けて成長していく。異母弟ラクシュマナとの関係はとりわけ親密だったが、彼はバラタとシャトルグナというもう二人の異母弟にも愛情を注いだ。彼らをめぐる物語は政治的観点からも興味深い。継母カイケーイーが夫ダシャラタから許された二つの願い事の一つとしてラーマの追放を要求するのだが、それはラーマの戴冠間近という絶妙なタイミングで行われたのだった。ラーマが森に逃れていた際、妻のシーターが羅刹の王ラーヴァナによってさらわれる一大事件が起きるが、これをめぐってその後の物語は展開していくのである。

ラーマがシーター救出作戦の準備をするなかで数々の計略が登場するのだが、そのどれもが伝説となっていった。一〇日間にわたる戦いでは、最終的にラーマが勝利を手にする。しかしこれとて、憂いのないときはなかった。ラーマの信奉者、使者、知恵袋、助言者としてのハヌマーンの役割は特筆に値する。信頼の置ける友人の重要性、協力関係を構築する際の課題、最後の対応を決めていないコミットメントの危険性、戦略的な問題で中途半端に満足してしまうことの危険性、効果的な外交の重要性、情報戦の必要性――『ラーマーヤナ』の時代から現代の世界が学べるものは数多くある。

そして何よりも、ラーマの物語は、国益とグローバルな貢献へのコミットメントを調和させることができる新興大国の振る舞いを示すものなのである。彼が直面することになった試練は、戦略的な創造性の向上を促していた。決断の多くは原則《プリンシプル》に基づいたものであり、その結果、採られた選択は曖昧さを排している。だが、自らの利益を図る場面もあり、そこでは行動の正当化が特定の必要性からもたらされている。ラーマによる猿王のヴァーリンとスグリーヴァの戦いへの介入については後で詳述するが、これはその代表例と言える。これとて、倫理的な側面を欠いていたわけではなかった。倫理に対する理解が一般的な考え方とは異なっていたにすぎなかったのである。

人生において、黒か白かの二者択一ということはめったにない。意思決定の複雑さを理解することは、国際関係の把握において不可欠の一部なのである。だが、新興大国には正確な情勢分析とそれに基づいて行動する能力以上のものを持つ必要がある。まず何よりも、自らの価値と信念に対して自信を持ち、政策はそうした確信に基づくものでなければならない。これらは文化や遺産、伝統の集合体から導かれることだろう。インドの台頭が真にバーラトであることによってのみ可能なのは、このためにほかならない。

第2章

外交政策と国民

──日々の生活にどう影響するのか

インドは世界にとって重要な存在であり、その逆もまた同様である。だからといって、われわれインド人が自らのことを省みる必要はないということではない。国家としての観点において、「良い」外交政策とはどのようなものか？　われわれは冷静な利益の追求を複雑な政策形成と混同することで答えを難しく考えすぎているのかもしれない。したがって、言葉の解釈にこだわるのではなく、直感的な回答を通じて正当性を証明することが重要になってくる。

「良い」外交政策とは、国民一人ひとりに役立つものでなくてはならない。国民が世界から日々必要とするものには、十分に対応する必要がある。われわれは国という集合体をなしているがゆえに、国家の安全保障を確かなものにしていかなくてはならない。これが実行に移されていくなかで、われわれが願望を追求していけるようにする必要もある。外部とのつながりとしての外交政策は、われわれが求めるものを引き出せるものであるべきだ。それはテクノロジーだったり、資本だったりする。ベストプラクティスだったり、職のチャンスだったりもする。そして当然ではあるが、われわれはみな強い存在であり、良く見える存在であり、感謝される存在でありたいと願っている。

煎じ詰めて言えば、良い外交政策とは、世界の潮流を正しく読み取り、自国と国民に何が起こるのかを見通すものでなくてはならないのだ。想定外の事態が生じた際には、機敏かつ効果的に対応しなくてはならない。同時に、われわれの意図を伝え、イメージをポジティブなかたちで示していく必要がある。こうした目標の実現に資する取り組みは、有利な点が多くある。それは必ずしも心地よく聞こえるものである必要はない。単に嗅覚テストをパスすれば良いだけなのだ。
あなたが、二〇二二年二月二十四日にウクライナに滞在中のインド人学生だったとしよう。勉学に励むはずだったのが、いまや深刻な紛争の真っ只中に置かれることになった。そのような状況はあなたや何千もの同胞だけでなく、同様に国外脱出を図ろうとする何百万ものウクライナ国民もいる。国内移動は危険で、容易ではない。人びとが殺到したことで国境の状況はさらに深刻だ。紛争の影響を受けた都市では、砲撃や空爆の被害を受けかねないため、外出には身体の危険が伴うという恐怖すらある。

これこそあなたが自国の政府に対して何としてでも支援と解放を求めるときだ。そしてまさに、これこそ政府の外交政策機構が行動を起こすべきときであり、インド政府は「ガンガー作戦」を通じてそれを実行に移したのである。この作戦では、電車やバスといった交通手段がスムーズに提供されるよう取り組んだ。ロシアとウクライナに対しては、安全な通行のために交戦の一時停止が守られるよう最高レベルで要請した。国境地域の当局にも接触し、越境が可能になるよう働きかけを行った。スームィ市のケース(1)のようにきわめて厳しい事態では、インド政府関係者が紛争地域を通過して、国民の安全に必要な後方支援が確実に提供されるよう取り組んだことすらあった。ウクライナからの出国が完了すると、今度はルーマニア、ポーランド、ハンガリー、スロヴァキアといった近隣諸国の政府と連携し、一時避難所の設置や飛行場の利用、帰国便の手配を行った。これらの実現には最高レベルを含めさまざまなレベルでの尽力や介入、折衝があったのであり、少しでも思いをめぐらせていただきたい。

二〇二一年八月十五日のカブールについても振り返ってみよう。どのような事情かは別にして、タリバーンがカブールを突如として制圧した際にあなたが現地で身動きがとれなくなってしまったという状況を想定してほしい。タリバーンが管理するようになった検問所をくぐり抜けなくてはならないだけでなく、帰国が相当困難になることも想像がつくだろう。実際、帰還にはインド政府による多大な尽力があったのである。郊外にある安全な米軍の空軍基地の周りには何とかして出国を図ろうとするアフガニスタン人と猜疑心に駆られたタリバーンが群がるなかでそこまでのアクセスをどう確保するか。迅速な対応のためにタジキスタンの後方支援をどう活用するか。時間が限られたなかでイランに対する領空通過の要請。そして水面下で行った湾岸諸国からの支援の活用——こうした対応を結合させるのは容易なことではなかった。他にも、アメリカ、イギリス、アラブ首長国連邦、フランスが用意した飛行機に座席を確保する際に、丁寧に交渉を行うということがあった。この背景には長年にわたって築き上げた関係があったのであり、まさにそれが必要とされるときに活かされたのである。同様に重要なのは、こうした一連の取り組みが、複数の国と関係を保つフレキシブルでプラグマティックなインドの政策の有効性を示したということでもある。

「デーヴィー・シャクティ作戦」の下で行われたカブールからの出国はきわめて重圧が大きかったが、それでも限られた時間の中で対処可能だった。関わった人数という点では、新型コロナウイルスのパンデミックがもたらした事態にインドがどう対処したかのほうがはるかに大きかった。「ヴァンデー・バーラト・ミッション」の下では空路、海路、陸路でさまざまな国から何百万ものインド国民が帰国したが、これは記録に残るものとしては史上最大の帰還作戦だったのではないだろうか。人の動き自体は氷山の一角にすぎなかった。計画立案、集合の呼びかけ、検査、滞在施設の準備、さらには帰国待機者への食料提供までをも含む、複雑に入り組んだ一連の活動によって実現したのである。

この作戦はまず武漢で実施し、その後イタリアやその他の国に対象地を移していったのだが、それに当たっては地方、州（省）、中央といった各レベルの当局との集中的な折衝を必要とした。このときは、観光客や留学生から高度人材や労働者、さらには巡礼者や漁民、船員まで、あらゆる人びとが対象となった。これは帰国を希望するインド人に限定したものではなかった。湾岸諸国をはじめとして、多くの海外在住者がインドによる直接支援を受けることもあれば、現地政府との仲介というかたちで助けられるということもあった。ここでもまた、政界のリーダーや外交官が培ってきた関係が活かされたのである。

さらに最近起きたものとしては、二〇二三年四月にスーダンで武力衝突が発生した際、その渦中に置かれたインド人コミュニティのケースがある。それまでの一年で情勢は悪化の一途をたどっていたが、それでも最悪の事態に至るまで外国人は退避しようとしないものだ。このケースでは、事態が急変したことで四〇〇〇人近いインド国民が身動きがとれなくなってしまった。その日の夜、インドは本国で指揮センターを設置し、のちに「カヴェーリー作戦」と命名される対応に着手した。同時に、インドの航空機がサウジアラビアに駐機していつでも出発できる準備を整え、海軍の艦艇が紅海に派遣された。現地のインド国民は広大な範囲に少ない数で分散していたため、この帰還作戦も複雑を極めた。内戦の下で法と秩序は完全に崩壊し、生活に最低限必要なものへのアクセスすら困難になった。在スーダン・インド大使館は、紛争当事者の一派に敷地を占拠されるなど、きわめて困難な状況下で活動を強いられた。このときめざした対応は、可能な限り安全で、静かな、そして迅速な脱出を図ることだったが、とりわけ個人や政治からの圧力を受ける状況下では、この三つの目標は相互に干渉しがちである。

それでもこの作戦は全面的に遂行することができた。それは、現地で使命感をもって任務に当たる大使館員の存在、近隣諸国や支援機関との巧みな外交、長年にわたり改善を施してきた詳細な標準作業手順書（SOP）が結合した結果だった。インドの外交官と軍関係者は卓越した働きを見せたし、個人レベルで高いリスクをとることも少なくなかった。サウジアラビアやイギリス、エジプトといったパートナーは、格別な協力をしてくれた。こうした厳しい経験のなかに共通項があるとすれば、それは一人ひとりの生命に影響を及ぼす重大な危険が迫っていたことである。それはまさに、人類史を通じて起きてきた苦境にほかならない。


ラーマとラクシュマナは、すみかから悪魔を根絶するよう聖者に初めて命じられたとき、その対決が自分たちに起こる運命の予兆となるとは思いもしなかった。彼らは暗黒の勢力と初めて相まみえることになったのだが、その全貌を知るには到底及ばなかった。実際、ラーマがいったんは降伏に成功したマーリーチャは後年、流浪中のラーマを欺くべく黄金のシカに化けてふたたび姿を現すのである。それから数年後、流浪を始めたばかりの頃、彼はシャラバンガの聖者を守護するとふたたび誓いを立てるのだが、このときもその決断が自分をどこに導くかはわかっていなかっただろう。

猿王ヴァーリンや鷹王ジャターユの運命がそうだったように、複雑な事態が相次いで起こることでその後の展開が決まるというケースが非常に多くある。マーリーチャのように少数の者がそれを感じ取るが、それでも運命の展開を止めるほどの力はない。実際、ダシャラタ王の息子たちが引き起こした事態は、あるときに下した決断が予期せぬ結果を招いた例と言える。同じことは、ラーヴァナがシーターをさらったことが最終的にもたらした結果を想像だにしなかったエピソードでも示されている。

現代世界において、われわれも不確実性と混沌の中で生きている。どれだけ予測をしても、未来に十分な備えができるわけではない。それでもわれわれは常に分析を行い、計画を立て、起こり得る事態への対処を準備しておく必要がある。思慮深い政府は国民の福祉を思考の中核に置くものであるが、不測の事態を見越してルールや規制、メカニズムや非常時の態勢を整えておくのは当然のことだ。加えて、それらを経験に基づいて改善を怠ることもしない。これこそがこの一〇年で起きた変化であり、過去を振り返ってみれば、インドの庶民にいかに大きな変化をもたらしたかは明らかである。

グローバル化した存在もしくは事象にどう対処するか

この時期に公衆衛生の分野で起きた同様のケースからも、示唆を得ることができる。二〇二〇年に新型コロナウイルスの第一波がインドに到来した際、政府は個人防護服（ＰＰＥ）やマスク、人工呼吸器を調達するべく世界中に働きかけた。このときは需要が供給をはるかに大きく上回っていたが、そのような売り手市場であっても実際に調達を実現した。需要急増を受けて、製薬業界が必要とする物質の調達支援も行った。ワクチン製造に必要な物質も複数の国にまたがる何十もの企業から調達する必要があったが、それらは各国での供給のほうが優先されていた。こうした状況下では商業ベースだけで対応できるものではなかったため、効果的なアクセスや規制機関の承認手続きのための接触が必要だった。二〇二一年の第二波でも酸素や海外製専門薬の需要が急増した。供給の必要性の特定、交渉、契約締結がインド外交のプライオリティになった。これらの実行においては、たいへんな労力を費やした。こうした例は緊急時の結果かもしれないが、否定のできない現実とは何なのかを示している。それは、問題であれ解決策であれ、世界各地で起きる事態によってわれわれの日常生活が以前にも増して影響されるようになっているということでもあるのだ。

だからこそ、みなさんが次に首脳の外国訪問の様子を見るときや重要な対外関係についての議論を聞くとき、あるいは海外での国益をめぐる討論について読む際には、きわめて重要なものであると受け取ってほしい。これらはみなさんの幸福に直接関わるものだからである。外交政策が意味を持つのは、困難な状況に置かれたときだけではない。文字どおりみなさんの安全、雇用、生活の質、そして最近気づいたように、健康をも決定づけるものなのだ。誇りや価値、評価やイメージといった、みなさんにとって大切なものをかたち作るのも外交政策である。こうしたもろもろの要因などがあるからこそ、世界に対してもっと関心を持ち、それがみなさんの将来にとってどのような意味を持つのかについて理解することが重要なのである。

外交政策がみなさん個人にとって持つ意味を考えてみよう。あなたがインド人学生であれば、ビザを簡単に取得できるか、新型コロナウイルスの最中に海外渡航が可能か、あるいは卒業後に就職できるかに関心を持つことだろう。ビジネスパーソンであれば、外国のマーケットにアクセスできるか、規制や慣習について情報を得ることができるか、必要な場合には問題解決のための支援が得られるかということになるだろう。高度人材や労働者にとっては、公正な雇用契約の確保や困難な状況に置かれた際に保護と支援を得られるという確かな安心感として表れるものだろう。足止めを食らうことになった観光客にとっては、大使館が同情を示し、不可欠な支援を提供し、より緊迫した状況下では避難させてくれるかということになる。

しかし、海外にいるときだけ外交政策が意味を持つかというとそうではなく、国内でも重要である。対外的であれ国内であれ、安全の確保という点で外交は予防的措置であり、事態を緩和し、問題を解決することが可能だ。また、共通の脅威についての意識を高めることもできれば、共通の危険に立ち向かっていくパートナーを見出すこともできる。すなわち、あなたが国境警備に従事する兵士やテロに対処する警官であれば、良い外交政策によって人生が多少楽なものになるのだ。そして経済であるが、投資やテクノロジー、ベストプラクティスの追求は外交政策によってのみ可能となるのである。

こうした各部門において、外交関係によってインドの成長を加速することができる。それが重なり合うことによって、雇用が拡大し、みなさんの生活の質が向上していくのである。輸入食用油の価格であれ協業によって生産されるスマートフォンであれ、広範囲の政策決定がみなさんの財布に一定の影響をもたらしている。この見方に疑念を持つ者がいるかもしれないが、ウクライナ紛争の勃発によって生じた圧力と対応を見てもらえれば、納得してもらえるだろう。

パンデミック、テロ、気候変動といった現代の重大な問題がみなさんの存在そのものに及ぼす影響についてもあらためて考えてみよう。こうした問題の解決策を追求するなかで、われわれが発言権を持たなくてもかまわないかについて問うてもらいたい。他国がインドについて、その文化や人びとの生き方についてどう考えているかも、われわれ全員に関わってくる。結局のところ、G20議長国という役割は、世界にインドのことをもっと知ってもらうとともに、インドの国民が世界でのチャンスに目を向ける特別な機会になったと言える。だとすれば、われわれは自国のイメージをかたち作ることも、ナラティブに影響を及ぼさないということもしないわけにはいかないだろう。同時に、その作業を外部勢力がわが国の議論や展開に介入させることなく行えるかが課題になってくる。これらは、つながりを増している世界において他国の姿勢や認識、利益が重要であることの例示にほかならない。それをマネージしたり影響力を及ぼしたりするためには、外交政策がきわめて大きな意味を持つことを国内においてはっきりと認識することがいっそう必要になってくる。

外交と国家安全保障

いかなる社会にとっても、安全保障はプライオリティの中でも至上のものと位置づけられる。理由は明らかだ。集団としてのわれわれの本質そのものに影響を及ぼすのが安全だからである。安全保障には領土に関する側面に加えて、安心としての側面、法および秩序としての側面、幸福の追求としての側面がある。こうした側面はつながっていることが多いが、それらが一体となることで国民の精神と存在を決定づけるものだからである。インドは通常の国以上に多くの対外的な試練に直面しているが、原因の一端は国境の多くが完全には確定していないことにある。その結果対立が生じ、当然だがその対処には決意とリソースが必要となる。こうした事態は当初はパキスタンと、そして最近では中国との間で発生してきた。しかしこうした状況には、現場であれ交渉であれ、最善の結果を確保することにエネルギーを注ぐことが求められる。こうした対立がもたらす深刻な影響を踏まえると、少なくとも平和と安寧を確保することもきわめて重要になってくる。

防衛にとっては、外交がパートナーになるのは自然なことである。ほとんどの場合において外交は最前線にあるが、時として防衛のバックアップに回ることもある。何と言っても、大半の軍事問題は会議のテーブルに持ち込まれることになるのだから。さらに、近隣地域の安定化という外交成果は、かなりの部分で国内の成長と発展の基礎をなしている。

世界の現状を踏まえると、隣国を含め他国の行動の予測に際し、自己利益の実現と見解の一致を全面的に期待することは難しい。他国の野望や感情も、あるいはリスクテイクに対する姿勢も、常に予測可能というわけではない。インドと中国の関係が過去三年で急激に悪化したのを予見していた者はほとんどいなかっただろう。したがって、思慮深い国であれば、能力と抑止によって自国の姿勢を支えるのである。

インド外交が担っている大きな責任は、こうした不測の事態に対処するべく可能な限り幅広いオプションを準備しておくことである。具体的には、防衛装備品の取得やその他の補足的措置の整備、インドの政策について国際社会から理解や対応を得ること、さらに言えば、緊迫した事態の緩和や解決を意味する。次に、これらが過去数年でどう実践されたのかについて見ていこう。

モディ政権において特筆すべき成果は、二〇一五年にバングラデシュと行った陸上国境協定交渉の妥結と実施[2]である。海上国境問題の解決[3]と併せて、この件はインドの東方面における安全保障情勢に好ましいインパクトをもたらした。さらに、これによってこの地域《サブリージョン》全体にとって経済協力とコネクティビティ（連結性）の可能性を開くことにもなった。恩恵を受けたのはインドとバングラデシュの通商や人の移動だけでも、ネパールとブータンの同分野だけでもなく、インド北東部も含まれるのであり、しかもかなり踏み込んだレベルで実現したのである。

　パキスタンとの西部国境では、まったく異なる試練に直面している。この方面における外交の最初の目標は、パキスタンによる越境テロの実態を明らかにし、正当性を否定することだった。二〇一六年のウリや一九年のバーラーコートのように対抗策が必要とされた際には、効果的な外交を展開することでインドの行動について国際的な理解を得ることに成功した。

　中国の関連では、二〇二〇年五月以来の両軍による対峙と並行して続く外交交渉は、外交と防衛がワンセットであることをよく示すものだ。ここでも、国際的な支持と理解の重要性は明白である。世界の多極化という現実をどう活用するかは、インド軍にとって必要な兵器やテクノロジーという点でとくに示されている。フランスからのラファール戦闘機の調達がアメリカからのMH-60ヘリコプターやP-8哨戒機、ロシアからのS-400ミサイルシステム、イスラエルからのSPICE爆弾の調達と同時期に行われたという事実[4]が、インドのスピーディな動きを如実に物語っている。こうした動きに加え軍事演習や政策交流が行われるのが通例で、それによってさらに戦略的に好ましい効果がもたらされる。つまり、外交は国家安全保障のための取り組みを支援し、強化し、促進するものなのである。

　こうした展開の一部は、さほど目立つものではないが、国内でも起きている。隣国から活動する反政府勢力によって国内の平和が乱されるという事態が往々にして起きている。だが、インドは巧みな外交によって隣国がそうした勢力に保護や支援を与えるのを思いとどまらせる成果を挙げてきた。その時々で、インドは目的を達成すべく少なからぬ措置を講じてきた。それもまた説得力のあるかたちで正当化されている。

分離主義や暴力、原理主義も忍び寄っているが、これらは言論の自由の保障を濫用するかたちで遠く離れた国からもたらされている。カナダとイギリスでは、そうした事態が見られた。ここでも必要なのは、精力的かつ継続的な対抗策である。なぜなら、他者への暴力の称揚を民主的権利に反するものとみなさない人びとが一部にいるからだ。議論や説得ではめぼしい成果が得られない場合には、決然とした外交的措置も必要になってくる。われわれの全体的な姿勢は、インドは他国の政治のサンドバッグにはもうならないというメッセージを広めることにほかならない。

主張には理性が伴わなければならないが、論争に勝つためにはより強烈な姿勢を示すことが求められる。過激主義やガバナンスに対する挑戦は市民社会やアイデンティティの名の下に同調者からの支援を受けているが、これに立ち向かう際にも断固とした対応が必要だ。国境なき政治の世界は、影響力工作という手口の補完となる、一連の懸念をも生成する。民主的選択の否定を促すことが明白なアジェンダを持つ、手強い勢力が存在するのである。自らと異質なものに対する不寛容な姿勢は、他者の観点の正当性を否定しようとする試みに表れている。歴史ある新聞が国連の制裁対象となっている人物にオピニオン欄で発表の場を与えたり、高名なニュース番組の司会者が悪意に満ちた発言をしたりするは、そうした思考と目的を示すものだ。テクノロジーの力や市民団体の影響力といった数々の有効なツールが用いられていることで、この試練は手強さを増している。政治の世界では、ナラティブをめぐる戦いは永続的なものである。インドは、国益の追求は世界の利益の推進と軌を一にしているとの主張を粘り強く展開していかなければならない。その答えのかなりの部分は議論の世界と効果的なコミュニケーションによってもたらされる。したがって、外交は国家の盾としても剣としても責任を担っているのである。

インドをめぐり最近の世界で展開されている議論は、われわれの安全保障の場面でも影響を及ぼしている。多様性に富む連邦制国家として、インドの文脈においては国家としての団結の追求はきわめて重く理解されるべきものだ。だが、国家としての団結や主権、統合を強化する取り組みは誤った事実によって批判を受けるということが少なくない。驚くべきことに、ガバナンスの向上やテクノロジーの応用、長年の懸案の改善は自由を損なうものとして説明されている。有力な機関ですら、特定の主張を展開するなかで誤情報を拡散することが見受けられる。歴史が改ざんされたり、好ましくない出来事があっさりと無視されたりすることも起こりうる。われわれは目標を追求していくなかで、インドの国境を大きく越えたところにも政治的な支持層が存在していることを見出した。こうした攻撃から国を積極的に守ることは、認識されるべきコミットメントである。

これが単なるディベートだったら重要度は低くなるかもしれない。だが、これは進行中の厳しい現実なのだ。なかにはイデオロギーに関わるものもあるかもしれないが、国際関係の競争的性格も現れている。率直に言わせてもらえば、インドが強力で団結した国になることを好ましく思わない勢力がずっと存在し続けている。過去には、宗教、言語、エスニシティ、社会階層といった、われわれの社会のあらゆる断層がそうした勢力によって利用されてきた。今日、彼らは以前とは異なる装いで、新たな主張を掲げ、これまで以上に活発に動いている。なぜインドの分離主義が外国の一部で支持され続けているのかについて、もっと考えてみる必要があるのではないか。この点については、インドを標的とするテロがなぜ一貫して控えめにしか伝えられず、場合によっては正当化されてしまうことすらあるのかという問題がある。実際、外国のフォーラムでは、インドの実績や成果に対する中傷のために進んで場所を提供するということが行われている。こうした判断や策略に直面したときの外交政策の任務は、それを強力にはね返すとともに、インド自身の主張を展開することだ。

国家の発展を加速させる

どの社会にとっても繁栄の追求は継続的な取り組みであるがゆえに、政策決定もまたこの目標のために行われるのは自然なことである。もっともわかりやすいのは、貿易と投資の促進である。市場はそれ自体によって常に機能するとは限らない。実際には、かなりのケースでどの国も奨励や円滑化から恩恵を被っている。歴史的なハンディキャップがある国は、そうするだけのさらに強い動機がある。われわれはいまも産業化、テクノロジーの取得、競争力といった点で追いつこうとしている最中にあり、今後も当面の間はそれを継続していくだろう。

だが、本国で能力を構築するだけでは十分とはいえない。海外で企業を守るためには情報やネットワーク、アクセスが必要になってくる。ここでは、貿易や経済活動が本国でのスキルや能力、雇用を強化するという高潔なサイクルが機能している。そしてこれは逆に、われわれの意欲が常に新たなものになり、試されるという効果をもたらす。多くの意味で、外交政策は競争力における行動であり、その経済的側面は特定分野の実態を反映したものなのだ。

過去数年でインドは、つい最近までは非現実的と見なされていた大胆な輸出目標を達成した。それは単に将来の期待を大幅に増加させただけでなく、世界経済がいまもなお新型コロナウイルスのパンデミックから回復途上にあることを認識させるものでもあった。この自信のベースにあるのは、製造業や労働、金融、スキル、貿易促進といった幅広い分野で行われた改革である。加えて、ビジネス環境の着実な改善もある。通商政策は、市場アクセスの確保と貿易障壁の低下という任務を担っている。これらはオーソドックスな方法で実現することもできるが、自由貿易協定（ＦＴＡ）やグローバルなサプライチェーンの構築といった交渉による合意で加速させることも可能だ。こうした取り組みはそれ自体が目標になることもある。雇用や発展にもたらす大きな意味での重要性は明らかだ。

外交政策は本国での新たな空間の創造に寄与する度合いを増しつつある。アジアでは近代化を実現した国はいずれも、資本やテクノロジー、ベストプラクティスを海外から確保することに対外関係の重点を置いてきた。この点において明治時代の日本はパイオニア的存在であり、ポスト鄧小平の中国は規模という点でもっとも大きな成功を収めた国になった。過去数年、インドもこうした思考を受け入れてきた。企業レベルあるいは国家プロジェクトの取り組みが国民にベネフィットをもたらした特筆すべき実績がある。情報技術（ＩＴ）や自動車製造、食料生産や食品加工、メトロや高速鉄道、宇宙開発や原子力がその例であり、そこからは対外的な連携がもたらした果実を見出すことができる。

グリーン成長や気候アクションといった最新の課題は、さらなる可能性に道を拓いている。インドのパートナーは、旧来型の工業国から革新的な経済へと発展を遂げている。こうした展開が起きているのは、多くの分野にわたって海外でのチャンスを見出し、そこに関与し、交渉を行い、活用していくインドの能力があってのことだ。もっとも効果的な外交政策とは、発展に焦点を合わせ、実際にそれをもたらすものにほかならないのである。

対外的な連携によってもたらされるリソースとチャンスは、国内経済の通常の成長を加速させる。それが貴重なのはもちろんだが、本国における確固たる強みの継続的育成に取って代わるものではない。われわれが実践を通じて認識したように、この点における混乱はマイナスの結果を招き得るからである。

三〇年前、インドは喫緊の課題だった改革に乗り出し、経済開放を始めた。それによって得られたベネフィットについては議論の余地はない。だが、効率性と近代化の名の下に、中小企業を犠牲にして安易なオプションが取られてきた。効果的な国内のサプライチェーンを構築する代わりに、インドは収益が見込め、痛みを伴わない統合と価値付加を選んできた。業界のことを知る努力をしようともしない者にインフラプロジェクトが発注されることがあった。短期的な利益の追求によって希望が失われ、それとともに戦略的な姿勢も失われてしまった。この結果、経済成長がそれに見合ったスキルや強み、能力の向上をもたらすことはなかった。

過去一〇年で、われわれはグローバリゼーションをめぐるお題目について、それが配慮なく適用されてしまえば真のダメージをもたらし得ると認識するに至った。それだけではない。経済的選択が戦略上の文脈から切り離されてしまうと、国をきわめて危険な道へと誘うことになるかもしれないのである。真の議題は、インドが開放型経済であるべきか保護型経済であるべきかではない。それは、雇用を中心に据えた能力主導型の経済であるべきか、単に市場であることだけで満足する、利潤のことしか頭にない社会であるべきかである。脆弱性とともに他人本位の思考も正当化され、それがグローバル化した思考として喧伝されている。インドの運命は、他国の未来の一部などよりもスケールが大きいのだ。真の成長とは、GDPを増やすことだけではない。インフラ、サプライチェーン、スキル、金融、社会経済面の発展も含まれるのである。前者のために後者を犠牲にしてしまえば、長期的な展望が危機にさらされることになる。われわれは自覚すらせずに戦略的な意味で閉じ込められた状態に陥りかねないのである。外交政策はインドの戦略的方針を推進するための手段であることはもちろんだが、この国の全体像が正しいものであることの担保でもある。

相互依存と相互浸透が進む時代にあっては、あらゆる国が国境を越えて確固とした影響力を及ぼせる範囲を拡大しようとすることも予想される。過去においては、そのために貿易や金融、軍事行動、移民をはじめとする手段がとられてきた。今日では、コネクティビティや社会経済連携の役割が際立っている。これは、分離独立によって行動の範囲に制約を受けるインドのような国にとっては、重要な認識である。インドがさまざまな側面で成長するなかで、それは地域全体の成長にとって大きなインセンティブになるというのが戦略的見地からの指摘だ。この認識に基づき、モディ政権は隣国とのコネクティビティや協力イニシアチブの拡大に積極的に取り組んできた。その成果は、新たな道路や鉄道路線、水路、港湾アクセス、通過権、発電所と燃料供給、さらには人の移動を見れば明らかだ。

南アジアでは、パートナー国との間でウィンウィンの成果と積極的な姿勢が促されていることで、真の転換が生じている。「近隣第一政策」は直接国境を接する国々との間でこの課題に取り組むものであり、拡大近隣においてもそれに相当する政策が展開されている。パンデミックの時期にインドが隣国に行った支援も、まさにこの思考の実践と言える。

だが、相互依存にはマイナスの側面もあり、グローバルな規範が脇に追いやられた状況下では不当なかたちで利用されることもある。したがって、他国との競合においては、モニタリングを怠ってはいけないのである。すべての国がルールに則って行動してくれると常に推測するわけにはいかない。だからこそ、世界の状況を伝えるという点で、外交には注意喚起をするという役割もある。外交は社会に対してチャンスについて説明するだけでなく、リスクや落とし穴を知らせることもある。そうした作業を体系的かつ組織的なアプローチで行うことは、戦略構築の一部でもある。外交政策はまさにその性質がゆえに包括的な展望を示すものであり、他のセクターの水先案内人になることができる。その対象は貿易やテクノロジーかもしれないし、教育や観光かもしれない。とりわけ現代においては、関係構築に総合的なアプローチが求められるのである。

世界の労働市場にアクセスする

インドはとてつもない規模の人材に恵まれていると言えるかもしれない。だが、人材に関する欠点のうち指摘したいのは、そのアドバンテージを十分に活用できていないことだ。社会における他の多くの側面と同様、この点でも変化が生じている。二〇一四年以降に展開された国家レベルのキャンペーンは、ジェンダー差別や保健から教育、スキル、雇用に至るまで幅広い分野の社会経済的課題を解決しようとするものだ。この期間中、すべてと言って良いほどさまざまな分野において、進歩的な政策形成をもたらした変化が見られた。インフラ整備、製造業の拡大、スマートシティ、労働に関する規定は特筆すべき成果の例である。基礎的生活サービスの定義は、水、電力、住宅、保健へのアクセスを含むものになった。これは、インドの国家目標だけでなく、国際社会にとっても変化をもたらすものだった。

人口面の制約が先進国世界に影響を及ぼす現代においては、グローバルな労働市場でインド人が大きなアドバンテージを得る展望が確実に広がっている。これまで行われてきたのは個々人の活動で、政策決定者はこうした展開にほとんど無関心のままだった。だが、世界というステージでインドの人材に活躍してもらうべく意識的に取り組むことで、従来とは異なるさまざまな成果をもたらすことが可能になる。

アメリカやカナダ、オーストラリア、ヨーロッパに留学しているインド人学生の就職は、われわれのアジェンダにおいて主要な位置を占めるようになっている。ポルトガル、イギリス、オーストラリア、フランス、ドイツ、イタリアとの間では移民および移住に関するパートナーシップが結ばれ、他の欧州連合（EU）加盟国もこの流れに乗ろうとしている。新型コロナウイルスによって不確実性が増した時代においては、学生の教育機会は関心事の一つとなっているのである。

スキルの観点では、優秀なインド人がアメリカやカナダ、オセアニア、ヨーロッパで差別的ではないかたちで処遇されるように政府は取り組んでいる。彼らがすでに在留している場合には、福祉や文化面での困り事にも注意を払っている。人数という点でもニーズという点でも規模がもっとも大きいのは湾岸諸国であるのは言うまでもない。彼らが安心して生活できるようにすることは何よりも重要なプライオリティであり、それは政策決定にしっかりと反映されている。インド人コミュニティ福祉基金（ICWF）[5]の柔軟な活用は彼らに対する強い責任感の表れであり、厳しい状況にある人を対象とした職業訓練や施設整備といったプログラムも同様である。クウェートと結んだ家事労働者の権利に関する協定は、海外におけるより良い労働環境の確保に対する政府のコミットメントを示すものだ。外国で納付した社会保障費の還付実現にも取り組んでいる。さらに、ビザ取得の円滑化はインドの外交活動においてより主要なトピックになっている。

実を言うと、こうした思考はさらに原点へとさかのぼり、本国でのパスポート発給がいかに容易になったかというところにまで至るのである。申請センターの数を四倍に増やし、認証プロセスを簡素化することで、海外への渡航や就職のしやすさは驚くほど変わった。日本やヨーロッパであれ、あるいは湾岸諸国やロシアであれ、交渉の末に結んだ合意の結果として、インド人のスキルを活用するための新たな可能性が広がっている。外交政策によって、一般的なインド人による世界へのアクセスがはるかに快適になっているのである。彼らは自分たちが困難に直面した際には政府がサポートしてくれることがわかっているからこそ、以前よりもはるかに大きな安心感を持って海外に出て行っているのである。「ヴァンデー・バーラト・ミッション」では新型コロナウイルスの波が押し寄せてきた際に何百万ものインド人の帰還を行ったが、これは労働者や学生、船員や観光客に対する政府のコミットメントであると同時に、対応力を示すものでもあった。

世界に足を踏み入れるようになった者の数は最近増えていることだろう。だが、新移民が歴史の中で確立されたコミュニティに加わることで、世界最大のディアスポラとなっていることを忘れないでいてほしい。こうした人びとの福祉や利益が外交政策と深く結びついているのは自然なことである。インドの国際的地位が向上するのに合わせて、彼らも協力することで利益を受けている。これは、彼らが居住国において当然の権利としてアピールできる、誰もが認める成果とはかなり異なるタイプのものだ。グローバル化が進んだ世界において、彼らがより効果的なインドへの懸け橋となったのは当然の成り行きである。同時に、自信を強めるインドも彼らの成功を誇りに感じ、目に見えるかたちでの関係構築に躊躇せず取り組んでいる。

ある意味で、インドのディアスポラ(6)はきわめてユニークである。というのは、他の社会のディアスポラとは対照的に、インドの場合は本国の混乱が移民を引き起こしたわけではないからだ。むしろその逆で、「母なるインド」との絆は、真の代表者が政権に就いたことと相まって、いっそう強固なものになったのである。二〇一四年にマディソン・スクエア・ガーデンで開かれた集会は、ディアスポラとのつながりという点で画期となるものだった。あの集会の役割は、紐帯の両端で重要な意味をもたらしたのである。外交政策の観点からすると追加的な任務に受け取られるかもしれないが、支援の重要な供給源になることは間違いない。この結果、ディアスポラに関わるイニシアチブは拡大し、インドとの絆が強まることになったのである。

思慮深い外交政策にとって、国民の生活の問題を解決するのが大切なのは言うまでもない。だが、規模が大きい国にとっては検討を要する重要な問題もある。喫緊のグローバルな課題としていま直面する三つの例を挙げるとすれば、パンデミック、テロ、気候変動になるだろう。いかなる国も、こうした試練に無関心でいたり目を背けたりするわけにはいかない。小規模な国が影響を受けるのはもちろんだが、大規模な国が被る影響はさらに大きいのである。インドのような国にとっては、直接の影響とは別のところで、国際的な議論の方向性をかたち作っていく必要もある。したがって、影響力の行使であるとともに責任の行使でもあるのだ。

こうした課題に対する最近の取り組みを検証すると、いくつかの気づきを得ることができる。テロ対策に関する国際的な議論において、インドは中心的な存在であり続けている。テロの脅威に対する関心が高くても、あるいは寛容度が低くても、インドの取り組みにはいささかも変化は生じない。気候変動については、インドは二〇一五年のパリ協定の合意形成に関わっただけでなく、協定に対するコミットメントにも忠実であり続けている。二〇二一年のグラスゴー[7]では、その姿勢はより高いレベルに引き上げられた。「国際太陽光同盟（ＩＳＡ）」と「災害レジリエントなインフラ連合（ＣＤＲＩ）」は、気候アクションにおけるリーダーシップを示す、特筆すべき二つの例だ。パンデミックについては、医薬品とワクチンの供給および海外への医療チームの派遣は、インドの国際主義を十分に説明するものと言える。

この一〇年で、インドの取り組みにおいて新たなエネルギーが漲っているのは明白で、モディ首相自身による関与はとくにそうである。二国間の訪問であれ、多国間のサミットであれ、開発パートナーシップや大使館の新設であれ、インド外交は大きな変化を遂げてきた。どのようなカテゴリーに属するのであれ、インド国民は自分たちの心配事が解消され、利益がもたらされることについて、より安心感を抱けるようになっているのである。

海外におけるより積極的なアプローチは、本国にもたらすベネフィットという点でもはっきりと見て取ることができる。グローバルなレベルでは、インドの存在感の高まりはさまざまなかたちで示されている。テロやブラックマネーなどについての議論やアジェンダには、それが明白に表れている。同じことは、気候変動についてのパリやグラスゴーでの合意やイニシアチブにも見出すことができる。災害支援活動や新型コロナウイルスがもたらした試練に対処する積極的な姿勢は、国際社会から高く評価されている。民主主義、イノベーション、ヨガ、雑穀、アーユルヴェーダのように、インドという国を特徴づける要素が認識されるようになった。真っ先に対応する国、世界の薬局、才能の宝庫、気候アクションのリーダー、開発のパートナー、文化の供給源——過去数年、われわれはこうしたイメージを着実に築き上げてきたのである。

ASEAN一〇カ国や中央アジア五カ国の首脳が出席した共和国記念日パレード(8)(後者はオンラインでの参加)、ヨーロッパ二七カ国がそろって行われたインドとの会合、アフリカ四一カ国の首脳による訪印とサミットへの参加——これらが示しているのは、明らかに物事がよい方向に変化しているということだ。これこそが、世界が深く分断され今後もそれが続く状況下で開かれたG20において、議長国の任務を担ったインドなのである。インドはこの機会を、さまざまなパートナーと関与するアプローチの有効性を示すためだけでなく、グローバル・サウスの声を代弁するためにも活用してみせた。

より強力で能力を高め、自国のルーツと文化に忠実なインドは、現代世界を特徴づける大局的なリバランスの中でカギとなる存在になっている。パワーの拠点が増えつつあるなかで、多極秩序においてインドは自らの地歩を確固たるものにしている。グローバル化が進む時代において、インドの才能、能力、そして貢献が世界にとって持つ重要性は高まっている。独立七五周年[9]を祝ういま、バーラトたるインドが未来に向けて自信を抱くに足る確かな根拠があるのだ。だが、そのためには世界がいまもたらしているチャンスと試練をしっかりと認識することも重要である。それは、外交政策がわたしたちにとって真に重要であることを理解すれば、すぐに可能になるだろう。

第3章

世界の現状

――情勢を理解する

二〇二二年九月にサマルカンドでモディ首相が「いまは戦争の時代ではない」と発言した際、このメッセージは世界中で反響を引き起こした。それほどの反響が自然に起こったのは、現下の文脈[1]ゆえのことだった。だがこのメッセージは、紛争が万人にとってきわめて大きな危険を及ぼすようになった世界の相互依存という現実をとらえたものでもあった。ある意味において、首相の発言は自らのオプションを検討している誰かにとっての注意喚起だったとも言える。このような発言をせざるを得なかったという事実自体が、現下の国際秩序の脆弱性を反映している。世界が移行期にあることは、すでによく理解されている。だが、このプロセスが今日われわれが目の当たりにしているようなスタイルをとることになると予想していた者はほとんどいなかった。

わたしが『インド外交の流儀』を書いた二〇二〇年の時点ですら、世界は不確実性が高まり先行きの予想が難しくなっていた。当時、自分たちがそれまで経験していない事態について、われわれはほとんどわかっていなかった。それからの数年で、われわれは新型コロナウイルスによるパンデミックによって衝撃を受け、ウクライナ紛争によって影響を受け、新たなレベルに至った西アジアの暴力に対処し、頻発する異常気象に悩まされ、深刻な経済的圧力にさらされることになった。こうした事態は、東西の二極化のみならず、南北の分断を悪化させた。以前から自分が取り組んでいたこととの連続性があるとすれば、依然として国際関係の中心的存在である国民国家がグローバリゼーションによって引き起こされた問題とどう格闘しているかという根本的な現象にそれを見出すことができる。

このことは、世界はわれわれ一人ひとりにとってかつてないほど重要な存在になっているという、重要なポイントについても当てはまる。これについて検討する際、すべてのインド人に対して問われているのは、現代におけるわたしたちの価値、重要性、展望とは何なのかという点である。われわれはすぐ先の未来ですら何が起こるかわからないままにこうした問いに答えようとしているが、それはテクノロジーや経済、社会で生じる変化のペースがこれほどに加速していることによるものである。これはもはや多くの変数をめぐる問題ではない。われわれはいままさに、地図なき領域に足を踏み入れつつあるからだ。そうしたときに大切になってくるのは、われわれの祖先が当時直面した不確実性にどう向き合ったかを振り返ることである。この文脈において、過去のアナロジーは導きを示してくれるのである。

インドの伝統の中で、外交との関わりでもっともよく知られているのは、『ラーマーヤナ』のハヌマーンと『マハーバーラタ』のクリシュナであることは疑いがない。前者はいかなる障害にもひるまず任務を遂行する、奉仕の精神を模範的に体現する者として、とらえられている。後者は、困難な状況下で知恵を授けてくれる戦略家や助言者と見なされることのほうが多い。両者ともそれぞれの文脈の中で臨界点で呼ぶべきものがあり、ハヌマーンは不確実性と劣勢に置かれたときに能力を最大化させるのだ。ハヌマーンとクリシュナの存在はわれわれの意識にきわめて深く刻まれているが、その彼らが立ち向かった困難な試練は、一国の台頭のプロセスに通じるところがある。さらに言えば、それは単なる試練にとどまらず、未来を開拓していくための終わりなき実践なのだ。そしてハヌマーンのように、いかなるときも試練に取り組む真の信奉者や問題解決に当たる者を必要とするのである。

ランカー島にラーマの使者として赴いた際、ハヌマーンは敵に関する重要な情報を収集し、とらわれの身となったシーターに接触することにすら成功するのだが、こうした彼のクレバーさは見逃してはならない重要な部分である。さらに、ハヌマーンはラークシャサによって尻尾に火を付けられてしまうのだが、このときはそれを逆手にとって敵の街を焼くことで、計り知れないダメージを与えることもした。だが、ハヌマーンはラーヴァナと彼の気質や部下について鋭い判断もしている。同様に重要なのは、ラーヴァナの弟で、ハヌマーンが宮廷に連行された際に唯一彼を擁護したヴィビーシャナ(2)に対する認識だ。ラーマは後にラーヴァナと袂を分かったヴィビーシャナを自らの仲間に迎え入れるのだが、それを促したのはハヌマーンがヴィビーシャナの高潔さを証明したことだった。外交は単なる仲介にすぎないと考えられがちだ。しかし実際にははるかに多く要素を含むものであり、そこには競合相手や協力者、自分たちが置かれている状況に対する正確な理解も含まれる。

粘り強さもハヌマーンの特筆すべき点だ。これは、仲間のサルたちがシーターの捜索を打ち切る方向に傾いていたときに発揮された。問題にその場で対処し解決策を見出す能力も、彼が薬草を持ち帰ろうと山を丸ごと引き抜いたエピソード(3)で示されている。戦いの最終局面では、バラタの下に派遣され、戦いの結果を報告し、ラーマのアヨーディヤへの帰還が本心から歓迎されるかを見極めるというデリケートな任務を帯びた。こうした特徴はどれも、今日の有能な外交官に求められる資質にほかならない。

外交に内在する複雑さは、猿王の息子アンガダのエピソードでも描かれている。アンガダもまたラーマによってランカー島にあるラーヴァナの宮廷に派遣され、自らの強みを存分に発揮した。この場合は、彼というより彼の足だったのだが、地面にしっかりと立っていたがために、容易に動かせなくなっていた。彼は自分の足を動かせるものなら動かしてみよと挑発し、できなかった者に恥をかかせた。最後にやってみせると近づいてきたラーヴァナが王冠を落としてしまうと、アンガダはそれを拾ってラーマの下まで放り投げることで、屈辱を与えたのだった。使者として、彼はラーヴァナによるご機嫌取りに抵抗しただけでなく、自分の主張を上手く伝えるべく臨機応変に立ち回った。自分が着くべき席が提供されないことを知ると、彼は尻尾を伸ばして自分用の椅子を作り上げ、ラーヴァナと向き合う対等な立場に立ったという。結局のところ、心理戦が外交の重要な要素なのである。

　彼の母で、ラーマに殺された猿王ヴァーリンの妻でもあったターラーからは、かなり違ったタイプのスキルが示されている。ハヌマーンとアンガダのケースでは、相手は傲慢で妥協は期待できない敵、ラーヴァナだった。彼らの任務は二つあり、一つは情報収集、もう一つは相手の士気に影響を及ぼすような心理的傷を残すことだった。ターラーのケースでは、スグリーヴァ王と組んでいたラーマとラクシュマナの怒りに向き合うことになる。スグリーヴァは、ヴァーリンの次に王座に就けばすぐにシーターの居場所を突き止めるという約束を果たすことができなかった。ラクシュマナはキンシュキンダー[4]に近づいたとき、弓の弦を弾き音を響かせることで攻撃の意図を知らしめようとするのだが、このタイミングでターラーが和睦の協議のために彼の下に派遣されたのだった。彼女の戦術は抜け目がなく、まずスグリーヴァの移り気な性格を認めることでラクシュマナを懐柔しようとした。その上で、ターラーはラーマに対するラクシュマナの献身を称え、当時始まったばかりにすぎなかったシーターの捜索を強調することで実態を脚色した。それは事実とは違う内容に話をすり替えることだったとはいえ、ラーマたち兄弟やヴァナラ族の対立を収めるという点ではうまくいったのである。彼女の一族を特徴づける自信過剰さから無縁であるという点で、ターラーは傑出した存在と言える。

ここで紹介した三つのケースは、目的やアプローチの点で別々のものと言えるかもしれない。だが、そこに共通しているのは、巨大な任務に直面した際に状況認識がよくできていたという点である。彼らは脅威がいかに大きいかを把握し、解決策を積極的に見出す必要があった。全体的な状況に対する敏感さに加えて、自らが置かれた窮地に対する認識も必要だった。戦略的選択を実行に移す際には、戦術面での巧みさが求められた。コミットメントの履行と原則の遵守は必須だが、こうした要素も最適化されなくてはならない。全体的状況とゲームプランの間にある複雑な力学は、外交において常に生じる問題だ。両者を正しく把握することが、成功への前提条件なのである。

不確実で不安な未来を見据える

この時代の複雑さを考えていくに当たり、遠く離れた中国の一地方都市で流行した疫病がどのようにして二年以上にわたりわれわれの生活を脅かすパンデミックになったのかを振り返ることから始めようと思うかもしれない。あるいは、大陸をまたいだかなたにあるヨーロッパで進行中の紛争がわれわれの日常生活やコストにどのような影響を及ぼしているのか、それはなぜなのかと問いたくなるかもしれない。このトピックであれば、気候変動に関わる事態が、われわれが当然のものとして享受するプロセスの多くに及ぼす影響も候補に挙がるだろう。あるいは、テロ行為や遠方から支援を受けた暴力の渦中に置かれるといった異なるタイプのトラウマかもしれない。すでに取り上げたウクライナで身動きが取れなくなった留学生や新型コロナウイルスの感染拡大で足止めを喰った旅行者のように、国外にいるときに重圧がのしかかるケースもある。だが、新型コロナウイルスであれ、紛争やテロ、自然災害であれ、そうした事態はわれわれの足元まで押し寄せることがあり、場合によっては家の中まで立ち入ってくることすらある。グローバリゼーションの時代においては、世界の動きから逃れることはできないのだ。

これは、国際情勢の展開を恐れるとか、防御的なアプローチをとる必要があるといった意味ではない。ここまで大きく進んだ相互依存の別の側面に目を向ければ、まさにその同じ世界が可能性に満ちているということがわかる。新型コロナウイルスの感染拡大時に「ヴァンデー・バーラト・ミッション」によって七〇〇万人以上のインド人を本国に帰還させたということは、それだけ今日のインドが世界の労働市場を相当な規模で活用しているということの裏返しだ。それはインド人の才能やスキルがいまや世界のイノベーションや製造業、サービス業にとって不可欠な要素になっているという事実によるものでもある。さらにこのことからわかるのは、いかに多くのインド人が個人的ないし業務上の目的で海外に渡航しているかである。事実、これらはまさにインド外交のプライオリティにおいて中心的なテーマになっている。インド政府は、有能な人材へのアクセス拡大や労働者に対する保護の強化、留学生へのさらなる就職支援、企業にとっての市場の公正化を図るべく注力している。

だが、世界が持つ重要性は、人の移動や移住だけにとどまるものではない。関係国と結ぶパートナーシップや協定、合意もまた重要である。実際、関与を深化させることでインドの発展やマーケットのさらなる開拓、資源の調達、生活の質の向上、雇用の拡大、さらには地球の未来を決定づけるグローバルな重要課題の形成を導くこともできるのである。

われわれにとって、世界はどのような意味を持つのか。それについて正確な評価を下すためには、われわれが生きるこのグローバル化した時代は両極端な側面が併存していることをまず理解しなくてはならない。依存と脆弱性、ベネフィットとリスクを切り分けるのは容易ではない。新型コロナウイルスをインドにもたらすことになったのは人の移動だが、まさにその移動は多くの人びとが生きていく上で巨大な収入源になっている。サプライチェーンはひとたび機能しなくなれば断絶をもたらすが、機能すれば多大な恩恵をもたらすことができる。これらがわれわれの生活の重要な側面に及ぼす際立った特徴もそうだが、その複雑さを説明することもまた困難かもしれない。だがコロナの時期は、国境を越えるモノやサービスの流れに誰もがいかに大きく依存していることをわれわれに知らしめたのである。

驚くことではないが、この点においてインドは貢献する側でもあり恩恵を被る側でもある。インドは新型コロナウイルスのワクチンを一〇〇近い国々に提供した。しかし、インドはこうした国々の多くからワクチン製造に必要な材料を輸入してもいる。湾岸諸国は日用品の分野でインドからの輸出にかなり依存している。この流れは中断されることなく続いているが、それは先方の需要に対する十分な理解があるからだ。この関係は、二〇二一年にインドで医療用酸素ボンベが不足する事態が発生したときに活きた。いくつかの湾岸諸国がインドに酸素ボンベを融通してくれたのである。

新型コロナウイルスの経験がグローバル化した経済に与えた重要な教訓があるとすれば、それは能力の向上と手持ちのオプションを増やすことにほかならない。限られた地域を範囲とする「ジャスト・イン・タイム」アプローチは、危機が発生した際に世界がいかに脆弱になり得るかを示した。世界経済のデリスキングにおいていま必要とされるのは、生産の多様化促進による「ジャスト・イン・ケース（万が一）」の方向性なのだ。インドについて言えば、これは過去何度か見送ることになってしまった製造業という名のバスに今度は乗車するというチャンスを意味する。そしてまさにこれは「ビジネスのしやすさ」アプローチと「生産連動型インセンティブ」スキームによって確保しようとしているものなのだ。

　過去の数年の展開によって、デジタル化の流れが世界中で強まった。インドには幅広い尊敬を勝ち得てきた実績があり、それには相応の理由がある。食品や金融、保健、年金、社会給付と、分野を問わずインドにおけるデジタルサービスの規模は世界中で話題の的となっている。ここでも、この転換がもたらした明らかな効率性がある一方で、データのプライバシーやデータの安全性に関するリスクを伴うことになる。データがどこに保存され、誰が収集するかの重要性は高まる一方だ。こうしたデータの保存や処理をめぐる政治社会学的見地からのアプローチは、もはや無意味などとは言えない重要性を帯びている。

　結果的に、信頼性と透明性がデジタル分野における意思決定の重要な指導原則になっている。この重要性は、われわれの世界が人工知能（ＡＩ）によって動くようになっていくなかで、さらに高まっている。重要・新興技術（ＣＥＴ）[5]のポテンシャルも、一連の課題を突きつけている。気候変動であれ戦略上の懸念であれ、各国はエネルギーと移動においてよりグリーンかつクリーンな資源にシフトしている。それらに関係する資源やテクノロジー、生産には、個々の集中とその結果としてもたらされる脆弱性がある。このため、各国は自国の能力および他国との連携の両方でCETをプライオリティに位置づけているのだ。

サプライチェーンの複雑さやデータ収集に伴う脆弱性といった問題を超えて、国際情勢では大きな変化が進行している。それは、これまで基本的に無害と見なされてきた幅広い分野のサービスや活動が「兵器化」したことによってもたらされている。近年、貿易やコネクティビティ、債務、資源、さらには観光までもが政治的圧力の対象になっているのをわれわれは目の当たりにしてきた。ウクライナ紛争は劇的にこうした活用の範囲を拡大し、レベルを深くした。金融面の措置やテクノロジーによるコントロール、サービスの制限、資産の凍結が行われる範囲の大きさには、ただただ驚くばかりだ。

同時に、グローバルなルールやレジーム、慣行が数十年にわたり各国による利益増進の対象になってしまっていることもまた否定できない事実である。このシナリオの下では、比較優位の世界では「制約なき経済学」に太刀打ちなどとてもできない。かつての時代に対する自己満足は完全に過去のものであり、いまや一つひとつの問いによってきわめて不快な認識が突きつけられている。大国間競争の先鋭化は、さまざまな分野で必然的にストレス要因の増加をもたらしている。だが、それらは既得権益や政治的公正によって覆い隠されてしまうだろうから、簡単になくなることはないだろう。インドも含め多くに国々にとっての試練は、こうした要素をチャンスに転換できるかどうかである。

戦略遂行の観点にせよ脆弱性緩和の観点にせよ、今日存在する不確実性は国際的な接触について慎重な姿勢をとることの必要性を喚起している。インドはいずれの観点においても懸念を抱く立場に置かれている。だがより重要なのは、インドの存在そのものがいまやきわめてグローバル化しているがために、こうした状況に対して完全にヘッジすることは不可能という点である。各国にとって、とくに大国であればなおさら必要とされるのは、リスクとベネフィットを最適化するような対策を見出すことである。

こうした状況は「戦略的自律」[6]の重要性の復活をもたらしたのであり、中核的および機微な分野において国としての能力を確保するという意味合いで用いられるようになっている。グローバルな相互作用の新たな素地に適応する過程で、当然ながら各国が独自のアプローチを構築していった。インド国内の文脈では、「アートマニルバル・バーラト」[7]、すなわち「自立するインド」がそれに当たる。デジタル分野では、よく似てはいるが固有の圧力を経験してきた。二〇二〇年の出来事[8]は、数十年にわたり築き上げられた外部との接触に関するインドの意識を引き締める効果をもたらした。「クリーン・アプリ・アプローチ」[9]、それに「信頼できるプロバイダー」や「信頼できる地域」といったコンセプトの受容はその結果としてもたらされたものだ。

われわれはテクノロジーの進化や科学の可能性について語る一方で、実際の国際政治は「バック・トゥ・ザ・フューチャー」の方向に向かっているというのは、多くの意味でパラドックスである。その一因は、グローバリゼーションにかけられた期待が楽観的すぎだったことにある。グローバリゼーションの基礎をなす経済的相互依存の根拠が不確かだと言うのではない。だが、各国間および各国内の対立の拡大やグローバルなレベルでの新たな均衡の登場は、グローバリゼーションの対抗勢力が臨戦態勢を整えたことを意味するものだ。そうした挑戦が形を現すようになるやいなや、グローバリゼーションのモデルは持ちこたえることが困難になったが、そのベネフィットが大きく損なわれていたからにほかならない。

政治面でもグローバリゼーションの反動が露わになった。「公正さ」の擁護者を自認する者が民主的に選ばれた代表に対して判断を下す立場に着くようなことが起これば、後者は挑戦状を突きつけられないわけにはいかない。望ましい結果を導くに当たり重要な立場にいることが明白な場合はなおさらだ。付言すれば、一部の国は自国のモデルを模範として海外に向けて発信している。これらが累積することで、政治および社会的アイデンティティが力強く再浮上し、必然的に経済の動きが持つ性質との対立が生じせしめた。非常に多くの事象が展開しているがゆえに、こうした厳しい状況は容易に解決できるものではないのである。

この結果、それぞれのケースにおける思考は異なるかもしれないが、さまざまな国が適切なバランスを見出そうと苦闘している。レジームの安定性に関わる問題に取り組む国もあれば、テクノロジー上の優位や生活スタイルを守ろうとする国もあるし、他国との接触を制限し自国の能力を構築しようとしている国も依然として少なくない。こうした競争の新たな形態は、われわれの時代における政治の根本的な特徴の一つになりそうだ。このグローバル化した世界は分野によっては亀裂が深くなっていくだろうし、とくに対立が激しい分野であれば分裂することすら起こりかねない。こうした不可避の事態に対して、インドはスマートに対策を講じていく必要がある。

分析と政策を刷新する

前掲の例は近年の潮流を反映したものと言えるが、伝統的な国家間の対立も依然として激しく続いていることを忘れてはならない。とくに二〇〇八年以降、世界では明確なリバランスと多極化の着実な登場が起こっている。過去一〇年で起きたアメリカのこうした事態に対する関与の変化は、重要な一側面だ。アフガニスタンにおける「終わりなき戦争」の終結は、アメリカの安全保障と国益の追求の新たなアプローチの到来を告げるものにすぎなかった。だが、その手法自体は、意図しなかったタイプの弱さを示したと言えるかもしれない。それもまた、修正のプロセスを経ているのである。

中国の台頭も重大な変化であり、同国が世界に及ぼす影響はこれまで以上に明白になりつつある。その多くが既存の思考の枠外で生じているという現実は、政策決定者とアナリストの双方にとって、概念的な点でチャレンジングであることは間違いない。ゼロサム・ゲームとは大きく異なり、こうした展開は他のプレイヤー、具体的には地域諸国や大きなポテンシャルを持つ国々に空間を開放する結果ももたらした。世界がインドを後者のカテゴリーとして見ているのは言うまでもない。こうした事態が展開するなかで、ウクライナ紛争はロシアの重要性について、ヨーロッパの戦略的動員とともにあらためて思い起こさせるものだった。このマトリックスでも複雑に見えるとすれば、幅広い経済的課題を抱える発展途上国世界に及ぼすインパクトによって脆弱性がさらに増すことである。以前から続いていたり軽視されていたりしたもろもろの問題に光が当たるようになっている。結果として、世界全体ははるかに不確実で不安な未来に直面しているのである。

こうした展望の下では、さらなる外交上のエネルギーと政治的クリエイティビティが確実に必要になってくる。国益の追求と集団としての価値のための責任をどう調和させていくかが、これまで以上に求められている。国民のかなりの部分が脆弱な状況にあるインドのような国にとっては、まずネガティブな潮流のうち主要なものがもたらすインパクトの緩和ということになる。その実践において、インドは自らの利益のために立ち上がるのではなく、グローバル・サウスの代弁者としても声を上げている。これは、包摂的成長を強力に推進する国内の方向性があることで、自然と対外的にもよく似たアプローチを取る傾向があるということだ。同時に、インドは過熱する国際政治を落ち着かせるという点において、その他のグローバル・サウスとの間に明白な利益を有している。もちろんこれは一夜にして起きるものではないが、粘り強く取り組んでいかなければならない。

差し迫った圧力以上に、われわれが直面する現下の国際秩序においては構造的変化も生じている。その大半は第二次世界大戦の結果と一九四五年に構築された国際アーキテクチャーに由来するものだ。それだけではなく、数世紀に及んだ西洋による支配も背景にあり、知的および文化的側面では依然として大きな影響を持っている。外交の教科書が示す最古のトリックは、自分の都合の良いように時間設定をすることだ。つまり、出来事や結果の中からいいとこ取りをしてそれを「標準」として示したり、メカニズムやコンセプトを不変のものとして創出したりするということになる。実際、一部の国は過去八〇年にわたりこの手法を成功裏に実践してきたのである。したがって、多国間分野における改革の追求やグローバルな意思決定において現実を民主的なかたちで確実に反映させることは、決して小さな事柄ではないのである。

とはいえ、現在の思考において過去の出来事を影響させるのは、他国の専売特許というわけではない。そうしたとらえ方は時としてインド自身もすることがあり、それは特定の経験がいまなお影響を及ぼしていることによる。一九六二年の印中国境紛争が六〇年経った今でも、インド国民の間で相手に対する疑念をかき立てているのはこのためだ。同様に、西方に関わる躊躇は一九四七年、六五年、七一年に起きた紛争[10]の記憶に由来している。これは歴史のポジティブな側面においてですら適用される。たとえば、一九九一年の経済自由化がもたらしたインパクトはあまりに大きかったため、それをさらに発展させる必要性となると、最近までプライオリティが与えられてこなかった。一〇年前まではこうした自己満足が、製造業の強化やテクノロジーの開発、社会指標の向上に対して受動的な姿勢をとる一因になっていた。

台頭の渦中にあるいま、インドはあらためて過去を振り返り、国内からだけでなく外国からも適切な教訓を引き出していかなくてはならない。この作業は、たとえ客観的な検証であったとしても、政治的に距離を置くものだと誤解を受けることがある。過去の経験にとらわれたままでいることは危険なのはもちろんだが、それを美化することはさらに危うい。インドは環境を大胆にかたち作る能力を持つようになったのであり、その力をこれまで以上に活発に行使していく必要がある。それはインド太平洋のようなコンセプト、クアッドやＩ２Ｕ２といったメカニズム、そしてＩＳＡのようなイニシアチブですでに具体化している。中国による挑戦への対抗は、国境のインフラ整備を軽視してきた過去の対応を改め、軍の配備を維持し、さらには世界のダイナミクスが提供するチャンスを活用することによってのみ可能になる。経済面では、インドの国益に真にかなう自由貿易協定（ＦＴＡ）や枠組みを慎重に選んでいく必要がある。分析と政策の両方に新たな思考で臨む必要性は、激動する世界においては高まる一方である。

継続性と変化

いかなる政体にとっても、国家安全保障が最優先であることは誰も否定できない。インド人は過去七五年にわたりこの点において試練を受け続けてきたがために、大半の国よりも強い意識を抱いている。実際、われわれがリーダーシップのメリットを評価する際には、危機への対処と確かな実行力のミックスという観点でとらえている。インドの外交政策は、安全保障上の脅威への対策、除去、緩和、反応といった作業に多くのエネルギーを割いている。いまこそインドは、対立相手によってその都度利用されてきた以前からの脆弱性を断固として解決しなくてはならない。二〇一九年八月に憲法第三七〇条問題の決着が図られたことは、政治的な驚きだったかもしれない。だが、ジャンムー・カシミールを主流の体制に組み込むことはかねてから待ち望まれていたものであり、既得権益層がそれを阻んでいたのである。

われわれは、「農村活性化プログラム」[11]の推進をはじめとして国境の安全を確保するという困難な任務にも取り組んでいく必要がある。同時に、世界という存在がわれわれの日常に広く浸透していくなかで、「ノーマル」が投げかける諸問題に対する関心を高めるとともに対応を考えていかなくてはならない。デジタルなものであれ、金融であれ、イデオロギーであれ、さらには交通に関わるものであれ、ルーティンからもたらされる危険がある。国際経済学が新たな慣行によって生じる諸課題に取り組もうとしているのとまさに同じように、国家安全保障も新たな危険に対処しなくてはならないのである。

国民の生活の多くの側面に影響を及ぼす外交政策は、当然ながら一人ひとりの安全や豊かな生活、将来やチャンスに深い意味を持っている。そこには相互作用や協働的な意味合いが含まれており、経済やテクノロジーといった分野はなおさらだ。もちろん、迫り来る変化と並行するかたちで数々の連続性も存在している。対象が自国であれ集団的であれ、外交政策とはパワーの構築と影響力の行使を継続的に実践するものであるのはいつも変わらない。それは、われわれの未来のビジョンを前に進めるアイデアや価値、文化の競争ということになり得る。新旧を問わずこうした要素のそれぞれが共存しており、相互依存と相互浸透の時代においてははるかにダイナミックに展開していると言える。国際関係はこれまで以上に多くの分野で、そしてより深く統合されたかたちで展開している。だが、まさにそれがわれわれにきわめて大きな影響を及ぼすがゆえに、いまや一人ひとりが各国によって展開される外交に関心を持たなくてはいけないのである。

制約やハードル、習慣、想定外の事態の克服に当たるとともに、若い世代に世界がいまインドをどう見ているかについて理解を深めてもらうこともとくに求められている。この数年で起きた問題に直面した際、多くのケースでインドは対処の仕方によって信頼を勝ち得てきた。政治的地位や経済的重要性、テクノロジー面の能力、文化の影響力の高まり、ディアスポラの成功が重なったことで、インドはより高いレベルの軌道に向かっている。なすべきことがまだ控えていることは言うまでもない。だが、インドがついに自らの役割を果たそうとしているという認識が世界の中で高まっているのをわれわれは目の当たりにしている。モディ首相は予想だにしなかった手法でインドを変革したとの指摘が実際にあるほどだ。

また、この時代における重要課題はインドの貢献や参加なしに解決することはできないという認識も定着している。いまこそインドは世界と新たなアプローチで関わるべきときである。同時に、われわれはより大きな責任を引き受ける準備をすべき岐路に立ってもいる。G20議長国を務めたことは、この姿勢を世界に示す重要な機会になった。新たなアイデアの提案、アジェンダの形成、コンセンサスの達成、行動計画の立案、そしてG20拡大の推進といったように、インドは議長国の役割をまさに最大限発揮したのである。

これから社会に出て行く人たちに言えるのは、さらに自信を持つだけの理由がいくつもあるということだ。今日、インドには国際社会での地位を向上させるための決意とビジョン、そして粘り強さがある。経験豊かで過去七五年にわたりインドにおいてともに歩んできた人たちは、現在進行中の転換を歓迎し、それがもたらした結果を評価してくれることだろう。世界が激動の新時代に突入していくなかで、いまインドの重要性がさらに高まっているという確信はきっと誰もが抱いてくれるはずだ。そして正しいリーダーシップによって、インドは必ずや荒波を乗り越え、チャンスを最大限活かすことができる。これらを達成していくなかでわれわれが抱く自信こそが、バーラトを決定づける特徴の一つにほかならない。

第4章

バック・トゥ・ザ・フューチャー
——国家安全保障とグローバリゼーション

二〇一四年まで、インドの大部分は他の世界と同様、グローバリゼーションが奏でる心地よい響きに魅了されていた。その後、まずイギリスの欧州連合（EU）離脱が決まり、欧州統合が試練を迎えた。ほどなくして、今度はドナルド・トランプがアメリカ大統領に当選し、「アメリカ・ファースト」が前面に出された。個別の問題にとどまっていた米中対立は、時とともに深刻さを増していった。どの事態も、経済とテクノロジーの集中がもたらした脆弱さが現実になるのを推し進める結果を招いた。その次に来たのが新型コロナウイルスのパンデミックで、これによってグローバルな効率化の名の下に多くの国で進行していた空洞化の実態が白日の下にさらされた。強靱かつ確実なサプライチェーンの重要性、加えてデジタルトラスト[1]や透明性についても新たなコンセンサスが形成されはじめた。一方、米軍がアフガニスタンから慌ただしく撤収したことで、以前から続いていた問題に突如として終止符が打たれるということもあった。このあとウクライナ紛争が起きたが、これが世界にもたらしたインパクトを通じてわれわれは自分たちがいかに深く統合されているかを思い知らされた。さらに、西アジアの火薬庫では対立が新たなレベルになったことでわれわれがもっとも恐れていた事態が現実のものとなってしまった。

つまり、われわれはつい最近まで時代錯誤にすぎないと考えられてきた国際政治のあらゆるネガティブな側面の復活を目の当たりにしているのである。こうした事態が起きるのをわれわれはほんとうに見過ごしていたのだろうか？　それとも見て見ぬ振りをしていたのだろうか？　おそらくその両方が組み合わさったものだろう。こうした思考は、強力な既得権益意識、国際社会を小康状態にさせる能力、そしてもっとも良い結果が訪れることを願う人間の性向によって増幅したというのが実態だろう。グローバリゼーションを推進する楽観主義者が過去のものと思っていたあらゆることが、いまや大々的に戻ってきたのである。国際政治は、テクノロジー、金融、貿易、資源の深い相互依存が安全保障、主権、プライバシー、価値といった強力な圧力と共存している事態に直面している。前者は連携の緊密化を促す一方、後者はそれがもたらす結果のうち脆弱な側面について警鐘を鳴らしている。こうした背反に対応する際には、われわれのあらゆる創造力が試されることになるのは間違いない。それは、現在の対立が未来の展望とぶつかり合っているからだ。そこから生じる雑多な展開の中から国際協力の新たな枠組みが形成されていく可能性があり、それは雇用や文化だけでなく価値や利益にも敏感なものになるだろう。

こう見ると、二十一世紀はあまり良いかたちで始まったとは言えないかもしれない。今世紀のほぼ最初というタイミングで起きたニューヨークの同時多発テロは、世界の方向性を規定した。あのテロがもたらした影響は、それからの二〇年にわたり世界を覆うことになった。ある大国の先入観が別の大国の台頭に道を拓くことになったように、テロ後の展開の多くは当時、ほとんど予想がつかなかった。テロからほどなくして始められたイラクでの不必要な紛争は、さらに予測不可能な結果を招くことになった。経済に目を向ければ、アジア金融危機から回復していた世界は、一〇年もしないうちにグローバルな規模で新たな金融危機に引きずり込まれてしまったのである。

二〇〇一年には中国の世界貿易機関（ＷＴＯ）加盟が実現したが、これは多くの国にきわめて大きな政治的および社会的な影響をもたらすことになるグローバリゼーションのモデルを歓待するものと言えた。かなりの数の国が、規模やモデルの性質、あるいは巨額の補助金に支えられた経済に対抗することなどとてもできないと考えた。その結果生じた空洞化が、やがて自国の政治に影響を及ぼすことになったのは明らかだ。

こうした長期的傾向が展開していくなかで、さまざまな地域や国が個別の課題やチャンスに取り組むようになった。雇用に対する敏感な反応やデジタル世界におけるテクノロジーやデータの保護は重要な懸念事項だ。より接続された世界においては、各国内の変動がグローバルなレベルで強く反映されるようにもなった。

二〇二〇年代末までには、国際秩序の基礎そのものがシフトしていることが明白になっていた。一連の傾向からさらなる激動と大国間競争に向けた動きが示されていたが、これはインドが享受してきた快適な前提を揺るがすものだった。誰一人予想していなかったのは、それまでに十分混沌としていた世界がパンデミックというかたちで「一〇〇年に一度」の衝撃を受けることだった。これにアフガニスタンとウクライナの事態が加わったことで、これまで以上に未来は先行き不透明になっている。それは「新世界」であることには違いないが、「すばらしき世界」とはとてもではないが言えない。

大国間競争の激化

われわれの思考をかたち作る前提条件の中でもとくに重要なのは、現下の国際システムにおけるアメリカの中心性である。だが、アフガニスタンとイラクで行われた「終わりなき戦争」がアメリカに大きな打撃を与えたことは明白だ。前者は位置づけをめぐって混乱があり、後者はそもそも回避可能だったという指摘があるが、いずれも革新的な論点ではない。両紛争をどう理解するかについては、いまなお関心を持つ者によって議論が続いていくことだろう。しかしいずれもすでに起きたことであり、アメリカははるかにひどい状況に陥ることになってしまったのである。

まさにこの時期に並行して進んでいた経済面の圧力もあったのだが、これは奇しくもアメリカが自国に引き起こしたものだった。多くのアメリカ人が熱心に推進したグローバリゼーションのモデルは、自国の強みと能力をじわじわと蝕んでいった。グローバリゼーションの継続を正当化する理由として構築済みの依存関係の重要性を主張するのは、もっともありそうになく、おそらくはもっとも説得力に欠ける。しかし、アメリカの製造業の力とテクノロジーの優位にもたらす影響は、まず政治的反発として、次いで国家安全保障上の試練としてはっきりと表れることとなった。トランプ政権がターニングポイントとなったのは確かだが、論争の多くはバイデン政権下でさらに展開していき、体系的なかたちをなすようになった。こうした動向がもたらした結果は、全体としてはアメリカの戦略的進化ととらえることができ、海外における姿勢の変化やそれまでとは異なるかたちで世界へ関与していることに表れている。

こうした状況は、一夜にして生じたわけではない。実際はその逆で、レトリックは別として、二〇〇八年以来アメリカのパワープロジェクションには警戒の高まりが見られている。これと相前後して、米軍の世界展開を縮小しようとする取り組みも継続的に行われている。だが実際には、この点をめぐってはアメリカの三つの政権にわたり認めたがらない傾向が続いている。米軍の現地展開であれ、関与の度合いであれ、活動の性質であれ、われわれはそこにかつてとは大きく異なるアメリカの姿を目の当たりにしている。そしてこのアメリカは、よりコストパフォーマンスの高い手法でグローバルな目標を達成しようとするなかで、自国に対しても世界に対しても現実主義的な方向に進んでいる。同国は多くの地域で第三者的なバランサーとしての性格を強めるだろうし、それに際しては自国のリスクを高めることなく影響力を確保するような姿勢で臨むだろう。これにはさまざまな側面があるが、なかでも重要なのは、国内の再生と海外での使命の適切なバランスをとることだ。

この時代を特徴づける多極体制の出現と戦略的自律の拡大に対しても、はっきりとした認識が形成されている。こうした流れによって、たとえ以前からの関係を強化している最中でも、新たなオプションの追求が促されていく。また、自国の地位に対する挑戦があることはもちろん、そうした挑戦が大きな成果を挙げていることについてもしっかりとした認識がある。したがって、真の問題はアメリカが自らを再評価するとともに再創造する能力の有無なのだ。このことが世界にもたらす意味は、アメリカの限界に対する理解と、その結果として生じる広範かつ現代的なパートナーシップの重要性を十分に踏まえた、新たなタイプの外交である。

こうしたもろもろの展開が起きる一方で、世界は中国の台頭も目の当たりにしている。米中両国の富に相関関係があるのは論をまたない。グローバルなレベルにおける新大国の台頭は、いかなる状況であれ特別な意味を持つ事態である。その新大国がイデオロギー面でも文化面でも「異質」なタイプの政体であるという事実は、変革が押し寄せているという感覚を強めるものだ。旧ソ連にもある程度の類似性はあったかもしれないが、今日の中国のような世界経済における突出した重要性を手にすることは決してなかった。だからこそ、われわれは第二次世界大戦終結以降続いてきた状況とは大きく異なるシナリオを精査しているのだ。

中国の能力拡大がもたらす事態は、国内と外の世界が切れ目なくつながっている現状を踏まえれば、とくに重要である。その結果、コネクティビティであれ、テクノロジーや貿易であれ、パワーと影響力の性質がどう変わったかをめぐり、議論が続いている。それとは別に、アジア各地で領土問題の先鋭化という事態も生じている。過去の協定や合意には、いまや疑問符が付いているようだ。国境情勢という点では、インドもとくに二〇二〇年以降、当事者として直面している。

もちろん、時間が経てばより多くの答えが判明するだろう。だが、いまわかっているのは、多極世界の基礎としての多極アジアの構築はこれまで以上に必要性が高まっているという点である。その多くが激化する大国間競争を背景として生じるのは明白であり、したがってその展開を理解することは必須なのである。そしてこの点でも、『ラーマーヤナ』に教訓になるエピソードが含まれている。

『ラーマーヤナ』のサイドストーリーの中に、二人の聖者による競争を描いたものがある。一方は従来からの聖者で、もう一方は新たに登場した聖者だ。ヴィシュヴァーミトラ王[2]が、聖者ヴァシシュタが所有していた望むものを何でも出してくれる牛を力ずくで奪い取ろうとしたことから、二人の対立は始まった。その後の戦いで、ヴィシュヴァーミトラの王子すべてと彼の軍は殲滅された。ヴィシュヴァーミトラは苦行を経て強力な武器を手に入れたものの、ヴァシシュタを再度攻撃しても成功には至らなかった。次に彼は苦行を重ね、自らの聖者としての地位を高めていった。しかし、その過程で彼は地位を高めるのは決して容易ではなく、ましてや頂点への到達となればなおさらのことだった。加えて、彼には短気で挑発されるとすぐに力に訴えるという生来の弱さがあった。こうした事態はたびたび起こり、ヴァシシュタへの憎しみからもたらされるものもあるが、彼自身が招いた注意散漫によるものもあった。ブラフマー神から「ラージャリシ（聖賢）」に認定されたことに満足できなかった彼は、「ブラフマーリシ」という最高位を獲得するところまで登り詰めた。それでもなお、彼はヴァシシュタの口からこの称号を聞くまで完全に満足することはなかったのである。

この聖者二人をめぐる物語は、現代の国際情勢の展開と似たところがある。新興大国は既存の大国を追いつくべき目標に設定し、上をめざし続けている。これらの国は自国の歩みに納得しているが、なかには屈辱の記憶によって突き動かされている国もある。この秩序再編の過程では、競争相手から敬意を得るだけでは常に十分とは言えない。またこうした国々には、対等な存在として正式に認められたいという強い希望もある。そうした追求の原動力となる国内で燃え盛る強硬論は、いかなる対価を払ってでも目的を達成したいというメンタリティを育むことになる。それはルールに基づいた秩序の確立に対する最大の挑戦にほかならない。そして忘れてはいけないのは、ヴァシシュタのような既存の大国は、容易に乗り越えることのできない強い影響力を持っているということである。

歴史の中で途切れることなく受け継がれてきた特徴がもう一つあるとすれば、それは政治的な疑念についてである。どの国も否定するかもしれないが、きわめて緊密な関係にあるパートナー同士でも、敵対的な兆候がないか警戒するものだ。ラーマの戴冠日にバラタの姿がなかったことで母のカイケーイーが息子（と自ら）の未来について不安を強めることになったかどうかは、長い間見方が分かれている問題である。もちろん、彼女の考えは悪しき侍女マンタラーによって増幅されたものだ。ダシャラタ王から約束されていた二つの願い事を実行することで不当な要求を行うようそそのかしたのは、このマンタラーだったのである。これは、独自の目的を持つ小国が大国の不安をどう活用すべきかを如実に示す例でもある。インドは近隣地域でこうした動きが起きているのを目の当たりにしている。

人物のことはさておき、国際関係の基礎となる厳しい現実は競争と国益にほかならない。グローバリゼーションや共通利益をめぐるさまざまな議論がありながらも、各国は依然として何が自国にとってプラスになるのかを冷徹に計算しているのである。世界は変化しているかもしれない。だが、世界が変わろうとすればするほど、以前と変わらない部分が残ると言えるのではないか。

ウェストファリア型政治を超えて

米中両国の展開を関連づけるかたちで描くのは自然とはいえ、この関係をゼロサムゲームとしてとらえるのは単純化しすぎである。まず、両国は世界で進行中の大規模なリバランスの中に位置づけられる。もちろん、米中は相互に影響を及ぼしているし、率直に話し合えるつながりもある。アメリカの予算カットは多岐にわたる分野で生じていることから、中国の影響力増大を可能にする空間の広がりをもたらしている。世界の多くで植民地時代が過去のものになるなか、必然的に経済活動の新たな中心地が生まれている。もちろん、この転換のペースとクオリティは政治的選択、とりわけアメリカによって形成されたものである。

中国は前世紀の地政学において大きな利益を受けた国と言えるかもしれない。だが、アメリカの力が減った分が中国の能力向上によってすぐさま取って代わられるわけではないという現実がある。その一部は、アメリカの海外展開と同国が国際秩序に強力なグリップを効かせていることに見て取れる。しかしこの二つの政体の性質そのものにも、決定的な差異が存在している。

アメリカは自国が普遍的な存在であると確信し、それを意識的に行動に移してきた。それに対し中国は自国を独自の存在ととらえ、自国のグローバリゼーションがそのまま普遍化を意味しているわけではないとしている。両国とも、それぞれの強みを活かしていくことになるだろう。興味深いかたちで、米中は特徴がはっきりと分かれる事例と言える。一方は開放性と多様性を最大限活用するとともに、世界中から人材を惹きつける独自の力を基盤としている。もう一方は世界から利益を得ることでとてつもない強みを獲得しているが、同時に類い稀な融合を通じて自立的な能力を開発してもいる。逆説的ではあるが、両国を待ち受ける試練は、そうした性質そのものを相手側に利用されないようにすることにほかならない。

インドにとって重要な関わりを持つのは、両国の世界観において一致する部分が減っていることである。それがもたらす事態は何かと言えば、国際情勢における不確実性、制約、摩擦の時代の到来である。それはサプライチェーンやデータの流れのようなグローバルな接続、海洋安全保障やパンデミック、テロといった諸課題において明白になるだろう。その結果、パワーの配分に変化が生じており、それとともに大きな影響力をもたらすアクターの特徴にも変化が及んでいるという状況にわれわれは直面しているのである。協力姿勢の有無とはまったく別に、そうしたアクターが自国にとって何が明確な国益であるかを認識し、それがグローバル・コモンズ(3)の保全にどこまで貢献できるかという問いについては、いまだ回答は示されていない。

インド太平洋において、インドがこれまでと大きく異なる状況を見出しているのは東方面だけではない。アメリカのアフガニスタン撤収を受けて、西方面においてもインドと直接境界を接している地域の政治が転換の渦中に置かれている。国連の幹部職員に国際社会の懸念を説明させれば、テロや過激主義の台頭、女性やマイノリティの扱い、移動の自由や包摂的なガバナンスといった観点からになるだろう。だが、この地域について知識がある戦略関係者であれば、この地域の先行きがひどく不透明になったことも認識しないわけにはいかないと感じているはずだ。どの当事者も、価値、イデオロギー、そして利益のバランスをどうとるかを慎重に検討しているところなのである。

より広い観点では、アメリカの政権移行、イランの核開発をめぐる交渉とそれが地域に及ぼす影響といった要素によって、別の変化が進行している。その変化の着地点がどこになるかが及ぼす意味は、決して小さくない。逆説的にだが、西アジアでは過去の政治的対立の構図が一気に変わると同時に、対立が激化するという状況が見られている。アブラハム合意(4)から生じた期待は、イスラエルに対するテロ攻撃によって試練を受けている。短期的なものかどうかは別として、その結果もたらされたバランスは、明確なものとは到底言いがたい。確実に言えるのは、今回の事態を受けて、西アジア政治の基盤そのものが変わりつつあるということだ。

独自に生じている動きとして、西側のリベラル政治でも一部の国で既存の政権の快適さからの脱却と対立が深まっている。それは政権のあり方に対する再評価を引き起こし、その流れはグローバルな力学によっていっそう強まっている。アブラハム合意自体について言えば、それまで堅持してきた方針からの転換という点のみならず、経済やコネクティビティ面をはじめとする可能性という点からも特筆すべきである。新たに構築された「I2U2」には、インドが積極的に関与しうるアイデアの核心的要素がある。サウジアラビアのアジアへの関与増大も、インドにとっては新たな可能性を開くものだ。それには、コネクティビティやロジスティクス、エネルギー分野の協力の可能性を秘めるＩＭＥＣ構想も含まれる。これはインドとヨーロッパの往来がアラビアを経由して行われてきた伝統に基づくものであり、いわば「歴史の回帰」なのである。まとめれば、従来の政治と台頭する経済のバランスが、この地域が外の世界にとって持つ意味を決定づけるのである。

ヨーロッパについて言えば、ウクライナ・ショックの前ですら「要塞メンタリティ」[5]から脱却する動きが見られていた。グローバルな規模での利益に敏感になったことは、その一例だ。ＥＵによるインド太平洋政策の策定は、それを如実に示すものと言える。だが、ウクライナ危機はそのインパクトの大きさによって、個々の国という意味でも集団的という意味でも安全保障の展望に一大転換をもたらしたのは疑いがない。この危機は戦略的グローバリズムの到来を早めたが、ヨーロッパ自身もその枠組みの中で影響を評価し、対処策を構築していった。それでもなおヨーロッパには試練が存在している。それは、「貿易による変革」を信奉し、それがもたらす利益をきわめてロジカルに主張してきたにもかかわらず、いまや世界から支援と理解を必要とするようになっていることである。ヨーロッパが強い影響を回避する一方、はるかに貧しい国に対して厳しい決定を求めていることは、この状況をはるかに困難にしている。それはさまざまな商業分野に表れているが、とりわけロシアからのエネルギー輸入にもっとも如実に示されている。

仮に状況が沈静化したとしても、ヨーロッパの大西洋対岸とウラル山脈方面との新たな関係は、インドにとって大きな利益になる。両者とも、ヨーロッパのアジア関与の再評価を促すことになるだろう。その中できわめて見通しを立てにくいのは、ドイツがこの二〇年で熱心に構築してきた姿勢を今後どうするか、そして他国がこのドイツのジレンマからいかなる利益を得るかである。アジアについて言えば、ヨーロッパはもはや世界において優越的な立場を維持しようとしているわけではないので、必然的にアメリカとは異なる姿勢をとることになるだろう。同時に、リスクに対する警戒は近年、確実に高まっている。さまざまなところで、やむを得ない必要性と中期的計算の妥協というかたちで結果が生じることになるだろう。

だが、変化を導くのはこの時代の卓越した大国にほかならない。有力なアメリカ人識者は、アメリカのグローバルな影響力は低下し、以前のように経済的に寛大な姿勢をとる余裕はなくなると主張している。こうした指摘はもはや自由貿易協定に限ったことではなく、グローバルなサプライチェーンにも及んでいる。その結果、国内の状況という観点ではセンシティブであっても、海外との経済的関与の活性化を目的とした、より革新的な試みが推進されるようになった。インド太平洋経済枠組み（ＩＰＥＦ）[6]は二〇二二年に東京で開かれたクアッド首脳会議で創設され、二三年のＡＰＥＣ首脳会議までに進展が見られたが、これはその一例と言える。

これは、単にアメリカが新たなかたちでチャンスを実現しようとしているだけではない。ウクライナ紛争に際しアメリカがとった戦略も、この時代の脆弱性を際立たせているという点で示唆に富んでいる。結局のところ、どちらの側が相手により大きな影響力を及ぼすことができるのかをめぐってゲームが展開されているのだ。ここで重要なのは、アメリカが複数の重大な試練に対し同時に対処できるかどうかである。当然ながら、これこそがこの時代において他国と支配的な力を持つ国を分かつ要素なのだ。戦略的競争に対するアメリカの関心は大きく、そこに自国を建て直して守るべきという国内の圧力が加わっている。こうした展開の中には長い時間をかけて形成されるものもあれば近年になって生じたものもあるが、それが蓄積することで根本的な転換をもたらすことになる。

われわれは現在、ウェストファリア的政治に対する一般的な理解では及ばない問題によってかたち作られているという状況にさらされている。冷戦下では、各陣営が相手に対して一連の価値の優越性を獲得しようとする体系的な競争があったことは間違いない。しかしこの時代には、脱植民地化の下での強力な主権意識によって作用したという側面もあった。その過程で、若干の極端な例は除きながらも、内政不介入という妥協が広く受け入れられた。ただ、それすらも戦略的考慮によって大幅に弱められることになった。本来の規範から逸脱した行為のすべてが公平に対処されたわけではなかったのである。

経済という点では、取引至上主義が幅を利かせ、社会はブラックボックスかのように扱われた。マクロなレベルでは、経済的選択は個人が下すものではなく、単なるビジネスにすぎなかった。ブラックボックスの中で起きていることについては、心配するに及ばないとされた。しかし、グローバリゼーションによって社会の間の相互浸透が着実に進むと、それまでのように無関心でいるわけにはいかなくなった。われわれは、自分たちとは大きく異なる信仰や思考、行動様式を持っているかもしれない人びとを社会に招き入れようとしているのである。そうなると、もはや外国製品の輸入という問題だけではなくなってくる。いまや外国人がわれわれの国内で活動しているというのが現状だ。実際にこうした状況がある一方で、デジタル時代においてはＡＩがもっとも高い関心事項になってくる。

このような接触が進むことで、当然ながら透明性と信頼についての懸念が生じてくる。われわれにとっての規範である抑制や障壁が、他者にはそうとは受け止められないことにいら立ちを覚えるのも無理はない。それだけでなく、国際情勢における行動様式の変化がグローバルな構造自体に影響を及ぼし始めている。楽観的でいられた時代には、効率性と競争力に注力していれば良かった。だが、市場シェアと相互依存が戦略的に活用されるようになると、われわれの接触の程度も国家安全保障上の懸念としてとらえられるようになった。これまでにもかなりの規模で接触があったことには違いないが、以前は緻密に操作されていなかっただけにすぎない。抑制が後退し強要が増すという、これまでとは異なる外交手法に世界が陥っていることは疑問の余地がない。過去一〇年で起きた主要な展開のうち、貿易、観光、コネクティビティ、金融といったように、ルーティンにすぎなかったものが兵器化されるようになったことは重要だ。その結果、あらゆるものにヘッジをかけなくてはならなくなっている。こうした不安は、サプライチェーンについての懸念を増すことにもつながっている。事実上、政治がこうした分野に対して無関心でいられた時代は終わりを迎えたのである。

皮肉なことだが、アフガニスタン情勢の転換は反対方向への流れとして解釈することが可能だ。多くの者にとって本当に重要だったのは、同国の国家建設という目標の下、外国がどれだけ介入したかであり、この点がいま批判にさらされている。アメリカ同時多発テロ後のアフガニスタンにおける外国のプレゼンスがネガティブな影響なしに自制できたかどうかは、未だ答えが出ていない。とはいえ、それすらも誤った議論に陥っているのかもしれない。真に重要なのは、野心的な目標設定ではなく、状況を正しく理解することなのである。二〇年にわたって、アメリカは自分たちに対する戦いを支援しているまさにその国が、補給面で不可欠な国でもあるというパラドックスに苦しんできた。このジレンマはあまりに重かったがゆえに、オサマ・ビン・ラディンがパキスタンに潜伏していたという事実があっても状況を変えることができなかった。ただし、だからといってパキスタン軍のカードの切り方が巧妙さに欠けるというわけではない。彼らは一世代にわたってアメリカの政軍リーダーに対して、「敵味方識別装置（ＩＦＦ）」(7)を混乱させることに成功したのだから！

だが、今日の世界は正反対の難題と格闘している。アフガニスタン国内の動向にかかわらず、世界の国々は外部に対してネガティブな影響をもたらさないでほしいと心底望んでいるのだ。テロや過激化の観点でとらえる国もあれば、難民流出の可能性や女性の扱いを懸念する国もある。いかなる展開になろうとも、国際関係の真実はこうである。より密接に統合された世界において、深い溝で隔てられた諸文化をどう融和させるかという問題に否が応でも格闘し続けていく、と。

「他国」の登場

現下の状況には摩擦をもたらしている側面があるが、そこから利益の獲得方法についての考え方が形成されてきた。戦略的重要性の度合いが低かった時代に生じた結果を修正する試みの中で、デカップリングの利点と実行可能性をめぐる議論が行われている。その他のコンセプトの大半がそうであるように、そこでは極端な解釈を回避するように気をつける必要がある。

今日のグローバル経済はきわめて密接につながっているがゆえに、包括的なかたちで一国を分けて考えることは不可能になっている。そのような孤立した状況に耐えうる国はどこにもないし、だからこそ起こりえない話なのである。同時に、否が応でもついてまわる戦略的競争をめぐって公然と議論が行われている。競合国が一定以上のレベルで互いを信頼することはまずないだろう。貿易や資源であれ、コネクティビティ、パイプラインであれ、双方向のつながりは、強国あるいは機先を制する鋭敏な国によって巧みに活用されるという状況が一般的になるだろう。開放性はクリエイティビティと進歩をもたらすが、その開放性自体が弱点にもなる。こうした展開から起こり得るのは、特定の分野において自律性と対抗策が講じられること、それと同時に、必要とあれば他のいかなる分野でも余剰生産力と信頼性を確保することだ。さらに、輸出管理や技術共有にもあらためて関心が高まることにもなる。半導体はこの傾向が明白に表れている分野である。さまざまな国が不信感に応じて、手続きや慣行を実施することで、社会や政治面でも影響が出てくるはずだ。アカデミアからビジネス、調査研究から旅行まで、これからの一〇年で世界はこのインパクトを目の当たりにすることになる。その中にあっても、政治経済と伝統的な安全保障が重要な役割を担い続けていくだろう。

対外的な環境が好ましくないなかでどの国が利益を得てどの国が損をするかは、興味深い問いだ。どれだけ力があるかによって自己主張に違いが出てくるかは、まさに重要な点である。一部のプレイヤーが他国の戦略文化を正しく読み取れず、思わぬ結果を招くという事態をわれわれはすでに見てきた。統合が進む分野がある一方で別の分野では深刻な対立が存在するという世界は、間違いなく初めて経験するものになる。

当然ながら各国の反応は、新たな状況と周辺環境によって制約をうけることになる。したがって、進行中の構造変動を理解することが何よりも重要になってくる。アメリカの限界と中国の台頭によって形成された構造に緩みが出てきたことで、他国にとって制約の減った空間が開かれたという現状になっている。レベルは大きく異なるにしても、二つの大国が存在していると言えるかもしれない。だが、これとて伝統的な二極体制としてとらえられるものではない。今は、自律的な成長を遂げ、重みを増しているプレイヤーがいくつもあるからである。レベルは異なるが、そうした国々は競争から利益を得るのとまさに同じように、ギャップも活用していくだろう。その中では、バイアスや類似性、利益によって制約を受ける部分もある。しかし、全体的な傾向としては、関係の薄い国のアンビバレントな姿勢を最大限活用したいと考えたくなるはずだ。同盟から得られる利益の多様さも、影響を及ぼす一因となり得る。

同盟自体は一連の状況の産物ということも理解しておく必要がある。アメリカによって構築された広範で強靱なネットワークをそのままコピーすることは不可能に近い。いかなる大国も、それを忠実に再現しようと試みる能力すら持ち合わせていない。しかし、時代の変化によってさまざまなモデルが生じ、グローバルなヒエラルキーを確立しようとする不断のプロセスからはそれぞれ特徴を持った結果がもたらされることになる。いまや新たな秩序の形成において決定的なファクターになるのは、経済の統合と依存関係かもしれない。代替案が浮上する可能性も考慮に入れておくべきだろう。

構造的な堅牢性を伴わずに国家間においてパワーが広範囲に拡散する事態は、まさに世界という舞台における「他国」の登場を規定するものにほかならない。このカテゴリーはそれ自体が一つの勢力というべきものかもしれず、パワーの行使について長い歴史を持つ国もあれば、近年になって重要性を増してきた国もある。重ねて言えば、いずれ主要国として台頭したいと野心を抱く国もいくつかあるだろうが、一方でこれまでに得たリードを守りさえすれば良いと考える国もあるだろう。さらに、グローバル化した世界においては、競争の中で一国を突出させるようなパワーの全面的展開はもはや求められていない。一部の側面が必要なだけ向上すれば、それだけで変化を起こすのに十分な能力をもたらすことになる。その一部とは、これまでのように軍事力かもしれない。あるいは天然資源や金融資産かもしれないし、戦略上重要な位置であるとか、先端技術、有力なプラットフォームかもしれない。これらのコンビネーションによって、影響力の拡大を図ることが可能になるのである。

こうした能力の重要性は、広範な地域主義《リージョナリズム》の中ですでに表れている。アフリカや西アジアであれ、湾岸、オセアニアであれ、対立や紛争は現地での手法に則って対処されるようになっている。こうした進行中の転換がもたらした新たな展開はそのインパクトの大きさゆえに、小規模な国ですらそこから利益を得ることが可能になっている。

この展開がもっとも鮮明に現れている地域は西アジアだ。ここでは地域化の傾向が強いが、それは大小問わず現地のプレイヤーが、紛争や緊張への関与を強めていることに示されている。外部の勢力も引き続き重要な役割を担っていくとはいえ、実際に介入するだけの能力も動機も低下していることは明らかだ。天然資源は、この地域で長きにわたって活用されてきた。今日では、さらにテクノロジーの革新が加わっている。イエメンであれガザであれ、長期にわたる問題がいかにインパクトのきわめて大きい現代的形態になったかを、われわれは目の当たりにしている。その多くは、地域間、とりわけミドルパワー間の競争を活発にさせてもいる。

相互依存の世界において、多くの国がスピード感を持つとともに制約を受けずに行動するようになっており、プラグマティズムを如実に実践している。いくつかの意味で、共通の利益の存在はイデオロギーや制度的な相違点を乗り越える際に役立てることができる。エネルギーであれ、コネクティビティやテクノロジーであれ、それ以外に外部と共通項のない国々は、個別の利益を得るべく協力するようになっている。だがここでも、進行中の事態の全般に関わる構造的ロジックが存在する。いかなる国によるものであれ、単独行動主義が基本的原則となり得ないことは、今日明白である。一九九〇年代は遠い過去の話であり、台頭する国家群の中で最強の存在であっても再現することは不可能だ。

同時に、世界の問題はあまりに複雑になってしまったがゆえに、いかなる二国間関係も単独では問題解決の基本とはなりえなくなっている。理論的には、どの国も常にリップサービス的発言をするような「古き良き多国間主義」が存在はしている。だが、その脆さや欠点は、これまで以上に明らかになっている。多国間主義は時代遅れになっているだけでなく、最低限の共通部分の機能という点でも、既得権益を持つ国に多大な配慮をしているのが実態だ。こうした構図は、各国が自国の主張を展開するのに都合が良い設定を生み出すことにつながる。

　こうした多国間主義は、さまざまな課題において異なる組み合わせの下で実行されている。この過程で、複数国主義《プルーリラテラリズム》[8]という広範囲に影響を及ぼす考え方が台頭し始めている。複数国主義自体は、完全に新しく生まれた考え方というわけではない。これまでにも地域協力の基盤となる枠組みはあった。ＥＵ、ＡＳＥＡＮ、南アジア地域協力連合（ＳＡＡＲＣ）[9]、湾岸協力会議（ＧＣＣ）などは、地理的な近さが共通の行動の基盤となった例である。海洋安全保障やテロ対策、輸出管理、核不拡散、気候変動のように、特定の課題について国際的な連携が見られるケースもある。リバランスの流れに影響を及ぼし、多極化を推進する取り組みすら存在している。そしてこの動きは、地理上の制約にとらわれずに進行している。ＢＲＩＣＳはその代表例であり、四つの大陸からそれぞれ一国がメンバーとなっているのである。

　こうした新興枠組みが過去の組織と異なるのは、広範なアジェンダを取り扱うということに加え、活動においても目的がより明確になっているということにある。その意味で、クアッドはこうした時代の変化を表すものと言える。このフォーマットの魅力を高めているのは、間接コストがかなり低く済むという点である。クアッドには条約もなければ、義務や常設機構、あるいは関係強化に付随する規律すらも存在しない。いまや外交の世界では、簡素であることも美徳の一つと言えるかもしれない。

　多極化という点では、単独の物差しでこの複雑な世界を判断してはならないということが重要だ。

この現象そのものが、さまざまな有力国間の相互作用がグローバルな展開に影響を及ぼしていることを示している。ただし、各国が持つ能力のタイプには非常に大きな差異があることから、特定の分野に特化したかたちで行動をとるようになっていることも事実である。これがどう実践されるかについて、インドのような国の観点から検討してみよう。政治的多極化には、国連安保理における五つの常任理事国、EUやASEANのような組織のように、はっきりとわかるプレイヤーの集合体があり、それぞれの加盟国は各地域でも重要性を増している。だが経済的多極化の場合、別のファクターの産物であるがゆえに、様相は大きく異なる。インドにとって貿易上もっとも重要なハブは、EU、アメリカ、中国、湾岸諸国、ASEANである。エネルギーの場合は、さらに異なる関係が見られる。この分野では、イラク、サウジアラビア、ロシア、UAE、アメリカが主要パートナーなのだ。テクノロジーの観点からとらえると、西側の経済大国の方面がより重要になってくる。人の移動やスキルとなると、湾岸地域の重要度が明らかに高くなるが、より高い付加価値を提供してくれるのは西側諸国である。

多国間の成果やグローバルな課題という点では、真に世界規模の機構がこうした枠組みやつながりを補完している。各国の投票傾向は陣営ごとのものとしてとらえられることが多いが、インドはそれを踏まえて主張を展開している。この複雑な状況は、今日において外交政策の検討がいかに多くのレイヤーに分かれているかを表すものだ。大国や新興国は、これまでの同じ条件や限られた変数に基づいて自国の戦略を構築するわけにはいかなくなっている。この新たな世界の特徴は、あらゆる国が独自のマトリックスを追求しているということにあるのだから。

二〇二三年八月にはBRICSの加盟国拡大が決まったが、これについて寄せられた論評については、検討する価値がある。その多くは、BRICS加盟国拡大が、名指しこそしないが個別的にはアメリカを、より広い意味では西側を念頭に置いたものであると指摘した。だが、実態はそれとは大きく異なる。それは、既存の加盟国が共通の理解を見出すべく展開した、込み入った交渉の産物なのである。どの加盟国にも自国の方針を遂行する目的があり、同時に各国間で考えが重なる部分があった。新たに招かれた六カ国(10)(サウジアラビア、UAE、イラン、エジプト、エチオピア、アルゼンチン)はいずれもインドと強力かつ長期にわたる関係を有しており、他の既存の加盟国も同様である。こうした流れ自体が、多極化の推進を意識したものなのだ。

この展開と同時に国連安保理改革を求める声の高まりも起きており、結果としてBRICSとしての姿勢にも重要な発展が見られている。現加盟国も今後加盟の可能性がある国も自国通貨での貿易決済を行いたいという利益を共有していることは、もう一つの共通点である。基本にあるのは、今日の国際システムは別々かつ複数の方向に向かっているという現実だ。反西側のプリズムのみで世界をとらえることは、ミスリーディングになりかねない。

コロナ後の世界

長期的な見方を持つのは簡単なことではないが、われわれは新型コロナウイルスによるパンデミックがもたらした巨大な影響には準備ができていなかった。パンデミックがもたらした犠牲者の数が信じられないほどの規模なのはもちろんだが、それだけではない。日常の断絶は、ただただ想像を絶するものだった。その理由は、最後にコロナのようなパンデミックが起きた際、世界は今日ほど密接につながっていなかったことにある。スペイン風邪と新型コロナウイルスの違いは、グローバル社会の進化を如実に示すものと言える。それは国際協力によって得られるベネフィットだけでなく、効果的なレスポンスへの期待にも影響を及ぼす。だが、そのインパクトは問題や解決策の観点だけで判断できるものではない。それは思考《マインドセット》により大きな意味をもたらすものなのだ。

新型コロナウイルスは、とりわけ国際関係に対して計り知れない影響を及ぼした。この三〇年で定着したグローバリゼーションのモデルが挑戦を受けることになったのである。効率性へのこだわりはリスク回避の意識によってかなりの程度までバランスが取られることになり、ワクチン供給をめぐる事態を受けてグローバル・サウスは自らの利益についての危機感を高めた。

このパンデミックは今を生きるわれわれにとってもっとも深刻な記憶だが、一度限りのものではなく、今後も起こり得る課題であるととらえるべきである。それに対処するには、これまでになかった規模での協力が必要になってくる。どれだけ大きかろうとも、一国の能力だけでは不十分なことが今回分かったのだから。それに、大国の余剰能力だけでは、それをもってしてもグローバルなニーズを満たせないことは明らかなのである。かといって集団的に対応するにしても、それが現状の能力の寄せ集めに過ぎなければ、十分というわけにはいかない。いまわれわれが概念化する必要があるのは、コロナのような大変動に世界が対処する際のアプローチを再構築することだ。今回のパンデミックによって、サプライチェーンやグローバル・ガバナンス、社会的責任、さらには倫理をめぐるテーマについて議論が引き起こされた。さらに、今日の世界に対する客観的な評価を促すことにもなっており、これはわれわれが将来により良い備えをするためのものだと言える。

各国が世界に対する向き合い方を検討するなかで、新型コロナウイルスが恐怖の方向に針を向かせたことは疑いがない。このことは、国家安全保障の定義が拡大していることに反映されている。過去においては、防衛、政治、インテリジェンスが判断を導き、資源、エネルギー、テクノロジーはそれを補完する要素だった。若干の特筆すべき例外はあるものの、国家安全保障の追求はグローバルな連携や経済的効率性、社会的慣習によってバランスが取られていた。それに、こうした傾向はグローバリゼーションの主張が浸透していくにつれて勢いを増していった。

だが、パンデミックによって国家の能力は挑戦を受け、コミットメントは実行に移されず、サプライチェーンは断絶し、物流は遮断され、物不足が発生した。こうした事態が個人防護服（PPE）や医薬品、人工呼吸器にもたらされたことで、われわれは保健安全保障の重要性に気づいた。生活必需品の調達が脅かされる事態に直面した人びとは、食料安全保障の重要性を認識するようになった。物資供給の停滞によって経済の減速が生じると、製造安全保障の必要性が理解されるようになった。「国産品を買おう」や「ミドルクラスの関心事」「双循環[11]」「自力更生」と、さまざまな言い方があるが、通底するメッセージは大きくは違わない。好況時であれば他国の効率性は基盤を強化したかもしれないが、いまでは困難な状況に対処するには信頼度が低すぎると見られている。

新型コロナウイルスの経験の本質は、透明性に関する懸念を前面に押し出すことにもなった。不透明性に対して見て見ぬ振りをすることはもはや許されなくなった。なぜなら、それは世界全体に対しても大きな影響をもたらすからである。物資不足や流通の停滞という事態に直面するのも十分深刻なことだが、それが弱点になると状況はさらに厳しくなる。パンデミックがもたらした経済面での苦境が新たな脆弱性につながりかねないという懸念もある。こうした結果、戦略的自律が自給自足を強化するとともにパートナーシップとオプションの増加の手段として論じられるようになっており、これらのすべてがリスク緩和の中心的要素としてとらえられている。今後の世界において、これらは地経学上の意味を持つことになるだろう。

　行動面でも変化が見られた。圧力にさらされた結果、自己利益の定義がより厳格になり、集団的な取り組みが後回しにされた。主張どおりに行動する国は少なくなり、なかには主張そのものをやめてしまって国もあった。気がつかないうちに、文化や利益、価値が交錯するなかでさまざまな見方が形成されていた。多元主義的な国は世界との関与を増し、そうした国々の間では連帯が強まった。そして世界を市場《マーケットプレイス》として以上に仕事場《ワークプレイス》としてもとらえる国は、つながりを維持することにより大きな利益を見出したのである。

　この時代の本質的な現実は試練に満ちており、それを否定することはできない。われわれが経験しているグローバリゼーションは深いだけでなく幅広く進行しており、今後も活動と戦略を形成していくだろう。新型コロナウイルスは、現代という状況下で特有のリスクを露わにした。われわれが直面する任務は、そのリスクを取り払いながらも、同時に経済の迅速な回復をはじめとする目標を追求することなのである。

　だが、あらゆる解決策からは新たな問題も生じてくる。デジタル分野は多大な成果をもたらしているが、プライバシーやセキュリティの課題も提起されている。こうした課題は急速な進化を見せているＡＩではなおさら重要である。エネルギーやモビリティ、コミュニケーションにおける革命的進化が見られるなかで、重要・新興技術にも注目が高まっている。新たなサプライチェーンによってグローバルな脆弱性が悪化することがないようにすることは、重要度がきわめて高い。これはインドにとっては、アメリカとの二国間、日本およびオーストラリアとの三国間、そして日米豪とのクアッドに関与する上でのテーマなのである。これと並行してEUとの間では、貿易・技術評議会イニシアチブを設置している。

新型コロナウイルスが鳴らした警鐘によって、信頼できる連携をどう確保するかという重要な課題に関心が高まったことはいまや明らかである。確かなのは、国際社会がこれからの時代に必須だととらえるレベルの安心をもたらしてくれるのは市場経済と民主的社会だということだ。この思考と同じくして、自由貿易協定の選択においても戦略的方向性と切り離すわけにはいかないという認識が高まっている。インドは多くのものを構築していかなければならない状況に直面しているからこそ、必要なパートナーシップと資源へのアクセスの確保をきわめて重視しているのである。

だが、インドは自国のためだけに行動しているのではない。グローバル・サウスは新型コロナウイルスへの対応で非常に苦しんだが、ウクライナ紛争は各国のトラウマに追い打ちをかけた。三つのF（食料《フード》、燃料《フューエル》、肥料《ファーティライザー》）の供給が不安定になっただけでなく、貿易と観光の停滞によって状況が深刻化した。こうした苦境に対して先進国は敏感に反応したとは言えず、懸念がさらに深まることになった。開かれた市場に対する批判が高まる一方で物資不足が深刻化する状況下で、ワクチンが行き渡らなかった経験が他の分野でも繰り返されるのではないかと多くの者が恐れたのも無理からぬことだ。

こうした状況の下、インドは生産能力だけでなく、凝集力を高めなくてはならない。逆風にさらされながらも、われわれはグローバル・サウスの経済安全保障という大義を擁護してきた。この分野で模範となること自体が強力なメッセージになるのである。新型コロナウイルスが広がった際、インドはかなりの厳しい状況だったにもかかわらず、ひるむことなく立ち向かい、国民の利益を犠牲にすることはしなかった。エネルギー安全保障は別の分野ではあるが戦いのタイプは似ており、インドの取り組みは広い範囲に影響を及ぼしている。

こうしたことを踏まえ、われわれが直面している状況を検討してみよう。現在の国際秩序が形成されてから七〇年以上が経過しており、変革の機は熟している。この流れは、大国の動向、それに全体的なリバランスと多極化が積み重なった影響の両方によるものだ。さらに、相互依存度を増し、テクノロジーが中心的役割を果たし、ボーダーレスになった世界が加わっており、そこではパワーと影響力が新たな意味を持つようになっている。これらが一体となった世界は、さまざまな事態を経験してきた。われわれが生きてきたなかでいかなる記憶をも超越するパンデミック。どこよりも外部のことに無頓着な大陸やその他の地域にも影響を及ぼす紛争。アフガニスタンのようにセンシティブな国における力の真空、それに西アジアのように不安定な地域における撤収と再関与――。大国のなかには自国の苦境に対する危機感を高めた国がある一方で、力の行使を公然と行った国もある。いまの世界は、複数の戦略的競争が展開される、まさに新たな時代なのである。その結果、地上では無秩序がはびこっている。こうした事態に効果的に対処するためには、バーラトのような長い文明を持つ国による努力と力の維持が必要になるだろう。

第5章

転換の一〇年——世界を導く国になるための基礎を敷く

二〇一五年、ナレンドラ・モディ首相は、インドはいずれ世界を導く国になるという目標を発表した。これは目標を追求する姿勢を表明したものだったが、なかにはそれが実現したと受け取った者もいた。それからの一〇年で、目標達成に向けた取り組みが真剣に行われていることが鮮明になった。二〇二三年に「バーラト・マンダパム」[1]の除幕式を執り行った際にも、モディ首相が世界第三の経済大国として台頭するという決意をあらためて表明した。一年前には、それまでの伝統を越えて、首相は自らの任期にとどまらず、一つの時代全体について考え、計画を立てるときだと訴えた。これを示すのが「アムリト・カール」[2]、すなわちインドが先進国になるという目標達成に向けて進む四半世紀である。

こうした主張は、それぞれが外交政策にとって大きな意味を持つ。それは、単なる全般的な希望としてだけでなく、インドがいま達成に向けて取り組んでいる具体的なターゲットや目標とセットになっているからにほかならない。この一〇年の成果は、グローバルなプレゼンスを高めるための基盤がいかに着実かつ体系的に構築されてきたかを表しているのである。

首相に就任した初日から、ナレンドラ・モディはインドの外交政策においてイニシアチブを発揮した。二〇一四年の就任宣誓式に隣国の首脳を招待するという[3]、従来型の思考では想像もできなかった独創的な外交を実践したのである。その年の後半に行った訪米は、新たなタイプのパブリック・ディプロマシーを前面に押し出すものになった。彼はインド外交に大きなエネルギーを注入し、それ以前のリーダーたちとは大きく異なる積極性と幅の広い施策で多方面で関係構築を試みていった。これまでの任期の中で、モディ首相はさまざまな地域、エネルギーから気候変動、テロ対策、コネクティビティに至るまでの幅広い分野で斬新なアイデアとイニシアチブを提唱してきた。グローバルな重要課題にも積極的に関わり、成果の形成に直接コミットすることも少なくなかった。

これは単に前任者からの引き継ぎ事項をこなすことしか考えていない者にできる仕事ではない。その逆に、モディ首相は外交政策に明確な戦略性、確固とした概念的基盤、積極的な行動、そして潤沢な成果をもたらしたのである。このことは、国境を接する隣国へのアプローチと拡大近隣への関与においてしっかりと示されている。また、国際秩序の評価と主要国との強固な関係構築でも同様のことが見出せる。さらに、各地域やサブリージョンにおけるミドルパワーとの関係を開拓する取り組みもある。これと並行して、グローバル・サウスの利益擁護を目に見えるかたちで行ってもいる。そうした国々でのインドによる協力プロジェクトの実施状況は急速に改善しており、「新生インド」を実感させるシンボルになっている。初期対応能力は効果的に実行に移されたし、海外にいるインド国民が困難に直面した際の対応も同様である。斬新な戦略的概念に加えて、新たなメカニズムやグループも形成されてきた。

これらが積み重なった結果は、インドの国際的地位の向上というかたちで見て取ることができる。別の言い方をすれば、「転換の一〇年」という呼称がふさわしい。だが、大胆な目標を見据えれば、真の変化はまだ始まったばかりにすぎない。乗り越えていくべき道のりはまだ長いのである。

国家も個人も、強さを示す経験を通じて成長していくものだ。『ラーマーヤナ』でこのことに関連するものとしては、ラーマがミティラーの王ジャナカの下を訪ねる際にシヴァ神の弓に弦を張ろうとしたエピソードが挙げられる。とてつもない力を持つこの弓はもともと、シヴァがジャナカの祖先デーヴァラタに対し、自分を守るため、とくに自信をなくしなときに感情を制御できるようにと直々に与えたものだった。ジャナカはこの弓を持ち上げ、弦を張ることができた者だけに娘のシーターを嫁がせることにした。そしてこの見事な業を成し遂げたことで、ラーマとシーターが結婚できただけでなく、ラーマが戦士の世界に登場したのである。その彼は、戦士たちと好んで戦う聖仙パラシュラーマの挑戦を直ちに受けることになった。ラーマは彼からヴィシュヌ神の弓を奪い取り、弦を張ることで打倒することに成功した。ヴィシュヴァカルマンの手になるその弓はラーマがその前に弦を張ったばかりのシヴァの弓と対をなし、パラシュラーマの祖父が最初に保持したものだったのだ。だが、それは序曲にすぎなかった。それからの旅路のあらゆる局面で、ラーマは障害を乗り越え、真の能力を開花させていくのである。

　重要な試練は何もないところからやってくるのではない。多くの場合、過去の重要な経験の中にそのきっかけが秘められているものである。これは個人もそうだし、国家にも起こる当然の流れなのだ。ラーマにとって初めてのこうした経験は、聖仙から自分たちの犠牲的行為を台無しにしていた悪魔を打倒すべしと求められるというかたちで始まった。ラーマの父ダシャラタ王は当然ながら息子をそのような危険にさらすことに慎重だったが、ひどくためらいながらも最終的には認めた。こうした姿勢は、新たな脅威に直面した際に多くの国が組織としてとる対応でもある。

　ラーマのケースでは、最初にカマシュラマの森でヤクシニー[4]のターラカーを打倒しなくてはならなかった。次にシッダシュラマでは、ラークシャサのマーリーチャとスバーフというさらなる強敵に遭遇した。ラーマによって前者は打倒され、後者は灰燼に帰した。その後ラーマはラクシュマナとともに聖仙ガウタマの庵に立ち寄った際、彼の妻アハリヤーにかけられていた呪いを解く役割を担いもした。ラーマとラクシュマナの兄弟がミティラーに進み、ヴィシュヌの弓に弦を張ってみせるのはその後のことである。

インドのような国にとっては、世界をリードする国になるためには幾多の山河を乗り越えていかなければならない。そのなかには直接的な試練もあれば、全体的な環境がもたらす試練もあるだろう。ラーマがラークシャサのマーリーチャと対峙したように、繰り返し起こる問題もあるかもしれない。結局のところ、個人であれ国家であれ、台頭とは粘り強さ、忍耐力、強靭な精神の実践なのだ。こうしたエピソードを現代のインドとの関連でとらえると、インフラを整備し、人材の質を高め、領土面での挑戦を撥ねのけ、確固たる強みを持ち、核オプションを行使し、ガバナンスの質を向上させるということになるだろう。インドも台頭の次なるステージへと移行するなかで、行動範囲を拡大し、競合国に注意を払い、総合国力を強化していく必要がある。

新たなマンダラ

いかなる評価においても、個別の出来事や成果に着目して変化が起きていることを示すのはさほど難しいことではない。そこにメリットがまったくないというわけではないが、かといって全体像が示されているとは言えない。ターニングポイントですら同様で、全体的な流れの特徴を表しているにすぎないのである。インドが中長期にわたり取り組んでいる活動のスケールを踏まえれば、目標達成に向けた包括的なアプローチが求められるのは至極当然のことだろう。実際のところ、それこそがまさにこの期間を通して着実に形成されてきたものなのだ。

重要な方針を発表するに当たっては、特別な機会をとらえて行うときがある。二〇一五年のモディ首相によるモーリシャス訪問時にSAGARを公表したのは一例だ。二〇一四年の首相就任宣誓式では近隣諸国の首脳を招待したが、その数カ月後に「近隣第一政策」を形成したように、行動が先にあって理由付けが後に続くというケースもある。ASEANやその周辺の国との間では、「ルック・イースト」から「アクト・イースト」[5]へという格上げが後で行われた。

だが、インド太平洋のメッセージを拡散するというコミットメントのように鮮明な戦略的決定も存在している。インド・太平洋島嶼国協力フォーラム(FIPIC)サミット[6]のように、新たな動きを作り出すために特定のイベントを開催することもある。それぞれの局面において、潜在的な思考が前面に出ることもある。新型コロナウイルスの感染拡大とウクライナ紛争を経て「グローバル・サウスの声サミット」を開催したのはその好例だ。現政権発足から一〇年を迎えようとするなかで、全体的な戦略は当初に比べてはるかにクリアになっていることは明らかである。点が線になり、さらには同心円状の利益群が形成されつつあるのだ。

今日の世界に対するインドのとらえ方を示す「マンダラ」とは、一体いかなるものなのか? その中核にあるのは、直接国境を接する隣国であることは明らかだ。これは二〇一四年のモディ首相就任宣誓式で示されたとおりである。ここでのアプローチは、インド亜大陸において、インドは規模の面でも、位置の面でも、それに近年では経済的重みという点でも特別なポジションにあることを認識するところから始まる。直接国境を接する国々が安定し、安全で、機敏に反応することは明らかにインドにとっての利益である。競争が展開される世界においてこれを確保するためには、広範な地域に支援を提供し、一体感の醸成を導くコネクティビティ向上や協力プロジェクト、関係構築にリソースを投入する必要がある。これらを追求していくに当たり、克服すべき歴史や社会、経済上の課題がある。その対応は当然行っていく必要があるが、インドの近隣第一政策の中核にあるのは、直接国境を接する隣国に関係緊密化によって得られるベネフィットについて納得してもらい、それを具体的に実行することである。これは二〇一四年以来、実際に展開されてきたものにほかならない。

今日われわれが目の当たりにしているのは、以前とは大きく異なる状況である。そこでは、国際送電網、資源パイプライン、道路、鉄道および水路、スムーズな国境通過が時代の象徴になっている。モノの移動であれ、港湾であれ、発電であれ、あらゆるものが互いの能力を活用することによって支えられている。その結果、規模の拡大と効率化によって地域全体にベネフィットがもたらされることになった。近隣第一政策はスリランカの経済危機発生によって真価が問われることになったが、インドによる迅速な対応は同政策に対する信頼度の向上に大いに貢献したのである。

マンダラの二番目の円環は拡大近隣である。モディ政権はこれまでに全方位で綿密な関与プログラムを策定してきた。ASEANや太平洋島嶼国のケースでは、安全保障、開発、デジタルといった分野で協力の格上げが行われている。この結果、アクト・イースト政策は東南アジアにおけるインドのプレゼンスを拡大しただけでなく、同地域を太平洋およびさらに先へと進む際の出発点として位置づけるようにもなっている。

湾岸地域に対しては、「リンク・ウェスト」[7]アプローチが幅広い分野において、これまでにないレベルで活動の強化をもたらしている。とりわけUAEとの関係では、進展のペースが加速している。他国が競合に躍起になるなかで、インドはベネフィットを得る立場にあることは明らかだ。湾岸地域におけるインドの視野はエネルギーと労働力に限定されていた時代があったが、それがいまやテクノロジー、教育、イノベーション、安全保障にまで広がっている。エネルギーのような伝統的分野ですら、インドの幅広い関与が見られている。さらに、湾岸地域はインドにとってアフリカとの関与増大における橋頭堡としての役割も担っている。

南に目を向ければ、ＳＡＧＡＲイニシアチブの下で、インドの近隣諸国が包括的なかたちで結びつきを強めている。スリランカやモルディブのような国々は近隣第一政策の対象でもある。だが他の国々も、インドが関与とリソースの投入を強化しようとしていることを理解するようになっている。モーリシャスとの開発パートナーシップは、この文脈における典型例だ。これらの前提となる海洋協力も、協力に向けた思考の推進を促す新たな安全保障アーキテクチャーの基盤になっている。

北方では、文化的つながりを持つパートナーとの体系的な連携強化策というパズルにおける最後のピースとして「コネクト中央アジア」[8]政策がある。ここでは、コネクティビティや脱過激化、開発といったアジェンダに重点が置かれている。中央アジア諸国の多くに対し、インドは全体的な地位強化につながるオプションを提示している。

インドがこうした複数の政策をいかにスムーズに遂行できるかは、大国との関係のあり方に左右されることは明らかだ。ヨーロッパは一つのまとまりだが、場合によっては個別の国と関与していく必要もある。同地域の多くの国にはこのプロセスを援護してくれる力があるが、なかには逆に阻害する力を持つ国もある。インドにとっては、最適の組み合わせを継続的に作っていくことが当然ながら求められる。そのためには、中立的な姿勢のままでいるとか、困難な問題から逃げてばかりではいけない。慎重さと忍耐力が非常に重要なのは明らかである。だがそれ以上に大事なのは、特定の問題でインドの利益を最大化するにはどの関係が重要かを理解することだ。その結果、現代の外交は直線的に進むものではなくなり、明らかにジグザグの道になるというケースが多くなっている。しかし、その実効性を本当に示すのは、競合の中でインドを前に進めることができるか否かである。したがって、そうした定期的な評価においては、必要に応じて政策の有効性評価と方向性の修正が重要性を帯びてくる。

グローバルなプレゼンス向上のために欠かせないのは、接触の幅を拡大することである。現実を見ると、きわめて多くの国が長年にわたり、インドに対して非常に形式的にしか関与していない。今日ですら、インド外相が史上初めて来訪するという国があるほどだ。この現実を直視し、われわれは過去一〇年、グローバル外交をいかに効率的に展開するかに注力してきた。

この課題には、既存のメカニズムに積極的に参加するとともに新たなメカニズムを創出することで対応している。インド太平洋におけるクアッドやFIPIC、西アジアのI2U2、ヨーロッパのインド・北欧サミットは、首脳レベルでの代表的な取り組みだ。このリストには、最近になってIMECが加わった。もちろん、ASEANやEU、アフリカ、BRICSへの関与も順調に続いている。加えて、これらは中欧、カリブ諸国、中米との閣僚級会合によって補完されるようにもなっている。ヨーロッパやその他のアジアとはすでに行っているが、サブリージョンとの関係を強化することで、アフリカやラテンアメリカのような広大な地域に目的を持って関与していくことができるだろう。アフリカをはじめとして、大使館の新設はこうした取り組みの一環である。

強さの重要な源泉となるのは、海外のインドビジネスによる投資や貿易、プロジェクトの拡大である。今日、インドはアフリカやラテンアメリカの多くの国にとって、経済パートナーの上位五カ国にランクインしている。インド人専門職の移動は、多くの国との関係の中でもう一つの重要な側面になっている。同様に、グローバル・サウスの七八カ国に対して無償資金協力と低金利借款によって提供している開発プロジェクトは、インドの能力を示すとともに各国のニーズに対するソリューションでもある。国家ブランディングとは別のところで、遠く離れた場合でさえも各国の意識の中にインドの存在を刷り込んでいるのは、非常に多くのかたちで示されている現場での活動にほかならない。

空間的マンダラに加えて、概念的マンダラもある。今日のインド外交では、プライオリティの設定や意思決定において国家安全保障からの要請がより明確に認識されるようになっている。だが、安全保障自体について言えば、さらに広くかつ深い意味でとらえられている。「アートマニルバル・バーラト・アビヤーン（自立するインド）」や「メイク・イン・インディア」は、経済的保護主義でもなければ、政治スローガンでもない。これは実際のところ、世界をリードする存在になろうとする国に必要な強靭さと戦略的自律をこれまで以上に構築しようとする試みなのだ。そして、経済安全保障はテクノロジー安全保障と共生の度合いを高めている。

デジタルはもっともよく目に見える分野だが、もちろんそれが唯一というわけではない。インドの目標は経済的自給自足の方向に注力することではなく、グローバルなレベルで重要なプレイヤーになれる能力を高めることである。強靭で信頼性の高いサプライチェーンの必要性は、適切な政策によって実現可能なチャンスだ。同様に、知識経済も大きなチャンスだし、透明性と信頼性が確保されるデータの流れはインドに価値をもたらすものであり、この点はしっかりと認識する必要がある。グローバル経済により積極的に参加していくためには、入念な準備と正しい理解だけでなく、適切な人材も必要となる。

現代においてそうした人材のスキル向上への投資は、スタートアップやイノベーションによってインド人材の優秀さを広めていく取り組みと並んで重要になっている。これらは経済的イニシアチブ、さらには社会的イニシアチブにとどまるものでもなく、国際関係に大きな意味を持つ戦略的取り組みなのだ。印米関係の転換をもたらした重要な要因の一つはH１Bビザによるインド人材の流入だったことを思い出してもらいたい。国内で高まる国民の希望をかなえることと海外で夢を実現することは、コインの裏表にほかならないのである。

インドのサクセスストーリー

インドによる世界への関与の仕方についてさらに検討していくなかで、それがどこまで実効性があるかは、世界がインドをどう見るかによって判断されることになる。したがって、インドに対する外部の認識の変遷について振り返る必要がある。その多くは、インドの経済やテクノロジーにおける発展に着目している。長年にわたりわが国は「世界のバックオフィス」と位置づけられてきたが、いまやインドはそのような限定的なイメージから脱却し、はるかに大きな存在に成長した。知識経済の進展によって、多くの国にとってインドは先端技術におけるパートナーになっている。いまでは、議論の焦点は防衛産業や半導体といった高度な分野における連携にシフトしている。インフラ整備とビジネス環境の改善は、インドを外国直接投資の最大の受入国へと押し上げた。新型コロナウイルスの感染拡大時には、インドは「世界の薬局」としての地位を確立した。インドが適切な新型コロナウイルス対策を行ったことは広く認識されているが、より大きな結果をもたらしたと見られているのは経済面での回復である。

海外で話題になるインドのサクセスストーリーの多くは、ガナバンスの向上に関わるものだ。きわめて幅広く展開されているデジタル分野の実績は、とりわけ大きな称賛を集めている。持続可能な開発目標（ＳＤＧｓ）における成果は、発展の渦中にある社会がどういうものかを表している。このモザイクは、ワクチンやヘルスケア産業から５Ｇ通信のプロトコルスタックや宇宙開発、さらには教育分野のブランディングや「メイク・イン・インディア」の成果に至るまで、多くの分野から成り立っている。インドがＧ20議長国を務めた際には、幅広い分野の政策決定者やインフルエンサーにインフラ整備やガバナンス向上について理解を高めることにも成功した。こうした成果重視姿勢は、海外でのプロジェクト計画の実効的な遂行をもたらしている。予算付けにも十分な注意を払うことは、外交がディテールをめぐる技法に大きく関わるものであることの証明にほかならない。成功を収めたディアスポラの存在は、こうしたポジティブな見方をさらに強固にするものだ。

リーダーシップのファクターと意思決定の実績にも目を向けてみよう。まず、戦略的姿勢を明確にしたことで、インドはプライオリティを設定し、より良い計画を策定することが可能になった。この分野での例は、近隣第一政策とそれを現場で実践していく際の真摯さである。西側、とりわけアメリカとの関係において、過去の経緯から来るためらいを克服することは、もう一つの例だ。ここでも、インドは政権交代があっても目標の追求において影響を及ぼさないようにしてきた。同時に、円滑な遂行を可能にするべく、その他のバランスが崩れないようにすることにも留意してきた。

戦略的姿勢の明確化に付随するものとして、戦略的コミュニケーションもある。インドの利益と意図はしかるべき場で着実に発信されており、環境の変化に適応してもいる。インド太平洋や先端技術、新型コロナウイルス関連のニーズやウクライナ紛争はそうした分野の例だ。パートナー国はインドの思考に困惑することもなければ、意図を疑うこともない。強力な自立姿勢は、インドが多極化と分断が進む世界をしっかりと生き抜いていくに当たっての支えにもなっている。

気候アクションやパンデミック、テロ、デジタルインフラをはじめとするグローバル課題への対処における意識的な取り組みもある。また、太陽光発電や災害復興、持続的なライフスタイル、食料安全保障、さらにはウェルネスといった分野も含め、創造力を全面的に放とうともしている。こうした取り組みは、インドの伝統や歴史、文化をグローバルなレベルでより目に見えるかたちで提示していくことによってサポートされている。

「新生インド」は国内におけるメッセージかもしれないが、海外におけるイメージでもある。世界はインドを単に強力かつ有能な国としてのみとらえているわけではない。信頼度が高く、世界と積極的に関わり、国民精神と国際貢献を調和させている国として受け入れているのである。

インドとの関与によって得られる利益は、今日多くの分野で確認できるようになっている。テクノロジーや経済に関わる事柄では、信頼できる製造業の育成においてインドの重要性に対する認識が高まっている。このプロセスにおいてデータの役割が増しているだけに、その傾向はますます強まっている。その一側面は、インドの政治および社会の特質からもたらされる信頼性である。すなわち、インドが民主主義、多元的社会、市場経済の国であることは明白なのだから。

グローバルな人口増加と需要の不均衡があることで、テクノロジーの重要性が高まる世界の経済においてインドの人材が貴重な存在になっている。ＥＵとの貿易技術評議会の設置は、そうした風向きを示すものだ。この分野ではアメリカとも特筆すべき進展が見られているし、クアッドにおける他の二カ国についても同様である。

もう一つの側面は、グローバル・コモンズ、とりわけインド太平洋の安定と安全への貢献である。それと同時に、インドはＢＲＩＣＳや上海協力機構（ＳＣＯ）[9]といった重要なフォーラムにも加盟している。われわれは独自の姿勢を取っていることで、紛争の緩和や解決に関するいかなる取り組みにおいても参加を可能にしている。新型コロナウイルス対策やデジタル分野の実績、開発プロジェクトを通じて、インドはグローバル・サウスにおいて幅広い支持を得ることにも成功している。インドがG20議長国に就任してすぐに「グローバル・サウスの声サミット」を開催したり、G20におけるアフリカ連合（ＡＵ）の加盟を支持したりしたことの意義は、途上国世界にしっかりと伝わっている。

この一〇年、インドの開発イニシアチブが真のニーズに基づいて提供され、隠された意図などないと説得力のあるかたちで伝えることもしてきた。そして、国際政治が目下直面している深刻な対立において両方の側に関与できるインドの力も、世界における全体的な地位をかたち作る一部なのである。

モディ時代の外交を読み解く

ここまで、インドが以前と異なるかたちで世界とどう向き合い、その結果として世界のインド観をどうかたち作ってきたかに着目してきた。だが、外交政策に対する理解自体の変化に十分な注意を払わなければ、われわれの認識は不完全になってしまう。その変化は重点の置き方がシフトしているように見えるかもしれないが、実はそれをはるかに上回るものなのである。

いまや外交政策は、国家の発展と近代化を加速するための直接的な手段として位置づけられるようになっている。その結果注目を集めているのは、テクノロジーや資本、ベストプラクティスの流れといった分野だ。世界の関心を惹きつけるべく、ビジネス環境の改善に代表される投資家に対するアピールが展開されている。投資家との交流は、さまざまな分野のテクノロジー提供企業や優良企業と同様に頻繁に行われている。「アートマニルバル・バーラト・アビヤーン」と「メイク・イン・インディア」は、こうした活動を促進する全体的枠組みであり、これらを補完するものとしては、製造業における生産連動型優遇策（ＰＬＩ）スキーム[10]やインフラ分野の「ガティ・シャクティ[11]」といったイニシアチブがある。

アメリカのバッテリー収納施設、韓国の河川浄化、日本の新幹線、シンガポールのスキル開発、ドイツの鉄道駅といったように、テクノロジーとベストプラクティスの追求はモディ首相の海外訪問日程にも見て取れる。こうした思考が外向きに展開されていることに加え、向上したインドの能力を示すプロジェクトや製品、サービスの輸出も行われている。そこには幅広いインフラやコネクティビティ、公共施設が含まれ、南アジアからアフリカ、ラテンアメリカまでが対象となっている。さらに、防衛分野の輸出も着実に拡大しており、対象国の数も増えつつある。

これらが積み重なった結果、インドが重要度の高まるパートナーであるという認識が形成されているのだ。これによって輸出や海外の市場アクセスが促進されるとともに、国内にも恩恵がもたらされた。首相が各国駐在の大使全員とこの分野について直接話をする様子からは、インドが変わりつつあることを実感させられる。

多くの点で、外交政策の意思決定におけるカルチャーは新時代に適応したと言える。この取り組みの中心にあるのは、蛸壺的意識を連携の強化やさらなる戦略性の重視、強力なフィードバックによって取り組んでいく意識的な試みである。国際貿易交渉であれ、国家安全保障をめぐる状況であれ、開発に関する多国間の関心事項であれ、組織全体としての協議と意思決定に重点が置かれている。これは閣僚や次官レベルで始まったものだが、当然ながら官僚制全体にもインパクトをもたらしている。

同様の姿勢は、重要なパートナーや主要課題との関係においても表れている。シンガポールとの複数の閣僚間で行われている協議やEUとの貿易・技術評議会、主要国との外交・防衛2+2閣僚会合などである。このプロセスの背景にあるのは、インドの対外関係を重視し、成果を最大化し、活動を強化していく意識的な実践である。共和国記念日パレードへの主賓としての招待をはじめとする首脳レベルの交流を展開し、それが全体的な外交にいかにフィットしているかに注目してもらいたい。フィードバックという点では、国レベルの「プロアクティブなガバナンスとプロジェクトの適時実行支援システム（PRAGATI）」[12]は、外交政策上の目標を踏まえて調整されたものだ。これは、プロジェクトの遅延や障害、政策上の障壁をもたらす具体的な要因を徹底的に調査し、特定するとともに対策を行うことが目的だ。この結果、海外で実施している多くの開発プロジェクトの効率性向上が見られた。

体系的な改善は、「ヴァンデー・バーラト・ミッション」や「ワクチン・マイトリー」イニシアチブのように、新型コロナウイルス対策においても全面的に展開された。同様の対応はインド国民の避難活動でも示され、その範囲はイエメンからネパールからアフガニスタン、ウクライナ、スーダンにまで及んだ。

二〇一四年以降、インドがグローバルなアジェンダの形成により積極的に関わるべきだという強い確信もある。テロや課税回避のように、インド自身にとってとくにプライオリティの高い課題のなかには、国際機関や会議で重要度に見合った注目を集めてこなかったものもあると言わざるを得ない。また、海洋安全保障のようにインドが重要な役割を担い得る分野もある。コネクティビティのように重要なテーマについての議論が行われる際には、モディ政権が積極的な姿勢で臨んでいることでインドがリーダーシップを発揮することに成功している。気候変動については、二〇一四年までインドは消極的な国という見方が大勢を占めていた。しかしそれ以降、インドは再生可能エネルギー利用で範を示したり資源の効率的活用を提唱したりすることで、気候アクションでも気候正義においても確固とした擁護者になっているのだ。

インドは自国の考えを示さず、他国のイニシアチブに対応してばかりいるという見方もある。だが、国連であれ、G20であれ、COPであれ、国際太陽光同盟（ISA）や災害レジリエントなインフラ連合（CDRI）[13]のように、アイデアが入念に構築された提案として具体化されている。こうしたクリエイティビティは続いており、最近では「一つの太陽、一つの世界、一つの送電網（OSOWOG）」「環境のためのライフスタイル（L・iFE）」、国際雑穀年の制定[14]がその例である。インドのアジェンダを実現するべく、必要に応じて新たなパートナーや連携の開拓にもオープンな姿勢で臨んでいる。クアッド、I2U2、SCOはその重要例だ。グローバルな課題の解決に貢献できるだけの力があるという自信の高まりを受けて、アフリカの開発アジェンダのような多国間の取り組みや「ワクチン・マイトリー」のような単独の取り組みのように、形態は多様である。実践と創造力を通じて、インドのプレゼンスをより強く知らしめたいという当初の理想は現実のものとなっているのだ。インドの発展に対する直接的な試練に対処する一方で、文明国家の台頭を意味するというかたちでインドをブランディングすることにも多くの意を割いてきた。

二世紀にわたった植民地支配によって、世界の論調は西洋に有利な方向で徹底的に誘導されたため、他の世界の遺産や文化、伝統は脇に追いやられてしまった。こうした苦境をもたらした原因の一端は、発展途上国のリーダーシップにもある。彼らは、近代化と発展を西洋の模倣と同一視したのだ。イデオロギーや政治的理由から、彼らの多くが自らの過去にすがりがちなのである。

その結果、経済や政治的リバランスに文化的側面を加える必要性は、時代とともに高まる一方だ。モディ首相は先頭に立ってこの点を導いてきた。二〇一五年に「国際ヨガの日」を世界中で祝う彼のイニシアチブは、とてつもない成功を収めた。医療やウェルネスの慣習を広める活動も勢いがある。環境問題に関しては、ライフスタイルの改善を推進する取り組みは広く歓迎されている。この分野では食習慣も重要であり、古代よりインドに伝わる穀物である雑穀の栽培と消費を促進する取り組みに反映されている。これらのなかには、リーダーシップを発揮し、自国の見解を表明するという方法を通じて表されるものもある。

この課題においてより実効的な取り組みが必要な重要点は、現代の国際関係における深い部分の概念と固定観念にある。これは現在も進行中の作業だが、今後改善が見られることを願っている。

モディ時代の外交におけるもう一つの特徴は、「人」を中心に据えたアプローチである。このヒューマン・ファクター重視の推進はいくつかのかたちがある。当然ではあるが、まず開発指標の改善と社会保障の拡大という国内の取り組みを対外的にも反映させることだ。在外インド人に対する支援は、このアプローチにおける当然の実践である。

もう一つは、インドは知識経済の要求に備える必要があるという現実への理解である。世界に対して、単なる貿易相手としてだけでなく、グローバルな職場としてとらえることが必須なのだ。それは、モビリティ産業の予測不可能な行動にインド国民を委ねるのではなく、必要な制度や慣行を構築していくことを意味する。

次に、留学生や専門職、あるいは定住者も含め、在外インド人の重要性と彼らの貢献をより強く意識していくことである。彼らの福祉は最大限の関心をもって行うべき責務なのである。そして最後に、インド自身が生まれ変わったという意識がある。台頭する国家は、自国に敵対する国に直面しているからといって、海外にいる国民を置き去りにするわけにはいかないのである。

新型コロナウイルスのパンデミック時に実践したように、国境を越えた充実した救済措置を講じ、危機的状況から国民を救出し、帰還の手はずを整えることは、いずれもこの方向性におけるステップである。実はこうした転換は、パスポート発給事務手続きの改善に関する大胆な改革というかたちで本国において始まったものである。これと並行して、移住を促進するイニシアチブを取り、同時にインド人が差別的な扱いを受けないよう措置を講じてきた。オーストラリアからドイツに至るまでの国々との間で「移民・移住パートナーシップ協定(MMPA)[15]」に署名したことは、こうした問題意識を政策に反映したものである。

パートナーシップにおける成果創出

過去一〇年における発展の実績は、勇気づけられるものである。外交にエネルギーを注ぎ活動を積極的に展開することによって、世界の舞台におけるインドの地位は明らかに向上した。とりわけモディ首相は、国益の追求と同時に、視野の広いビジョンと共通利益に対するコミットメントを持つグローバルな政治家として認識されている。国際情勢において避けることができない複雑な課題への対処という点でも、インドはもはや困難な決断を回避する国とは見なされなくなっている。

インド亜大陸に対する認識は、二〇一四年から変わり始めた。もちろんこれは直線的な道ではなかったが、コネクティビティ、協力、接触によってもたらされた大きな進展は賞讃されている。拡大近隣諸国も、インドの強い目的意識、加えて長い空白の末に実現したハイレベルな訪問を歓迎している。大国に関して言えば、インドが防衛、テクノロジー、エネルギー、さらには外部の圧力から国益を守る際にとる断固とした対応に見られるように、自信を持ち独自の関与をする姿勢を持っていると受け止めている。

インドの発展にはグローバルな側面もあり、これも重要な点である。数え切れないほど多くの方法で、インドはこの時代をまさにかたち作るさまざまな国際問題に対して積極的に動いている。債務支援であれ、グローバル・ミニマム課税[16]であれ、公正な市場アクセスであれ、インドは国際的な議論において際立った主張を展開してきた。テロに関しては、インド独自の対策に加え、テロ組織の資金調達防止やテロリスト制裁リストの作成といった連携は、国際的関心の向上に貢献している。われわれは国連安保理で海洋安全保障について議論するだけでなく、重要な統合センターの設置をはじめインド太平洋をカバーする確固たるイニシアチブにも加わっている。

インドが決定的な違いをもたらした分野の一つに、コネクティビティがある。基盤となる包括的で明確な見方を持つことで、政策決定者は透明性と有効性の向上をもたらす議論を進めていくことが可能になる。しかし、グローバルな認識にきわめて大きな影響を及ぼしたのは、新型コロナウイルスのパンデミック時におけるインドの対応だ。インドは一〇〇カ国のパートナーにワクチンを、一五〇カ国に医薬品や関連物資を提供し、きわめて高いレベルでグローバルな責任を担った。そこで示された善意は、移行期にある世界の中でインドがいかなる姿勢で臨んでいるかを明確にすることにつながったのである。

国際協力において重要な意味を持つのは、有言実行である。数十年にわたりインドが他国と開発協力を行っていることは知られてきた。多くのケースは人材の研修や交流だったが、プロジェクトを行うこともあった。過去一〇年、こうした開発協力は規模が大幅に広がっている。信用供与や無償資金協力、能力構築、インフラや経済プロジェクト、人材育成といった分野が明らかな拡大を見せている。

しかし、規模以上に変わったのは実効性である。定期的なモニタリングと強力な監督によって、長く保留になっていたプロジェクトが成功裏に完了し、新たなプロジェクトが高い専門性の下に着手されている。直接国境を接する国におけるコネクティビティや社会経済施設、物流、エネルギーのプロジェクトはこうした取り組みから恩恵を受けている。ネパールでの大地震後の復興プロジェクトやモーリシャスでのインフラ整備は、実施におけるクオリティ向上を示す好例だ。新型コロナウイルスという試練にもかかわらず、インドはインド・アフリカフォーラムサミット（ＩＡＦＳ）[17]の一環としてアフリカ諸国に対して行ったコミットメントの大半を守ることもできている。

この期間中、インドの国際的パートナーシップのプレゼンスも著しく拡大した。太平洋における再生可能エネルギーからカリブ海におけるコミュニティ支援まで、いまでは幅広い地域でプロジェクトが展開されている。モンゴルでの石油精製施設、モーリシャスでのメトロ・エクスプレス、ケニアの繊維工場、タンザニアの水供給施設のように、インドの支援による取り組みはパートナー国にとってゲームチェンジャーになっている。

インドはより意欲的な姿勢で臨むようになったことで、自国の重要性の高まりに基づく新たな関係を構築することができている。その明らかな例はクアッドであり、インド太平洋におけるテクノロジーやサプライチェーン、教育、海洋安全保障といった分野の関与が促進されている。ユーラシアについては、二〇一七年のインドのSCO加盟はこの組織のアジェンダにおける重要性を示すものだった。この間に実現したミサイル技術規制レジーム（MTCR）、オーストラリア・グループ、ワッセナー協定[18]といった輸出管理レジームへの加盟は、持続可能性分野をはじめとする、インドが主導した複数国間のイニシアチブに並ぶ重要な成果である。こうしたレジームへの加盟は、インドの台頭という大きな潮流とそれに対する世界の反応を示すものでもあると言える。IAFSサミットにアフリカ五四カ国すべてが参加したこと、二〇一八年の共和国記念日パレードにASEAN一〇カ国すべての首脳が参加したこと、二〇二一年にポルトガルのポルトでインドがEUに加盟する二七カ国との会談を持ったこと、そして二〇二三年の「グローバル・サウスの声サミット」に一二五カ国から参加があったことは、今日のインドの地位を如実に語るものである。

こうした姿勢は国際機関の選挙で試されることが多いが、インドは概ね成功を収めてきた。そして何と言っても、さまざまな機関への参加を求める声の高まり、多様なフォーマットへの関与、数々の会議におけるプレゼンスは、インドのグローバルな実績を反映するものなのである。

インド独自の解決策を見出す

新型コロナウイルスから脱却していくなかで、他のあらゆる国と同様、インドも投じたコストを評価し、取り組みを検証し、教訓を引き出そうとしている。ある程度の確信を持って言えるのは、インドは多くの国に比べて嵐を上手く乗り切ったということである。強力なファンダメンタルズと十分な検討を経た政策によって、インドは将来世界をリードする国になるという道のりから外れることなく歩みを進めている。その多くは能力強化を怠らないようにすることにかかっているが、将来に向けてインドが揺るがぬビジョンを持ち続けることも必須である。何と言っても、インドは数十年にわたり続いてきた規模の縮小、ハイフン化、不介入、リスク回避と格闘しているのだから。

未来に向けた道のりは確固たる独立心に基づくものだが、そこでの課題はそれを現代に合わせてリフレッシュすることである。こうした展望をアピールする能力は、当然ながらどこまで自国の強みを発揮できるかによって変わってきた。今日、インドは海外において国家目標を達成するために駆使できる多くのリソースや手段を持つに至った。しかし、そうした能力や願望でさえも、われわれが生きるこの世界を正確に理解することができて初めて結果をもたらすのである。

したがって、外交において死活的に重要な要素は包括的な情勢分析であり、これは政策判断をする際に不可欠な矛盾やニュアンスを理解しようとするものである。全体のレベルでは、大国間の対立を考慮に入れた上で多極化とリバランスに焦点が当てられる。地域のレベルになると、各地の課題に対する細かな理解が求められる。すべてに共通するものとしては、グローバリゼーションがもたらす現実、そしてシンプルな主張だけではわれわれが誤解してしまいがちなイデオロギーがある。われわれは次第に気づきつつあるが、基本的に一つの真実は一つの道にしか当てはまらないのである。

能力を高めるための取り組みは、国内の改革と近代化に向けたイニシアチブから明らかに恩恵を受けている。このつながりをわかりやすく言い換えれば、八パーセントの経済成長こそが最良の外交政策ということになる。だが、基盤や枠組みを転換することなく得られた成長には内在的な制約があるという現実を忘れてはいけない。この一〇年では、従来からのお題目と袂を分かち、はるかに包括的な取り組みを展開してきた。グローバリゼーションの戦略的理解を怠ることで生じる落とし穴を回避することにも注意を払ってきた。インドが二〇一九年に下したRCEP不参加の決断は、この観点で重要だった。新たなアプローチを示す重要な点は、概念化そのものにある。これまでで初めて、インドの政策決定者は自国の台頭を「アムリト・カール」と呼ばれる時代の枠組みにおいて位置づけるようになったのである。そうすることによって、より長期的で、包括的で、従来とは大きく異なる思考を持つことが可能になった。そして過去一〇年の成果は、そうした見方が正しいことを如実に示している。

近年におけるインドの発展を示す指標には事欠かない。そして同時に、それらはインドが依然として直面する試練の巨大さを否定するものではまったくない。しかしそのなかには、国際システムにおけるインドの台頭に直接関わるものもあり、そこに焦点を当ててみよう。まず、貧困の急速な減少である。これはインドが直面するもっとも重大な問題の一つであるというだけでなく、社会に幅広い影響を及ぼす重荷でもあるという点で特筆すべきである。同様に重要なのがインドのミドルクラスであり、「アムリト・カール」の時期、すなわち二〇四七年までに倍増することが見込まれている。世界のほうも、貢献と消費という二つの観点からこうした状況を見極めようとしている。インド人材のクオリティを検証するという点では、総合大学、医療・看護大学、工学および技術系の教育機関が大幅に拡充していることにも注目してほしい。教育やスキル開発をより世界に通用するものにすべく、アプローチ方法の改革も進行中だ。インフラ分野の整備も進んでおり、その成果は高速道路や鉄道、空港、デジタルネットワークの拡充から見て取れる。国内においても、デジタルを活かしたサービスの積極的な提供はガバナンスを革命的に向上させ、幅広い分野での適用の可能性をもたらした。

生活水準の基本指標の定義をより高いレベルに引き上げ、さらに重要なこととしてその指標をクリアすることで、インドは世界人口で六分の一を占める人びとの生活のクオリティを急速に変えているのだ。その国の視点にもよるが、インドはイノベーションをもたらす国、生産国、貢献国、あるいは模範国と受け止められている。こうした評価のそれぞれが、インドを国際関係において魅力的なパートナーにならしめている。

一国の構想を推進するための積極性と忍耐力を育むことは、実際の能力を高めることと同じくらい困難である。より高いレベルでの競争で伍していくためには、確固としたリーダーシップと体系的な変化が求められる。競争が激しくなるなかで、相手より優れた思考を持ち、心理戦を勝ち抜くことも必要である。大国の台頭においては各フェーズで異なる評価基準があり、競合相手も変わってくる。自国の願望と見通しを調整し続けることは決して楽な作業ではない。インドの場合、われわれはパキスタンとのハイフン化から着実に脱却し、単独の存在として受け入れられるようになっている。

この課題には、最適のパートナーと最適の条件で最適の合意を結ぶことも含まれる。ギブ・アンド・テイクをどう実現するかが死活的に重要だ。それは商業や投資の分野でも、さらにはテクノロジーやコネクティビティの分野でも起こり得る。一国が自らの強みを発揮するとき、それを活かせるチャンスは必ずあるものだ。加えて、信頼度の高い供給やデータ、先端技術を世界が求めれば、そこからさらなる可能性が生じてくる。

だからといって、われわれは七五年以上前に構築された国際秩序がもたらす構造的障壁に無関心でいるわけにはいかない。この問題の核心は、このきわめて重要な時期にインドは重要な協議の場に名目的に参加しただけ、もしくはまったく参加できなかったことにある。とりわけ一九四七年に起きたことのために、インドは自国に不利な状況になることが多い世界の中で活動することを余儀なくされている。過去七〇年のインドの台頭は、当初は多くの部分が敵対的だった世界に対して、関与におけるあり方を変えていく取り組みにほかならないのである。[19]

ここでの問題は数値化できるものではなく、印象やナラティブに関わるものである。制度と慣行は密接につながっていることが多いが、国際秩序はこの二つから成り立っている。政治的に何が正しく何が正しくないかを決めるのもこの二つの要素だ。国際秩序の主要プレイヤーは自らの利益をかなえるためにアーキテクチャーを構築しただけでなく、いまなおそれを推進するべく影響力を保持しているがゆえに、インドのような国は長期にわたってキャッチアップを図っていかなければならない。インドが置かれているきわめて厳しい状況の中には、「現状を凍結する」ことから生じる試練も含まれる。これは自国に有利な状況を恒久化しようとする強国によって広く用いられている戦略なのである。

これを全体的なレベルで見ると、一九四五年の結果が国際的ヒエラルキーを決定づけるために用いられていることに表れている。ここでのトリックは、特定の短い時間できわめて重大な内容を決定し、その後もそこから利益を享受し続けるというものだ。世界を現在の状況に近づけるべしという主張は、当初の体制に対する挑戦と見なされて反駁されてきた。だが、これは今日われわれが理解している世界を維持するべきか変えるべきかをめぐる激しい闘いの一例にすぎない。実際にはさらに多くのケースがあり、対象が限定的なものもあれば広範囲にわたるものもある。既存の勢力は、枠組みの形成および維持、構造の運用と擁護、それに重要な点としてナラティブの確立と発展を図っている。

そして実際にかなりの部分で成功しているのだが、それはグローバルな行動は過去の記憶によって形成される部分が大きいからである。われわれは誰もが単なる慣習に基づく生物ではなく、規範に従い、ストーリーを信じる存在なのである。

こうしたファクターが結合することによって、現在の体制を支える既得権益層の存在が隠されている。国連とその活動、核不拡散、人権に関する選択的な対応、リアルポリティクスと価値を対等に扱うバランシング、冷戦時代のイメージの活用がその例だ。アメリカ同時多発テロ後のときのように、特定のタイミングを活用して「他者」を決めつけるということも行われる。過去の紛争の記憶を喚起することもあり、これは第二次世界大戦が対象になることが多い。こうしたもろもろの背景にもかかわらず、グローバルな議論や概念を再構築する試みはきわめて強い抵抗に遭っている。これこそインドが覚悟し反論していかなくてはならないものなのだ。

台頭する国として、インドはさまざまな場で「現状を凍結する」事態に直面している。しかるべき対応を行わない制度や慣行に対して、インドは立ち向かっていく用意がある。インドが多国間主義の改革を強く提唱しているのは、このためである。インドは他の大国に対するアプローチを形成していくが、時としてそれが自国に不利益をもたらすこともある。そのためには、より現在の状況に即した関与のあり方を作り出すべく、確固たる思考が求められる。時には、大きなインパクトをもたらす出来事がきわめて強い認識を生じせしめ、それに応じた政策をとるよう圧力をもたらすことがある。かなりの度合いで、これは十一月二十六日のムンバイ同時多発テロ[20]の際にパキスタンとの間で生じた事態だった。インドの世論は自国の政府による対応を明らかに弱腰とみなし、変化を求めたのである。

さらに、行動以上に速やかな対応をしようとするケースもある。これはまさに、一九九八年の核実験直後にヴァジペーイー政権[21]が主要なパートナー国に接触したときのケースが当てはまる。時として、他国によるとらえ方や印象を受け入れることも国家の運命である。インドの地位と影響力に対する世界の認識はまさにその例であり、これは他の大国によってかたち作られたところが大きい。まず分離独立によってもたらされたハイフン化を打破し、次いでインド洋という箱の中からの脱却に成功したのはここ数年のことである。したがって、インド太平洋におけるプレゼンスに対する反応も、十分予測できる。転換の一〇年における側面の一つは、こうした歴史の囚人になってしまいがちな流れを克服することなのである。

　過去がもたらす困難が常に阻害要因になっているかと言うと、そうではない。時として、政治リーダーによる想像力は、新たな文脈の下でそうした困難をアセットに転換する能力として示されることがある。近年、インドはネータージー・スバース・チャンドラ・ボースとインド国民軍[22]、それより前の時代にイギリスの植民地支配に抵抗した人びとに対する関心があらためて高まりを見せている。偉大な部族民のリーダーであるビルサ・ムンダ[23]や革命家のアッルーリ・シータラーマ・ラージュ[24]への関心も同様である。これらの人物は目の前の目標を完全に達成することはできなかったかもしれないが、インスピレーションをもたらす象徴としての長期的なインパクトは、今日きわめて明白である。実際、未来に向けた願望を示していく上で、歴史からのイメージはきわめて強い力を持っているのである。

　実際に過去七〇年に及ぶインドの歴史を振り返ってみると、重要な節目となったのは依然として一九六二年の印中国境紛争、六五年の第二次印パ戦争、七一年の第三次印パ戦争、九九年のカールギル紛争といった具体的な事件なのである。インドが国際的ヒエラルキーを駆け上がっていくなかで、実践と慣習を構築すべくナラティブと経験を駆使するというゲームに上手く対処していく必要がある。

重要な課題について、インドはメッセージの発信をきわめてエネルギッシュに行っている。「ヴァスダイヴァ・クトゥムバカン（世界は一つの家族）[25]」は国際協力へのコミットメントを示すものである。「多国間主義の改革」は、国連の実効性に関わる問題への対処が急務であることを強調している。「テロのない世界」は、テロという長期にわたる脅威と闘っていく決意を示している。「開発のためのデジタル」は、デジタル技術がガバナンスのツールとしていかに有効かを説明している。「民主主義の母[26]」は、インドの多元的で議論を重んじる伝統が古代にまでさかのぼることをあらためて示すものだ。「一つの世界、一つの健康」では、グローバルな健康に関わる課題に対して迅速かつ効果的に、そして公平な対応を行う必要性を提唱している。

インド独自のキーワードやコンセプト、メカニズム、アイデアを創出し国際政治の中で広めていくことは、継続的な台頭の証明にもなる。こうした取り組みは、グローバルなプラットフォームにおけるインドの意欲的な参加という現実を示すものでもある。

インド国内では、外交政策における継続と変化のバランスをめぐり、これからも活発な議論が展開されるだろう。それは当然のことだとして、おそらくは何らかのかたちで新たなアイデアの創出に貢献することも期待できる。外交に関して、われわれがいかに世界やその複雑さをとらえるかに分析が集中しがちである。しかし時にはそれを逆向きにして、世界がインドおよびその可能性をどう描き得るかについて考えてみることも大切なのである。

インドの台頭は絶え間なく続く営為であり、思慮深き者はその過程を注視し、勝利を宣言するようなことは決してしない。過去を無視することなく、将来をしっかりと見据え、国際情勢を正確に読み取り、それを踏まえて戦略と戦術を構築することができれば、最良の結果が得られる。だが、こうした目標を成し遂げさらなる高みをめざすためには、バーラトが自らに対して、そして国益と願望に対して真摯であることが必須なのだ。

第6章

友好国をつくり、人に影響を及ぼす

――なぜインドはグローバルな地位を築く必要があるのか

世界をリードする国になるという目標の追求において、インドは総合国力を着実に強化している最中にあっても、現代が抱える二つの重要な対立の間を成功裏に渡り歩いていかなくてはならない。一つはウクライナ紛争によって先鋭化した東西の分断である。もう一つは新型コロナウイルスや債務、気候変動、食糧およびエネルギー危機によって悪化した南北の格差である。台頭する大国にとって、友好国を増やし、問題を縮少することは当然とるべき行動の最たるものである。インドはグローバルな舞台に理想的なポジションを築きたいと考えているが、これは絶え間なく続く取り組みである。だが、大きな願望を持つ国は、信頼できるパートナーと確かな支持の源泉を獲得することが必須条件である。その取り組みにおいては、単に所与の状況の中で行動するだけでなく、状況を形成することも求められる。

インドが時に国内で行動を起こす一方で、流れに任せるままだった日々はもはや過去のものとなった。インドの国益は時とともに拡大するばかりであり、その活動や役割も同様である。われわれが取り組むべき任務は、インドが先進国のみならず世界をリードする国にもなるという「アムリト・カール」における目標の基礎を構築することだ。「サブカ・サート、サブカ・ヴィカース（皆のために取り組み、皆のために発展をもたらす）」[1]が国内のみならず外交政策においても重要な意味を持つのはこのためである。結局のところ、外交とは友好国を増やし、人に影響を及ぼす営為なのだから。だからこそ、世界を一つの家族（ヴァスダイヴァ・クトゥムバカン）と当然のごとく見なす国の視野は、きわめて広大なのである。

インドにおいて「ラーマ－ラクシュマナ」という言葉は、兄弟間の親密さを示す表現として広く知られている。ここでは、これを国際政治に当てはめてそこから得られる示唆について考えてみたい。大切なのは、ラーマに限らず誰でもラクシュマナ、すなわち成功も悲しみも分かち合ってくれ、信頼できるだけでなく外に対して警戒を怠らない存在を必要としているということだ。ラクシュマナは重要な局面でラーマに勇気を与え、冷静に行動するよう促し、落ち着きを取り戻させた。ダンダカランヤの森で羅刹のヴィラードがシーターをさらったとき、狼狽するラーマに対し対抗策に出るよう強く促したのはラクシュマナだった。ラーヴァナがシーター誘拐に成功した際にラーマがいら立ちを露わにしたときも、不運に接した他者がいかに我慢強さと忍耐で試練を乗り越えたかを説いたのは弟のラクシュマナだった。その後、海神ヴァルナにランカー島に渡るのを拒まれたことで冷静さを失ったラーマに対し、必要以上に海神を脅すべきではないと説得したのもやはりラクシュマナだった。緊密で信頼できるパートナーシップの構築は、いつの世も変わらぬ外交の任務なのである。

だが、大国であれ強国であれ、いかなる国であってもこうした支援を提供してくれる存在は必要だ。そうした国同士は特定の状況の中では例外的な関係かもしれないが、ひとたびそれが定着すると、その関係を特別なものにするにはいくつもの方法がある。これは国際関係において一般的な取引ベースとは著しく異なる。そこでは、寛容、配慮、考慮、そして時には愛情すら求められる。「血は水より濃い」という格言があるように、国際情勢には感情がものを言うこともあるのだ。共通の経験に基づく連帯意識も、決して弱々しい紐帯なのではない。インドは「ワクチン・マイトリー」を通じて誠意を示したが、それは長期にわたり貢献していくという考えを実行したものだった。事実、インドがグローバルな力のヒエラルキーを駆け上がっていくなかで、信頼できる友好国の必要性は低下するどころか、高まっていくことになるだろう。プレゼンスが拡大し、利益が大きくなればなるほど、ラクシュマナのような存在の重要性は高まる一方なのだ。

現実世界では、他者が無限の献身をしてくれることは滅多にないかもしれない。だが、世界史において重要な事業がなされるときには、幅広い連合の形成が求められることが多かった。これは、取り組みの性質や結果が広い範囲に影響する際には、とりわけよく当てはまった。熟知している地域とは遠く離れた場所で活動が展開される場合には、それに応じて協力者の重要性も高まっていく。協力者が特別なスキルを持っていたり取り組みに対して何らかの貢献をもたらしたりしてくれる場合には、いっそう重要性を増すことになる。強大で初めて接する敵と向き合う際には、協力者や支援者の必要性はさらに切実になってくる。こうした光景は現代史においても見出すことができる。二度の世界大戦、湾岸戦争、アフガニスタン戦争、さらには現在展開されている戦争がその例だ。ラーマのケースでは、シーターがどのようにしてさらわれ、どこに連れていかれたのか皆目見当がつかないほど茫然自失の状態だった。彼が妻の行方をようやく突き止めることができたのは、さまざまな背景の支援者や協力者による多くの貢献があったからだった。こうした目的の実現に際しては、必ずしも戦闘が必要というわけではない。国際政治における競合においては、困難な状況で自国のために立ち上がってくれる友人こそが賞讃されるべきなのだ。

ヴァナラ（猿族）による連合が形成され、情報収集のためにあらゆる方向に出て行ったことも、こうした感情を強く示すものと言える。シーターがランカー島の庭園にいるという情報を得たのは、南に向かったアンガダ王子の勢力だった。サルやクマ、ワシからなる軍団の存在がなければ、おそらくラーマはどちらに向かえば良いかわからなかっただろう。重要な決断を下す際に適切な状況判断をする必要性は明らかだ。

試練の中には国の能力を完全に超えるものがあり、他国が提供してくれる支援がきわめて貴重になるという事態も往々にしてある。サムパーティ(2)の透視能力は、競争相手や敵対者についての重大な情報へのアクセスを示すアナロジーと言える。そして海を渡るときが到来すると、ヴィシュヴァカルマの息子で架橋を得意とするナラによって、技術的な突破がもたらされた。ヴァルナは本来の信条に反して、ナラが築いた橋に水をかけないと約束した。これは怒りに駆られたラーマが、海を渡らせてもらえなければ干上がらせるぞと脅したためだった。

友好国をつくり人に影響を及ぼすに当たっては、インセンティブや賞讃から支援や脅しまで、相手を動かすためのさまざまなファクターが用いられる。大半の国にとって、それはきわめて慎重で根気のいる任務であり、想像以上に容易ではない。一般的には、競合する国益の中で参加メンバーと対応方法をしっかりと見極めることが必要とされる。特別な状況では、広範な利益のために困難な決断を下さなければならないときすらある。そうした状況で注目すべきはやはりラーマで、彼の行動は物語の中でもっとも物議を醸した。ヴァーリンとスグリーヴァという猿王兄弟の間で繰り広げられた戦いで、ラーマが介入して前者のほうを殺害した。もちろん、神聖なる手によって最期を遂げることになったのはヴァーリンの運命だし、彼個人の行いは明らかに非難の対象を超えていたわけではなかったのではあるが。

過去と未来

だが、このエピソードとその結末は、より大きなミッションに取り組むに当たり重要な気づきをもたらしてくれる。パワーの観点からは、ラーマは弱い側、すなわち弟でかつて王座から追放されたことのあるスグリーヴァを選んでいる。常識的には、弱い側は常に第三者の介入を強く歓迎するもので、長期的に自らの運命を委ねる場合すらある。スグリーヴァの献身を得た後、先見の明があるラーマはヴァーリンの息子アンガダを保護することで、ヴァナラの団結を維持することが大切だと考えた。仲間を直ちに行動に移らせるのは、容易なことではない。やはりと言うべきか、スグリーヴァは王座を奪還すると、キシュキンダでの優雅な暮らしに戻ってしまった。そのためラクシュマナの怒りを買い、責務を思い出させられたのだった。

ラーマとラクシュマナにとって、ヴァナラ・セーナー（軍団）が各方面に派遣された期間は、ずっと戦略的忍耐を強いられた。連合に必要なのは単に結集するだけでなく、目標に向けて動くための時間が必要であり、それも能力が劣るメンバーのペースに合わせなくてはならないことがある。時として、パートナーが期日までに任務を完了できない場合も起こる。これは後にラーマにも起こったことで、カシの王プラタルダナがランカー島での戦いにおいて、約束した軍を時間までに到着させられなかったということがあった。だが、その意図を公の場で受け入れたのはラーマの器量の大きさである。現実の世界にはどんな時でも「次」があり、外交においては将来の可能性を閉ざしてはいけないのである。

国際秩序の中で台頭を続けていくなかで、インドは世界が常に変わり続け、さまざまなプレイヤーとの関係も同様であるという点を念頭に入れておく必要がある。独立後間もない時期、インドは西側諸国との関係構築を志向する一方で独自の決定が下せる空間を作り出そうとした。同時に、ポスト植民地主義という強い共感に基づき、発展途上世界でのポジションを確立することもした。社会主義陣営との協力も追求し、経済や安全保障分野で着実な成果を挙げた。冷戦の激化と米中接近を受けて、インドはソ連との関係をさらに強化する方向に舵を切った。西側との対立の多くは、西側諸国が軍事政権下のパキスタンを優遇する姿勢を取っていたことに起因していた。

このため、冷戦終結がインドの対外関係と世界のインドへの対応に再調整をもたらしたのは当然だった。このプロセスは、それ以来の四半世紀の中で着実に進展していった。インドがこの一〇年で過去のイデオロギーに関わる重荷の多くを降ろしたことで、それがさらに確固たるものになった。とりわけアメリカは、問題の原因としてではなく、問題の解決策として見なされるようになっている。現在のインド外交が取り組むべきなのは、従来の関係を維持するとともに新たな関係を開拓することである。この二つを一体としてとらえるなかで、転換期の世界において最適の結果を得るべく個々の関係に適切なウェイトを置く作業が進行中である。

これまでの取り組みを振り返るとともに今度を展望していくに当たり、国連安保理の常任理事国五カ国とインドの関係を分析することから始めてみよう。なお、アメリカおよび中国との関係については、別の章で論じることにする。

イギリス――現代における連携

他のいかなる国との関係よりも、インドとイギリスの関係は複雑な過去の影響をいまでも残している。当時の傷は、物質的な意味でも心理的な意味でも存在しているのだ。現在の課題は歴史をこれからの関係に活かすことであり、心地よさと見解の一致によって摩擦や対立を克服していくことにある。興味深いのは、インド独立直後から両者の間には共生関係があった。きっと現代の世代は、独立からの二〇年間でイギリスがインドにもたらした影響の大きさに驚くのではないだろうか。実際のところ、冷戦から距離を置きアメリカの接近を防ごうとしていた当時のインドの指導者たちは、イギリスをもっとも頼るべき国ととらえていたのである。強硬姿勢だった人びとすら、イギリスと連携することでアメリカの圧力から身を守ることができると考え、英連邦《コモンウェルス》(3)に対する当初の留保を撤回したほどだ。

映画『RRR』の大ヒットは、植民地時代の記憶が今日でもインド人の心情に強く訴えるものであることを思い起こさせてくれる。印英関係にはこの時代から生じるセンシティブさと懸念があることは至極当然のことだ。インドの分離独立はその後に続く深いインパクトをもたらしたとはいえ、その結果生じた印パのハイフン化はさらに長く持続したことは明らかである。一九四七年にパキスタンがジャンムー・カシミールを攻撃した際、インドはイギリスがパキスタンの方を優先していると見なした。この見方は国連安保理の対応で強まり、一九六五年と七一年の印パ戦争でイギリスがとった姿勢によってさらに悪化した。イギリスが置かれた冷戦期の状況やスエズ以東からの撤退、EU加盟によって、当初の緊密な関係から次第に距離が生じていった。二〇〇一年以降のアフガニスタン情勢について言えば、パキスタンの軍指導部との関係推進をもっとも熱心に唱えていたのはイギリスだというインドの指摘から逃れるわけにはいかなかった。

インドの視点では、核オプションの行使であれ、アフガニスタンのような安全保障上の懸念であれ、インド亜大陸の政治であれ、イギリス外交が疑念をもって受け止められているのは無理もないことだ。さらに、インドが本来の力を発揮するようになると、それに合わせるかのように国内政治においても過去から脱却したいという願望が高まっていった。インドにおける民主主義が拡大した結果、エリート間のつながりが弱くなったことも、このプロセスを加速させた。イギリスのEU離脱の頃には、新たな関係のあり方を築くべしという声が明確になっていた。

依然として過去が影を落とす一方で、現在は現在で複雑な状況がないわけではない。カナダほど極端ではないとは言え、イギリスの政治は支持層に対する配慮によって動くことが多い。このため、インドを標的とする分離派勢力に活動の空間を与え、同国を拠点とし自由を濫用させてしまっているのだ。現在のインドの体制に批判的な見方をする有力な勢力もあり、そのイデオロギー的な敵愾心もいら立ちをさらに募らせる結果を招いている。なかにはインドの変化に対しあまりに強く反発するがあまり、現実を直視したがらない者もいる。イギリスがインドとは「特別な紐帯」があると言うのであれば、そのインパクトはなおさら大きくなる。

だが、印英が幅広い分野で協力をしているという、別次元の現実もある。この長期にわたる二つの流れは、両国関係の特徴の一つである。アメリカはインドとの関係を全面的に再設定しているが、イギリスもそれに続くか否かは重要な問いである。これまでのところイギリスは後れをとっているが、インドとの間に生じてしまった距離に対する危機感が高まりつつある。調整を行うには、政治的にセンシティブな問題や安全保障から輸出管理、移住に至るまで幅広い懸案事項について検討することが求められる。「過去のインド」はもはや存在しないことははっきりしている。イギリス統治時代の法律の改正であれ、文化に関する信念の表明であれ、スバース・チャンドラ・ボースの持つ象徴的意味合いの主張であれ、時代は確実に変わりつつあるのだから。過去に密接な関係があったがゆえに、イギリスにはとりわけこの転換の本質を理解する責務がある。

他方で、インドがこのパートナーシップの未来に対してより実務的にアプローチしていくことも大切だ。インド国民は、インド企業がヨーロッパに進出する際にイギリスが重要なゲートウェイになっていること、そして成功を収めたディアスポラを受け入れていることを知っておく必要がある。イギリスのグローバルな影響力は過去と同じではないかもしれないが、世界の中には今もそうした力が残っている場所がある。イギリスのテクノロジーや能力が明らかに世界レベルにある分野も存在する。インドの視点からは、両国が現在持っている共通点をさらに伸ばしていくべきである。この答えを両国が共有しさえすれば、ポジティブな方向に向かうことができる。このことは「二〇三〇ロードマップ」をはじめとする合意に反映されている。

印英の国家と国民をつなぐ試みは、さまざまなかたちで追求していくことができる。活発な政治レベルの往来、経済や金融のさらなる関係強化、スキルや教育の交流拡大、研究やイノベーションのパートナーシップ強化、そしてもちろん、懸け橋になる人材の育成も含まれる。こうした取り組みの基礎には、われわれが世界をどうとらえ、両国が日々直面する課題にどう向き合っていくかという問題意識がある。

EU離脱以降、イギリスの国家のあり方は大きく変わった。そうした変化の中には、より現代に即したパートナーシップの構築を促進しうる絶好の要素が含まれている。国家の権限が回復したことで、イギリスはインドとの「拡大貿易パートナーシップ」を検討できるようになった。移民・移住パートナーシップ協定は、需要や人口構成、人材のマッチングを促進することが期待される。イギリスの「統合レビュー」[4]は自国を「欧州・大西洋《ユーロアトランティック》」のアクターと位置づけているが、同時にインド太平洋でも重要性を増しつつある。これはインドとの連携拡大を導く、重要な論点になる。

「グローバルなイギリス」「大西洋国家・イギリス」「EU離脱後のイギリス」、シティ・オブ・ロンドン[5]、ディアスポラにとってのイギリス、イノベーションと教育のイギリス、そしてもちろん戦略的なイギリスといったように、インドの視点ではイギリスの多くの側面に対して同時にアプローチしていく必要がある。これらのバランスはEU離脱によって明らかにシフトし、いまではグローバルな側面がぐっと前面に出るようになった。関係を新たにしていくなかで、インドとイギリスは過去の歴史から受け継いだ問題を無視するわけにはいかない。だが、未来に向けた議論は別であるべきだ。そして最後に指摘しておきたいのは、インド亜大陸およびより広いグローバルな舞台で協働できるか否かが、新時代への移行の真価を問うことになるという点である。

ロシア——確固たるパートナーシップ

ロシア（旧ソ連）との関係は、他国とは大きく異なるものだ。同国はかつてインドの民族運動に懐疑的で、あからさまに敵対的な姿勢を示すことすらしばしばあったが、独立後の外交が展開されていくなかで共通の利益を育んでいった。この流れは一九五三年から五四年以降、とりわけパキスタンがアメリカ主導の同盟体系に加わったことでいっそう勢いを増した。インドの多くの政党もソ連を進歩的勢力と見なしていた。隣国が西側によって軍備を増強していることに懸念を強めていたインドにとって、ソ連との関係はいわば保険のような存在であるとともに自国の強みを積極的に支えてくれる存在でもあった。当時はソ連だったロシアの役割は、一九七一年にインド亜大陸が戦略的転換点を迎えた際[6]に死活的重要性を帯びるというレベルにまで達したのである。

そこで示された善意は、インドの国益に対し常に配慮してくれたことと相まって、世界が激動する中にあっても両国関係を緊密なものにし続けてくれた。ソ連崩壊ですらインパクトは限定的で、一〇年のうちに両国は共通のプライオリティをあらためて確認していった。

今日、グローバルな関心をきわめて強く集めているのが印露関係である。重要性という意味では、多くの点で米中関係と比較の対象になるレベルと言える。経済的側面は大きくないかもしれないが、インドにとってこの関係は、絶大な戦略および安全保障上の重要性を有している。だが、予期せぬ紛争がもたらした意図せざる事態によって、以前から議論されていた可能性が思いがけず一気に実現することになった。その結果、インドが経済成長を加速しエネルギー需要を増大させていくまさにそのときに、ロシアが主要な資源供給国に浮上したのだ。

今日の印露パートナーシップについて皮肉なことは、世界から注目を集めているのは関係が変わったからではなく、関係が変わっていないからという点である。実際、印露関係は第二次世界大戦以降の世界における主要な関係の中でもっとも確固たるものの一つである。どの国も、多くのパートナーとの間で関係が良いときもあれば悪いときも経てきたはずだ。しかしさまざまな要因により、印露は二国間の関係を不安定な世界情勢から守ることに成功してきた。地政学のロジックに加えて相互にベネフィットをもたらしてきたことが、両国関係に特別に強力な推進力をもたらしてきたと言えるだろう。

関係が安定しているからと言って、どちらか一方が政体としても社会としても変わらぬままというわけではない。過去四半世紀の中で、インドはGDPで世界第五位に躍り出て、核保有国やテクノロジーの中心地となり、グローバルな人材の供給源であるとともに国際的な議論を積極的に形成していく国となった。インドの国益と影響力はインド亜大陸を大きく越えて広がるまでに至ったのである。

一方のロシアは国家意識を強化していき、国の方向性やプライオリティもそれに合わせて変化していった。元来のユーラシア国家としての性格とグローバルなプレゼンスは、国際秩序において同国を突出した存在にしている。また、ロシアはさまざまな地域や問題の帰結に影響を及ぼす力を誇示してきた。エネルギーや資源、テクノロジーといった分野における重要性も依然として無視できない。

過去三〇年で、ロシアとインドはそれぞれ独自のかたちで発展してきた。両国は、常に見解が一致するわけではない他国との間でもパートナーシップを構築してきたかもしれない。印露二国間のバランスや関係も、時とともに発展してきた。そうしたなかで、互いへの思考を形成する善意の伝統に基づいて、利益の合致が存在し続けているように見える。こうした特質をもたらしたのは、変化する世界にあっても、双方が相手の核心的利益に敵対的な影響を及ぼさないように行動するべく細心の注意を払ってきたからである。これを保持していくことが死活的に重要なのは明白である。

インドとロシアの歴史的背景や地理的環境は異なるが、両国は多極世界という概念へのコミットメントを共有し、グローバルな安定の確立に向けて進んでいる。これについての双方の理解は、異なる地域に適用しようとしたとき、完全に同じではないかもしれない。ロシアがまさにユーラシア大陸の国家であることから、多極世界が多極アジアを中心に据えなくてはならないことをインドは理解しなくてはならない。そうした多極世界の行動原理は、排他的でないようにしつつパートナーシップを正当に追求していくことである。強い独立心を持つ二つの国は、互いの意図を理解するに当たりさほど困難は感じないはずだ。世界の変化はロシアにとって有利であるが、同国は現在の国際的アーキテクチャーにおいても大きな利益を有している。印露関係の未来における重要な側面は、インドの台頭をどこまで受け入れることができるかなのである。

両国関係の歴史を踏まえ、インドが国連安保理改革をはじめとしてロシアの支持を期待するのは当然だ。ウクライナ紛争も、ロシアが西向きに注力する伝統的な姿勢を再検討する結果を導いた。そこで生じたアジアへのシフトは、すでに経済分野で鮮明になっている。インドからすると、この流れは軍事、原子力、宇宙協力の三本柱にほぼ全面的に依存していたこれまでの対露関与を拡大しうるものと言える。

今後、ロシアに対する関心はアジアの側面が大幅に強まるというかたちでシフトしていくことが予想される。その片鱗はすでに現れつつある。国際南北輸送回廊（ＩＮＳＴＣ）[7]やチェンナイ・ウラジオストック海上ルート、ロシア極東に対するインドの関与増大、あるいは中央アジアや北極における緊密な連携がその例である。全体として見れば、印露関係は従来の軌道を維持しながらも進化を遂げる方向に向かっているのである。

きわめて異なるかたちでではあるが、イギリスとロシアはインド国民の感情をかき立てる存在である。しかし政策は感情に流されることなく、経験に基づく事実、それにコストとベネフィットの分析によって最終的に決定されるものだ。インドが転換の最中にある環境を把握し、今後の方針を策定しようとするなかで、政策の調整も当然行われていくだろう。

フランス――第三の道

イギリスやロシアとは対照的にフランスはインド外交にとって比較的新しく登場した国であり、その植民地時代の過去[8]はインド国民の意識からかなり後退している。歴史に起因する負の遺産が最小限であることで多くのチャンスがもたらされており、特定の分野での関係拡大が促されている。

過去二〇年にわたり、印仏関係は着実に前進しており、外部ファクターによるサプライズや方向転換からも無縁である。両国は価値や信条を共有しているだけでなく、国の能力向上にかなりの力点を置いてもいる。双方ともに、冷戦時代をくぐり抜け、自国の戦略的空間を最大化しようとしてきた。現代においては、印仏は一九五〇年代にまでさかのぼる強固な共通点を見出してきた。そのとき以来受け継がれているフランス製のプラットフォームや装備は、インド軍にとって不可欠な一部をなしている。インドがフランスを国家安全保障における主要なパートナーと見なしているのはこのためだ。

フランスはインドの戦略的思考の進化、とりわけ核戦力において重要な影響を及ぼす国でもある。実際、「信頼できる最少限の抑止[9]」はフランスの経験を参考にしたものだ。加えて、一九九八年にインドが核実験を行った後、フランスはわが国の戦略的必要性に理解を示してくれた初の核保有国でもあった。このため、核実験後にアタル・ビハーリー・ヴァジペーイー首相が初の外国訪問先としてパリを訪問したのは驚きではない。ジャック・シラク大統領とともに、ヴァジペーイー首相は印仏戦略的パートナーシップを発表し、この関係は今日に至るまで大きな役割を発揮している。二〇〇八年にインドが原子力供給国グループ（ＮＳＧ）から例外扱い[10]を認められて外国との民生用原子力協力が可能になった際、フランスの支持は重要な役割を担っていた。

国連安保理やその他の国際的なフォーラムでは競合的かつ複雑な利益群が選択に影響を及ぼすもの

だが、その中でフランスは一貫したパートナーである。一例を挙げると、印仏は相乗効果によって、テロリズムやテロ組織の対策で国連を動かす際に効果的な対応を取ることができた。フランスはインドの国連安保理常任理事国入りを全面的に支持してくれる国でもある。

過去数年、移行期の世界における不確実性と不均衡によって、共通の戦略的目標を構築すべきとの機運が高まってきた。現在のプライオリティの中で一つ挙げるとすれば、それはインド太平洋――インドはその中心にあり、フランスはその端に位置する――における協力の緊密化だ。最近、印仏がオーストラリアおよびUAEとそれぞれ三カ国対話の枠組みを開始したことも注目すべき展開と言える。

インドにとって、近年のフランスとの関係は「適切なサイズ」の重要パートナーを選ぶというミッションにフィットするものである。「第三の道」を掲げるフランスは、独立心旺盛なインドに直感的なアピールを与える国でもあるのだ。同国の自律と自存は、重要な課題に対する慎重な姿勢とも相まって、大きな共感をもたらしている。両国がこの共通項を基礎にすると意識的に決めると、歴代政権にわたって連携が着実に拡大していった。その結果、インドはより大きな目標を追求していくなかで、フランスを多極化にコミットする重要なプレイヤーと位置づけるようになった。

だが、印仏双方が決定の自由を維持すべきだと長きにわたり強調してきたことは見解の一致をもたらすかもしれないが、両国はそれぞれ独自の観点を持つことにもなるだろう。というのは、インドもフランスも置かれている地理的環境は大きく異なっており、当然ながらそれによって各自のプライオリティや利益が決まるからだ。

他のあらゆる関係と同様、印仏関係も粘り強い関係構築が求められる。この点について楽観的でいられる理由として、「地平線二〇四七」[11]に向けた協力をすでに設定していることが挙げられる。

イギリス、ロシア、フランスという「P3」の例はそれぞれに特徴があるが、いずれの関係にも内在的な重要性が存在している。国連安保理の常任理事国は、安保理という組織以上に重要な存在であるのが現実だ。したがって、こうした国々との関係を育んでいくことは、インドの国益が世界で展開していくなかでいっそう大切になっているのである。

西側との関係を再設定する

国際関係は集団的であると同時に各国単位の活動でもあるがゆえに、インドの西側全体に対するアプローチの評価を試みるのは価値があるかもしれない。もちろん、そのなかには植民地主義時代の影響が残っている部分もある。とは言うものの、あの時代はかなりのレベルでエリート間の紐帯をもたらしたことも確かだ。

植民地主義の汚名を着せられずに済んだ国の一つはアメリカである。だが、そのアメリカもまずパキスタン軍と、次いで中国と密接に連携することでインドでは反感を買ってしまった。それでもこうしたネガティブな側面は、インド独立後に築かれた重要な経済、テクノロジー、社会面のつながりによって相対化された。興味深いことに、政治的摩擦ですら当時の状況によって緩和されることもあった。インドは常に友好国と位置づけられてきたわけではないが、かといって敵国と見なされていたわけでもないのである。

地政学的対応を通じて不安をかき立てた国は、一九六二年の中国との紛争後に支援の手を差し伸べてくれた国でもあった。そうした国々によるインフラや農業自給体制の整備への貢献も過小評価されるべきものではない。西側陣営全体に対するインドのスタンスは、こうした経験と考慮に対する総合的な判断によって影響されている。

過去を振り返ると、独立後の数十年でインドがアングロスフィア[12]の中で積極的に関係構築に取り組んだ相手はイギリスとカナダだったことは着目に値する。実際、朝鮮戦争やヴェトナム戦争の仲介のように、国際情勢への関与の多くは両国と連携するかたちで行われた。もちろんアメリカは圧倒的なプレゼンスを持っていたが、インドのイデオロギー的こだわりや戦略的判断があったため、同国は長い間疑いの目が向けられた。

七五年の中でインド外交が歩んできた道のりは、この点における対応の変化からも見て取ることができる。当初のロマンチシズムから脱却して世界を冷徹な現実というレンズを通して見るようになればなるほど、これまで遠く離れていたパートナーに多大なメリットを見出すようになっていった。この流れは、インドが東に目を向け始め、インド太平洋に対する関与を増していったことで加速した。その結果、クアッドも含め大きな重要性を有すると見なされているのは、アメリカとオーストラリアなのである。ここで教訓があるとすれば、それは地政学的展望に基づく連携が関係強化においてきわめて中心的な位置にあるということである。この点において、いまやインド太平洋戦略は現代に即した道のりを指し示している。

だが、個別の国との間だけに課題があるわけではない。インドの西側全体との関係については、客観的な評価が必要だ。このグループの諸国は多元的社会、民主的政治体制、市場経済といった特徴を共有しているがゆえに、多くの意味でインドにとって自然なパートナーと言える。ただし、この共通性自体が独自の摩擦をもたらすこともある。西側の多くの分野において見られる以前からの覇権主義的姿勢によって、特定の慣行や信念が過度に推進されることもあるのだ。他国には他国の伝統や慣行、評価基準があるということ、それに当の西洋ですら、客観的かつ全体の中でとらえられれば、必ずしも自身の評価は高くはならないということに気づいてはいない。さらに、西洋の姿勢は呼びかけだけで終わらず、行動を促すアジェンダとして推進されるレベルにまで達してしまう。この姿勢は、インドのように植民地支配を脱して独立し、アイデンティティを主張し、自国の姿勢を堅持している国からすると、相容れないものである。

より先進的な国々が自らのリードを維持しようとしていることで、発展をめぐる摩擦もある。この傾向は、貿易や気候、特許、国際送金をはじめとする分野において顕著である。西側との対立の中核にあるのは、長期にわたり支配する側にあった国とそれにいま挑戦しようとしている国の緊張関係だ。国連憲章の尊重が頻繁に提起されるのと同様に、ルールに基づいた秩序の推進も常に唱えられている。しかし、どれだけ議論を重ねても、アジェンダを形成し規範を設定するのは、依然として西側諸国である場合が多いのが現実だ。したがって、さまざまな分野において、より公正で選別的ではないルールの適用は、リバランスにおいて重要な要素なのである。近年グローバルな議論が活発になっているとすれば、ダメなものはダメとはっきり主張する勇気によるところが大きい。しかし、こうしたもろもろの相違点があるにもかかわらず、西側とパートナーシップを結んできたアジア諸国が速いスピードで成長を遂げてきたことも事実である。

インドとしては、東アジアおよび東南アジア諸国が発展を加速するべくいかに地政学的要素を活用したかに学ぶべき教訓がある。これは分極化が進む現代においてはとりわけ重要な意味を持っている。つまるところ、いかなる関係も文脈を無視して展開されるものではなく、国境を接する隣国との関係は、離れた場所にある国との関係よりもインドが下す決断に大きな意味を持つことになる。

デリーの議論では、「戦略的自律」という用語は西側、とりわけアメリカから距離を置くものと定義されることが一般的だ。皮肉なことに、この理解はインドがさまざまな国と関与を深めていくという状況をもたらした。同じロジックは非同盟についても用いられていた。インドは能力を高め自信を強めていく時代に入っていくなかで、重要なのは、不安ではなく利益に基づいて将来展望を決めることである。

常識的な感覚に基づいて、インド国民は自国の製品や人材に対してよりよいアクセスを提供してくれるのはどこの地域かを考えてみる必要がある。長期的な傾向としては、西側の需要とインドの人的状況はグローバルな知識経済の形成に資するという点でフィットしている。したがって、政治的判断は経済学や社会学、文化的視点とは分けてとらえられるべきではない。インドと西側に大きく影響される世界の間で対立が先鋭化するプロセスが起きるかもしれない。それはヘッジというかたちで現れるかもしれず、政治の世界ではすでに確立した現象である。しかしここでも、状況に流されるのではなく、判断力を研ぎ澄まし熟慮に基づいて行動すべきである。インドは「非西側」かもしれないが、「反西側」でいることで得られる利益はほとんどないことを認識しておく必要がある。

パートナーを増やし最大の利益を得ることは、当然の目標だ。しかし、テクノロジーが主導する世界においては、決断を下す際に常にどっちつかずの姿勢を取ったり先延ばしにしたりするわけにはいかない。これはデジタル分野や新興・機微技術についてはとくに当てはまる点である。こうした取り組みをする一方で、グローバルなシナリオ自体に対してもインドの観点から実態に基づいた評価を行う必要がある。分野によっては、共通点と対立点は体系の中でとらえることが可能である。

知識経済の時代においては、西側との親密な関係の強化によって大きなリターンが期待できるのは間違いない。したがって、より広範囲の課題に対して理性と心情の両方に従ってアプローチしていくことがきわめて重要である。そうすることで、リバランスと多極化がより正確に反映される関係が新たに形成されていくだろう。

モディ政権によるヨーロッパとの関係構築の重視は、それまでの数十年における受動的な姿勢とは明らかに異なる。かつてのインド外交は、イギリスやフランス、ドイツといった大きな国にエネルギーの多くを注いでいた。これはその後も一定程度続いているが、いまでは集合的な組織としてのEU、加えてサブリージョンや小規模国家との関係にも注力している。定期的なインド・EUサミットによって雰囲気が大きく変化し、FTA交渉の再開ももたらされた。

インドにとってドイツは明らかに関係拡大の余地が大きくある国である。今日に至るまで、ドイツの関心の大部分はアジアの他の地域に向けられてきた。新たな戦略的状況を踏まえれば、これは何らかのかたちで大きく変わり得る。実に、EU全体との関係を変える推進力になれるのは、印独関係の発展なのである。

サブリージョンの中では、スカンジナビア地域との関与はとりわけ重要で、政治および経済の分野で成果が上がっている。イタリアとギリシャを含む地中海地域はまとまりという点ではそれほどではないが、それでも積極性があり重要な存在である。この地域はIMECの文脈において、新たな重要性を帯びることになるだろう。ポルトガルとの「移民・移住パートナーシップ協定（MMPA）」は、その他のEU諸国と同様の協定を促進するという点でとりわけタイムリーである。

中東欧との関係強化も進行中であり、さまざまなフォーマットが試されている。インドはバルト三国やコーカサス諸国においても、大使館の新設を含め活発に活動している。

東西対立への対処は今日のインド外交にとって最重要の課題の一つである。しかし、インドにとって東側はシンプルな存在ではない。独立してから最初の一〇年が経った後も、インドは優先的に関与したわけではなかった。ロシアとの関係は、中国との関係とは質的に異なるものである。中露が同じグループにいるととらえられるのはインドにとって明らかに好ましい状況ではない。その時々でこうした分析を浸透させる試みが展開されてきたが、インド側はその受け入れを拒んできた。インドの対ロシア関係において、他に競合できる国はまったく存在しない。その逆に、両国はパートナーシップの基礎をなす互いに対する配慮を示し続けてきたのである。中国についてはまったく別の話であり、その一因は未解決の国境問題にある。したがって、インドの地政学的姿勢はインド太平洋のロジックをヨーロッパに適用できるものではないのであって、この戦略ロジックを西側に理解してもらうことが必須なのである。

国家が国益に基づいて行動するのは自然なことだが、そこでとる姿勢がしかるべき時にグローバルな摩擦の緩和に貢献できることもまた真実である。これはG20やその他の国際的プラットフォームの活動ですでに明らかになっている。グローバルな議論の沈静化と世界経済の安定化は、それ自体が共通利益への貢献と言える。

アフリカとの連帯

モディ首相がG20ニューデリーサミットでアフリカ連合（AU）の正式加盟を発表したときは、インドとアフリカの関係にとって非常に特別な瞬間だった。その一年前、モディ首相はバリでAU加盟国についてのコミットメントを表明し、その後もG20加盟国の首脳に対して直接かつ真剣にこの件を働きかけた。多くのアフリカ諸国にとって、インドが率先して彼らの主張を代弁するのは自然なことなのである。

とは言うものの、インド・アフリカ関係はあまり話題に上るものではなかったのも事実である。ダウ船[13]やキャラヴァンによって育まれた実に長い接触の歴史があることは忘れられがちである。西洋の植民地主義が展開された時代には、アフリカ大陸にインド人ディアスポラの移住が始まるというかたちで関係が深まった。その後の民族独立闘争は、今日においてもグローバルな舞台で示される独自の連帯をもたらした。

他の多くの地域と同様に、着実ではあったが目立たなかったアフリカとの関係は、モディ首相の個人的イニシアチブによって飛躍的な発展を遂げることになった。これは、彼の出身地であるグジャラート州がアフリカとの間に築いてきた深い接触の歴史を反映したものかもしれない。アフリカ大陸との協力に対する明確なアプローチは、二〇一八年七月にウガンダ議会で行った演説で明確に説明されている。そのポイントは、インドは一方的にアジェンダを提案するというよりも、アフリカのプライオリティや要望、ニーズに応えていくというものである。二〇一四年以来、インドの大統領、副大統領、首相によるアフリカ諸国への訪問は三四カ国に上り、同地域からの同じレベルの訪問は一〇〇以上にもなる。二〇一五年のインド・アフリカフォーラムサミット（IAFS）では、協力に向けてとりわけ積極的なターゲットが設定された。

それからの一〇年で、新型コロナウイルスによって中断された時期があったにもかかわらず、プロジェクトや能力開発、研修、人的交流といった合意事項の多くが実施されてきた。実務的な連携以外にも、アフリカとの連帯はインドがAUのG20加盟を強く推進したというかたちではっきりと示された。

これまでに、インドはアフリカにおいて約二〇〇件のプロジェクトの実施を完了しており、さらに実施中のものが六五件、準備中のものが八一件ある。こうしたプロジェクトの多くが、アフリカでは初めて実施されるタイプのものだ。実に象徴的なプロジェクトの例としては、ガーナにおけるテマ・ムパカダン鉄道および大統領宮殿建設、ガンビアにおける国会議事堂建設、ケニアにおけるリヴァテックス繊維工場建設、モーリシャスにおけるメトロエクスプレス建設、ニジェールにおけるマハートマ・ガンディー国際会議場建設などが挙げられる。

他の関連分野における実績も豊かである。最後のIAFS会議以来、四万人以上に対して奨学金が給付されている。「汎アフリカeヴィディヤバーラティ」および「eアロギャバーラティ」[14]は、それぞれ遠隔教育と遠隔医療を提供するイニシアチブだ。現在インドはアフリカにとって四番目に大きい貿易相手国であり、投資額でも五番目につけている。インドによるワクチンや医薬品、関連備品の提供は新型コロナウイルスのパンデミックの際にはきわめて重要な役割を担った。そしていま、議論のテーマはデジタルサービス、グリーン成長、国民への医療提供が今後の開発協力における三大テーマになりつつある。

遠かった地域が近くなるということ

インドの融資枠設定や無償資金協力においてアフリカは主要な提供先だが、ラテンアメリカにおけるプレゼンスの拡大も特筆すべき点である。ラテンアメリカははるかかなたの場所と見なされていたが、エネルギーや天然資源、食糧の供給元として注目を集めつつある。同地域で拡大するミドルクラスは、インド製の薬品や自動車の理想的な顧客である。インドのIT産業もラテンアメリカ市場にしっかりと根を下ろしている。全体の貿易規模が非常に急速に成長しているとすれば、インドのプレゼンスの大きさは無視できなくなる。現在、インドはブラジルとアルゼンチンの貿易相手国としていずれも上から五位以内に入っている。政治面での連携強化を反映して、インドによる投資はさまざまなセクターで拡大している。友好国を増やし人に影響力を及ぼすという任務からすれば、ラテンアメリカはもはや橋を架けられないほど遠い地域ではないのだ。

太平洋島嶼国は、過去一〇年でインドのアウトリーチがどこまで広がったかを示す好例である。しかしそれは同時に、これからなすべきこと、すなわち近くはない地域への関与のさらなる強化という任務を想起させるものでもある。この期間において、二〇二三年にパプアニューギニアで開いた直近のものを含め、インドは太平洋島嶼国と三回にわたり首脳級の会議を開催してきた。そこでの温かい歓迎は注目を集めたが、それと同時に、開発アジェンダが需要ベースで行われていることも重要である。その多くは、太平洋地域で切迫したニーズのある保健分野に充てられている。インドのコミットメントには、フィジーにおける先進医療を提供する病院の支援、ジャイプル・フット・キャンパス、(15)域内すべての国における透析施設と救急船の提供、コスト面で優れた薬品を提供するセンターの設置といったものが含まれる。デジタル面で後れをとっている状況も、パプアニューギニアにおけるITハブの設置によって改善が試みられている。地理空間データの保存施設や持続的な沿岸および海洋に関する研究センターの設置も始まった。進行中の太陽光の活用やコミュニティのスキル向上に関する取り組みも今後実施される予定である。

多くの太平洋諸国が新型コロナウイルスのパンデミックにおけるインドの支援に対して謝意を表明しており、いずれの国もインドの気候アクションイニシアチブに明確にメリットを見出している。インドが以前はわずかな接点しかなかった地域にも注力し始めたことは、関与の地平の拡大を如実に物語っている。だがそれは、国際政治においていかに統合の度合いが高まっているか、そして寛大な姿勢で助けの手を差し伸べることができるかの重要性を示すものでもある。

世界の別の地域でも、同様の展開が始まっている。それはカリブ海地域であり、ここにも多くのディアスポラが住んでいる。他の地域と同様に、長期にわたるが控えめだった関係が、開発プロジェクトや大規模投資案件、貿易の強化、集中的な能力開発を通じて活性化されつつある。政治主導の枠組みを通じてこうした取り組みを進めることによって、成果がもたらされ始めている。新型コロナウイルスのパンデミックは、インドが長期にわたり続くかたちでの連帯を示す契機にもなった。

近隣地域——名実ともに「第一」

ウィングを広げていく最中にあっても、台頭するインドは直接国境を接する隣国と拡大近隣に対する注力はこれからも継続していかなくてはならない。近隣第一政策の結果として、この一〇年でインドの連携には急激な改善が見られた。鉄道、道路、空路、水路といったコネクティビティ、エネルギー供給、遺産の修復、住宅建設、能力向上といった分野で、インドは友好の精神を示してきた。隣国は、自分たちにとってもインドが繁栄の源泉になり得るという認識を強めつつある。新型コロナウイルスのように困難な時期には、この地域の健康な暮らしはインドの貢献によって大きく支えられた。スリランカのように深刻な債務危機に陥った国は、インドにも支援を求めることができた。こうした結果、地域としての一体感が着実に育まれていった。

こうした取り組みは、インドから若干ではあるが離れた地域との間でも展開されている。ASEANは、自分たちの中心性と団結をインドが強く支持してくれていることを認識するようになった。協力のアジェンダは、コネクティビティ、開発援助、研究・教育、安全保障といった分野にまで拡大している。湾岸地域には、過去四〇年では見られなかったレベルの注目が向けられるようになった。新型コロナウイルス期のストレスによって、こうした接近の流れはいっそう強まった。投資や貿易、戦略的連携のレベルも、特筆すべき改善を示している。

中央アジアとの間では、二〇二二年に発表された包括的関与のフォーマットによって、幅広い分野における可能性の扉が開かれた。インドの人材やパートナーが、以前よりもはるかに強い熱意とともに求められるようになっている。

インド洋島嶼国は、通常期でも困難な時でもインドが関心を寄せてくれるのを目の当たりにしてきた。そしていま、より積極的で、責任感を増し、貢献する意思を強め、したがって信頼度が向上したインドという全体像が形成されているのである。

グローバル・サウスとグローバルな利益

インドは国際的ヒエラルキーを駆け上がっていくなかで、自国のためのみならず、グローバル・サウスという広いまとまりの代弁者になっている。発展途上国にとって、この数年はきわめて厳しい時期だった。新型コロナウイルスのインパクトは、医療へのアクセスや費用という点で、他よりも大きかった。さらに、こうした国々の人びとは渡航制限の対象となったことで、苦境はいっそう深刻になった。以前から脆弱だった経済はロックダウンと物流の遮断によって停滞し、そこに債務拡大と貿易減少が追い打ちをかけた。さらにはウクライナ紛争の波及効果も加わり、その影響は「三つのF（食料、燃料、肥料）」の価格でとりわけ顕著だった。多くの地域で、経済コストの上昇に合わせるかのようにテロも蔓延していった。発展途上国は、頻繁に起こるようになった異常気象に対しても他の国と比べて脆弱でもある。アジェンダ2030であれ気候変動に対するコミットメントであれ、成長を持続させる能力についての懸念が拡大している状況が存在する。

こうした一連の行動からわかるように、インドは多くの分野で模範的存在として広く認識されている。発展途上国の側も、自分たちが参加していないフォーラムでインドのような国が代弁者になってくれることを期待している。インドにとってそれは、道義的責任であるとともにグローバル戦略の表れでもある。結局のところ、リバランスのプロセスは現時点での受益者だけにとどまるものではないし、インドはグローバル・サウスに深く関与することで利益を得ることにもなるのである。

善意に基づいた協力を積極的に行うことで、友好国を獲得したり見方に影響を与えられたりするケースもある。そのなかには国益に直接関わるものもある。しかし、インドの能力が拡大するにつれて、期待もさらに高まっている。近年、インドはトルコやネパールの大地震、イエメン内戦、スリランカの地滑り、モザンビークの洪水といったさまざまな事態に対し重要な支援を提供してきた。新型コロナウイルスの時期にも、一〇〇カ国に対して行った「ワクチン・マイトリー」や一五〇カ国への医薬品や関連備品の提供を行うなど、国際連携を集中的に展開した。モルディヴ、モーリシャス、マダガスカル、セーシェル、コモロ、クウェートにはインドから人員の派遣も実施した。

だが、インドは災害の緊急対応にとどまらず、グローバルな共通利益の推進に貢献することで世界をより安全で安心できる場所に導くことができる。二〇一九年の東アジアサミットでインドが発表した「インド太平洋イニシアチブ（ＩＰＯＩ）」[16]は、その実践である。ＩＰＯＩは立ち上げ以来、パートナー国が増加し、勢いを増している。「海洋状況把握のためのインド太平洋パートナーシップ（ＩＰＭＤＡ）」[17]は、違法・無報告・無規制（ＩＵＵ）の漁業の取締りに関するものだ。クアッド自体も、コネクティビティの連携からパンデミックへの対応、新興・機微技術にわたる分野に取り組んでいる。また、インドが重要な役割を担ってきた気候アクションという具体例もある。同様の精神は、「国際雑穀年」の提唱にも表れている。これは食料安全保障やグリーン農業に対して重要な意味を持つもので、アフリカにおいてはとくにそうである。

インドの対アフリカ関与から導かれるロジックの多くは、グローバル・サウスという大きな存在へのアプローチにも用いられている。共感と連帯という全般的なメッセージがあるが、それは対象となる地域や国に対する具体的な取り組みというかたちで現れている。それはＧ77、非同盟運動、Ｌ69グループといった多国間のフォーラム[18]に見て取ることができる。開発途上にある小島嶼国に対しては、開発プロジェクトや再生可能エネルギーの普及、災害強靭化への取り組みがある。

世界の多くがかつてのナショナリズムに回帰する時代にあって、開明的なインドは、国際主義をこれまで以上に強調することに利益があるととらえている。インドにはナショナリズムと国際主義は相容れないものではないという伝統があることで、このとらえ方が受け入れられやすかった。また、G20議長国を務めたことで、このメッセージを国内に伝える絶好の場がもたらされるという効果もあった。

重要な二国間関係がそれにふさわしい注目を集めるようになったというだけではない。さまざまなレベルで、革新的なマルチの関与も見られている。直接国境を接する隣国および拡大近隣においては、東アジアサミット、ベンガル湾多分野技術経済協力イニシアチブ（BIMSTEC）[19]、環インド洋連合（IORA）[20]、湾岸協力会議（GCC）、それに中央アジア全体に対する関与がその代表例である。その他の地域との間には、IAFS、アラブ連盟対話、上海協力機構（SCO）、太平洋島嶼フォーラム、カリブ共同体、ラテンアメリカ・カリブ諸国共同体（CELAC）といった枠組みがある。ヨーロッパとの関係構築は新たな強化の取り組みが進んでおり、EUだけでなく、スカンジナビアやスラフコフ・フォーマット[21]の構成国も対象になっている。英連邦に対しては以前からのコミットメントが続いているが、その一方でG20のプライオリティが高まりつつある。こうした関与はいずれも、BRICS、RIC（ロシア・インド・中国）、IBSA（インド・ブラジル・南アフリカ）、クアッド、I2U2、複数の三カ国協議といったさまざまなアドホックの枠組みによって支えられている。さらに、インドの円滑な台頭のカギを握る重要な二国間関係や特定の地域が存在しているのである。

インドは結果と利益の最大化を志向するための多方向への関与という、新たなフェーズに入っている。それによってインドの地位は高まり、イメージは一変した。その結果、インドは今日、アイデアの源泉、大義の擁護者、イニシアチブの推進役、コンセンサスの主唱者と受け止められている。いまやインドのグローバルな展望において重要ではない国や地域など存在しない。ここで挙げた例の一つひとつが、友好国をつくり人に影響を及ぼすことの重要性を示している。こうした世界との寛大で、集中的かつ開明的な関与は、世界をリードする大国に向かうバーラトにとってのカギなのである。

第7章

約束されていたクアッド

——共通利益に新たな思考が求められるとき

地域としてのインド太平洋、そして外交プラットフォームとしてのクアッドの重要性に対する認識は、日増しに高まっている。その新規性に関心を持つ者もいるだろうし、進行中の真のグローバルな変化としてとらえる者もいるかもしれない。当然ながら、インド太平洋とクアッドは話題の的になっており、一部では論争にもなっている。両者とも起源は新型コロナウイルスのパンデミックの前にさかのぼるが、パンデミックによって形成されてきたとも言える。この二つを具体化するには相当な外交的エネルギーと決意を要したことをわれわれは直感的に知っている。

会合のレベルが首脳にまで引き上げられたことで、クアッドはもはや事務レベルのメカニズムではなく、国益を結集させるカギなのである。クアッドがいかにこれほど急速に形成されたのかを考えるなかで、鋭い人であればこれは実現を今か今かと待っていた取り組みであると理解するだろう。実際のところ、クアッドは「約束されていたグループ」なのだ。だとしても、それが現実のものになるためには、グローバルな潮流が戦略的明確さと大胆なリーダーシップと重なるのを待つ必要があった。過去とは異なる取り組みに対する抵抗も当然ながらあるだけに、クアッドを着実に進めていくことも大切である。

ラーマは戴冠前日の夜に森へと追放された後、追放を画策した異母弟バラタと会うことになった。二人の再会（「バラタ・ミラプ」の名で知られている）は、それ以来長年にわたり芸術や文化作品で何度も取り上げられてきた。

狩人の王グハは自らの土地でこの再会が行われたことから、四人の兄弟の集まり（双子のラクシュマナとシャトルガナも加わっていた）を眺めていた。四人それぞれが自分の利益や見方があるにもかかわらず、互いにはっきりとわかる愛情を示していることに彼は驚嘆した。兄弟の間に意見の違いや対立がなかったと言うのではない。とくにラクシュマナは、バラタの母カイケーイーがダシャラタ王に約束を実行させたことに深く心を痛めており、その心情は彼の姿勢に影響を及ぼし続けた。

しかし、四兄弟は集まると、他の状況なら当然あったであろう不信感は親密な紐帯によって消え去ったのである。彼らは四人の団結には大いなる目的があることも理解していた。なぜなら、その団結は王国にあまねく知られるところとなり、求められる献身をなすことが可能になったからである。すなわち、より大きな利益のために結集した、価値と信念を共有する者たちの能力を過小評価してはならないのである。彼らが相違点を解決し大いなる目標を受け入れたことで、すぐさま永続的な協力のための基礎が整ったのである。

次にシーター救出作戦について検討してみよう。ラーマは共通の目標を達成するべく、多彩なプレイヤーからなるグループを作り上げた。当然ながら、相手方はこの雑多なグループに不和をもたらすべくあらゆる手を尽くしてきた。このとき、ラーヴァナは魔術師のシュカを送り込み、サルと人間の間に対立を作り出そうとした。だが、シュカは目的を達成することができなかった。人間は他の動物を対等には扱わないと彼が当てこすったのに対し、サルは猛然と反駁してきたからである。実際のところ彼の企みは逆効果となり、サルと悪魔がともに住む森において両者間の対立を招くことになってしまったのである。

ラーヴァナはサルの王子アンガダを使って再度企みを仕掛けてきた。自分はアンガダの父ヴァーリンと深い友情で結ばれていたと語り、彼を動かしたのだった。ラーヴァナのねらいは、ヴァーリンはラーマによって殺されたことから、息子のアンガダが当然抱くであろう怨恨を利用することにあった。しかしこれも失敗に終わった。それはアンガダの自意識もさることながら、ラーマによって強く築かれた信頼関係によるところが大きかった。このように、『ラーマーヤナ』は和解と協力の力の物語であると同時に、グローバルな利益の重要性を説くものでもあるのだ。

変貌する全体像

多くのかたちで、わたしはクアッドの進化について個人的に証言することができる。原点は二〇〇五年から〇六年にさかのぼる。クアッドの構想をとくに日本が推進しようとしていた初期の動きをわたしは目の当たりにした。二〇〇七年の取り組みの後、われわれの多くはそれが中止になってしまったことに落胆を覚えた。だが、あのときは曖昧な時代の典型例だったと言える。それから一〇年後、地政学的環境の変化を評価するとともに過去の教訓から学ぶ状況が到来した。二〇一七年にニューヨークで開いた外務次官級会合は、四カ国の首脳がかつて提唱されたアイデアに新たな息を吹き込もうと決断したことを示すものと言えた。当時との違いは、いまではクアッドのメンバーはグローバルな問題に対してより明確な姿勢を持ち、それに対して貢献する強い決意を備えていることである。これはおそらくすべてのメンバーに言えることではあるが、インドの場合にはとくに際立っている。

二〇一九年までに、このグループを政治レベルに引き上げるときが到来したというコンセンサスが形成されつつあった。今度は外相として参加する栄誉に恵まれた。二〇二〇年に日本で開かれたクアッド外相会合は、新型コロナウイルスの最中だったという点で、とりわけ重要だった。何に対しても悲観的な見方をする者がここでもクアッドの未来について時論を展開しようとしていたまさにその頃、二〇二一年に戦略のロジックが機能し始めた。安全なグローバル・コモンズを確保し、インド太平洋の安定を強化するという目標が、四カ国の最高レベルによって共有されたのである。クアッド首脳会合が始まり、それからの数年で協力が急速に拡大していった。クアッドは明らかに目を見張る発展を遂げたのである。

より大きな視点でとらえると、クアッドは世界が現在向かっている方向性を示す確かな例であると言える。だが、成果のみに目を向けて、それをもたらした要因に無関心のままでいることは、重要な展開が突如として起こったと見なすことになるが、当然ながらそのようなことではない。

クアッド強化の要因は、冷戦後のインドの外交政策における軌道修正によるところが大きい。インドの戦略的展望に変化が生じたことで、アメリカ、日本、オーストラリアという三つの重要な関係がより自然かつ全面的に展開されるようになった。こうしたプロセスに問題が生じなかったわけではなかった。インド自身の核政策や経済面の姿勢、他国がパキスタンを優先したことが、時に障壁となった。何かの事態が起こる度に、関係構築に向けたさらなるインセンティブが生じていった。地域の安定に対する関心とグローバルな課題についての協力がいっそう重視されるようになった。この三〇年で、国際関係に価値の重要性がもたらされた。この時代のきわめて重要な課題をめぐる四カ国の一致は、必然的だったと言える。その結果としてもたらされた融合が、今日「クアッド」として知られるまとまりなのだ。

インド太平洋地域における変化について深く思いをめぐらす者であれば、三〇年前にヨーロッパで起きた展開と比較することで示唆を得ることができるだろう。アジアはヨーロッパ以上に多様でダイナミックではあるが、地域のアーキテクチャーはきわめて限定的なのは皮肉である。その一因は、ヨーロッパは冷戦の中心地でありその終結の必要性をより切実に感じていたことにある。ベルリンの壁の崩壊によって戦略的実験を行う下地が整い、その結果、今日知られているような拡大EUが実現したのだった。

それとは対照的に、アジアではそのように大きなインパクトをもたらす展開は起こらなかった。逆に、着実な経済発展とそれに伴う政治的安定が時代のキーワードだった。さらに、アジアはヨーロッパと比べて面積がはるかに大きく多様性にも富んでいる一方で、集団的な性格という点は劣るという特徴がある。実際、北東アジア、東南アジア、インド亜大陸、オセアニアといった明確なサブリージョンがあり、それぞれが固有の特徴や歴史を有しているのである。

経済発展も、こうしたサブリージョン間およびサブリージョン内で異なるペースで進んでいった。最近まで、共通の対応が求められる広範なシナリオの必要性を認識していなかった。会合の場所が必要になったときは、ASEAN主導のプラットフォームによって提供された。より重要なこととして、広範囲にわたるアメリカの力に基づく全体的な安定を支える確かな基礎があったことで、現在までこの地域は安定が保たれてきた。インド太平洋の登場は、こうした推測と姿勢の多くに対する再検討によって形成されるようになったのである。

まず、アメリカのアジアにおける立ち位置の変化という現実がある。その一部はリソースやコミットメントの変化に現れているが、競合国の相対的上昇と問題の複雑化にも示されている。現在の環境と課題はともに、これまでと同じままでは許されない対応を必要としている。「アメリカ第一」であろうと「ミドルクラスのための外交政策」であろうと、そこには新時代に対する幅広い認識が存在する。アメリカ国内で相違が存在するのは、ビジョンや姿勢、戦略といった分野である。これらについては見解の相違があるというだけでなく、世界に対するインパクトという点できわめて重要な意味を持っている。

アメリカは現代において随一の大国であり、今後もそうあり続けることは疑いがない。実際、アメリカは現在の秩序において中心的な位置にあるがゆえに、同盟国であれ、競合国であれ、無関心な国であれ、立場を決めかねている国であれ、いずれの国もその姿勢に無関心でいるわけにはいかないのである。アメリカはさまざまなかたちで自国の制約や課題と折り合いをつけようとしている。そして、われわれが二〇〇八年以来見てきたように、予想可能な方向どおりに事態が展開していったわけではない。アメリカの対応は、プライオリティの再設定ということもあれば、機動力を高めるとともに低コストによるプレゼンスの形成ということもあるし、影響力を及ぼすさらなるツールの活用もあるかもしれない。テクノロジーと金融における優位は長期にわたってアメリカに有利に働いてきたが、激しい競争にもかかわらずその地位を維持していくことは国家としての次なる対応になるだろう。既存の大国としてのアメリカが苦闘しているのは、やはり影響力の発揮とパワーの行使の新たな形態においてである。開かれた社会であるアメリカにとって、統制的政治体制を持つ競合国と渡り合うことは容易ではない。アメリカは現代的な形態の競争を繰り広げるなかで、内在的な脆弱性があるだけでなく、構造的な制約が存在しているのである。

しかし、認識しておく必要があるのは、アメリカという国は自前のユニークなかたちで、真剣に過去を振り返っている。それは、世界との関与における新たな方法をもたらす可能性が高い。政策上の変化としては、負担の共有に関するさらなる強調や従来の関係にとどまらないパートナーに対するオープンな姿勢が指摘できる。グローバルな解決策の追求を通じて、アメリカは新たな形態の複数国主義を検討することになる。

変化をもたらした二番目の要因は、もちろん中国のパワーの増大だ。この現象には、しっかりとした分析を要する三つの側面がある。第一に、ほぼあらゆる分野で中国の能力のすさまじい拡大である。第二に、二〇〇九年から始まり、一二年以降はより強硬になった行動のパターンである。第三の点はパンデミック中にとくに明らかになったものだが、世界経済に中国がいかに深く関わっているかである。こうした潮流は当然ながら単独で見るべきものではなく、他国にもたらす影響という観点でもとらえなくてはならない。こうした変化はグローバルな経済と戦略上のリバランスを加速し、それもまたラディカルな手法よるものである。

今日の支配国家であるアメリカは、この二つの要因からもっとも影響を受けている。また、こうした変化は現在の秩序下のルールと慣行、グローバル・コモンズの管理、それに国際政治の性質そのものにも影響を及ぼしている。こうした展開の相乗効果が中国による戦略的目的の集中的活用によっていっそう高まっていることを踏まえれば、いずれも驚くには値しない。中国によって世界で示される切れ目のない対応は、しっかりと統合された世界観と国内展望の両方を反映するものと言える。

したがって、これはいかに大規模なものとはいえ、単に新たな大国の台頭にとどまるものではないことをはっきりと理解しておく必要がある。われわれは国際関係の新たなフェーズに突入したのであり、中国の再興がもたらすインパクトの全貌はこれまでの大国以上に強く感じられることだろう。そして当然ながら、その反響は近隣地域においてきわめて強いものになる。

インド太平洋というコンセプトがこれほど急速に定着したのは、アメリカと中国を中心とする上記の展開によるところが大きい。両者の変化は従来の秩序を根本から揺るがしたが、かといって新たな秩序が形成されたわけではない。インド太平洋地域は、両国との関係から無縁でいることもできなければそれがグローバルな利益にもたらすものに対して無関心でいることもできなくなったことを、渋々ながら受け入れることとなった。こうした展開と一世代前にヨーロッパで起きたかなり異なる状況の間に共通点があるとすれば、それは環境の輪郭そのものの再定義がなされるほどの、明確な地政学的変動が起きていることにほかならない。ヨーロッパではそれがアメリカの力が頂点に達した時期に起こり、大陸の歴史に関する慎重さを克服する寛大な姿勢を促した。インド太平洋では状況が大きく異なり、関係国すべてに再考を促したのはアメリカの力の相対的限界だった。

いずれもそれぞれのかたちで、集団主義への意識を強めていった。プレイヤーの相対的な重みや影響力、行動におけるかくも重要な転換が、舞台そのものの再創造を導いたのも必然だったと言える。皮肉なのは、リードすると見られていた国が、実際には他国の富の獲得をもたらしているシナリオと折り合いをつけるようになっていることだ。

アクト・イーストがもたらしたもの

インド洋と太平洋の間でいかに経済や文化の活動が統合されてきたかを示す歴史上のエビデンス

は、十分すぎるほど多くある。海洋という分野はまさにその本質ゆえに、人口的なバリアや人間が引いた境界線を超越するものである。貿易であれ宗教であれ、移動や慣習であれ、記念碑や関係性であれ、幾多の時代を通じてコミュニティのエネルギーは軽々と海を越えていったことをわれわれは知っている。

ラベルを貼ったり活動を制約したりすることは、相対的に近代以降の現象と言える。この特徴的なケースにおいて、インド太平洋における明確な区分は、かなりの部分が一九四五年の結果に基づいている。事実、極東における積極的な数々の関与によって示されているように、アメリカによる特別な役割が存在している。第二次世界大戦自体に加え、中国の共産革命、朝鮮戦争、日本の復興、ヴェトナム戦争は、その具体例である。

その結果、この地域において起きてきたことの多くは、実際にはインド洋に位置する勢力によって動いてきたという事実があっという間に忘れ去られてしまった。この点についても、前の時代におけるヨーロッパと似たところがある。一つの大国の利益が地域全体を歪め、自らのためにコンセプトを作り出すのである。しかしここでも、歴史という名の車輪が回り始め、オールド・ノーマルが再度姿を現しつつある。

時として、インド太平洋をめぐる議論は冷戦的思考によって特徴づけられることがある。だが実態はまったく逆なのである。そうしたレトリックが一九四五年のアドバンテージをそのままにしておこうとする勢力自体から出てくることを考えれば、驚くことではない。インド太平洋は統合と多元性を提唱するものであり、それを否定することは分断と支配を意味する。その批判は、選択の自由を狭めるとともに圧力をかけて服属させるという、古典的な冷戦時代の目標の達成を意図したものにほかならない。実際には、多くの利益が関わるインド太平洋を二極対立でとらえようとするのは、もはや有効なアピールではなくなっている。インド洋は第二次世界大戦後、七〇年にわたって戦略的には辺境に格下げされてきたかもしれない。しかし今日、インド洋は死活的な重要性を持つグローバルなライフラインであるだけでなく、太平洋とスムーズに融合しようとしている海域でもある。インド太平洋において活動する主要国の取り組みは、この地域の統合ビジョンを存分に物語っている。したがって、国家を主張ではなく行動で判断すれば、実態はきわめてクリアだと言える。

結局のところ、相互依存と相互浸透による強い潮流が時代遅れの定義に勝ったのである。グローバル・コモンズの保全と発展に関する懸念もファクターの一つだ。現代の課題に対処するためには同志国による協働が欠かせないし、アメリカが単独では対応しきれないことを認めてからはなおさらである。その意味で、インド太平洋はリバランスの結果であると同時に、グローバリゼーションの現実を示すものでもある。

インドの「アクト・イースト」政策は、こうした環境の変化に対する重要な貢献をしてきた。三〇年前、インドはＡＳＥＡＮや北東アジアとの関係緊密化を図るべくより開放的な経済モデルを導入した。当然の流れとして、この開放政策には、コネクティビティや安全保障、教育、社会分野の交流といった他の側面も加わっていった。活動の分野は異なるとはいえ、一九九〇年代以来、インドとＡＳＥＡＮ、日本、韓国、中国との関係はきわめて大きく充実していき、その結果、プライオリティも高まった。オーストラリアとの関係はこの後に続いたが、政治および安全保障における共通項によって関係が他国とのレベルに追いついていった。

インドにとって経済危機の解決策として始まったこの対応は、最終的に戦略的な軌道修正として着地したのである。今日、インドは、貿易という点でも渡航先という点でも交流という点でも、東方との関わりを独立以降の時代よりもはるかに多く増やしている。インドには中国の福建省沿岸にまで及ぶ海洋における活動とプレゼンスという長期にわたる伝統があり、ここでも歴史への回帰が見られる。アンコール・ワットやボロブドゥール、ミーソン(1)の寺院に行ったことがある者であれば、こうしたつながりをきっと実感できるはずだ。

インド太平洋の台頭を検討していくなかで、政策面の結果は明らかに戦略面における議論を導くものになっている。インドの観点からは、数十年にわたる確立されたASEAN主導の構造によって、すべてのプレイヤーとの間で定期的で安心できる接点が形成された。さらに、インドの活動範囲が東方に向けて拡大し続けていくなかで、経済的関係のみならず、共通の利益を有するパートナーとの政治および経済的関係も加わっていった。それはG20のようなグローバルなフォーラムや環インド洋連合(IORA)のような地域フォーラムであり、いずれも接触の拡大を可能にするさらなる機会となった。たとえこうした場がなかったとしても、似通った展望や価値を共有する国々は結集する傾向がある。しかし、地域全体が新たな課題や異なる能力に対処するとき、その流れはいっそう強力になるのである。

だが、クアッドの中核には、複数の関係における際立った改善によってもたらされた、一定レベルの安心感がある。これは、地域およびグローバルな課題を前にして育まれた強い共通の目的意識によってさらに強まっている。この集団としての安心感が共通の利益といくつかの類似性に基づいているのは明らかだ。しかし、こうした一連の展開が実現したのは、国際機関改革への抵抗と地域機構の限界が現実的な解決策を求めたためである。すなわち、これらがクアッドをもたらしたと言うことができる。

三つの関係の物語

クアッドの起源は、二〇〇四年のインド洋大津波への対応を行った、今日と同じ四カ国間の連携にまでさかのぼる。その後に続いた協議が、二〇〇七年の外交当局間の会合に発展した。しかしこの時点では、いずれの参加国もこのイニシアチブに対して十分な政治的エネルギーを投入する用意が実際にはなかったため、これ以上の進展はなかった。

そこで上がる問いは、二〇〇七年からクアッドがより積極的な形に発展してニューヨークで会合を行った一七年にかけて、何が変わったのかということだろう。現在のクアッドは何もないところから登場したのではない。それは複数の展開が積み重なった結果であり、主要プレイヤー間の補完関係や統合された舞台、従来の構造にとらわれない開放性が含まれる。

だが真のシフトは、まさにこの一〇年で起きた関連する二国間関係のいくつかで生じた絶大な進展にほかならない。インド以外の三カ国もこの時期に目に見えて関係を深化させたが、これらの国々はその前から相互に強固な関係を築いていた。この三カ国に欠けていたのはインドとの一定レベルの一致と協力だったが、それも二〇一七年までに変化した。同様に重要だったのは、インドのリーダーが国益をイデオロギー的選好の関門を通させはしなかったことである。

これはインドとアメリカの関係においてとりわけ重要な点だった。日本との関係も少し遅れてこれに続いた。オーストラリアとはかなりのタイムラグがあったのは確かだが、これは同国とインドの関係が二〇一四年の政権交代が起きてから改善に向かったためである。クアッドの急速な発展の要因としてわれわれが着目すべきなのは、こうした関係の変化なのである。日本とオーストラリアのケースでは、インドが有していた関係は中身という点でも範囲という点でも限定的だった。アメリカについては、全体としては中身は濃いが統合はされていなかった関与の中で、突出した分野がいくつかあった。ただ、これらについても制約は存在していた。

過去一〇年、インドがクアッドのパートナーと体系的に築いてきた接触は、大幅に拡大した。以前よりも多くの分野に広がり、各国との全面的な関与が可能になった。もちろん、それぞれのケースで課題やチャンスは異なる。しかし、推進力がつくにつれて、一つのケースの教訓や経験が他のケースの前進にとって役立つようになっている。

アメリカの再発見

まずアメリカから見ていこう。印米関係の現在のフェーズは、二〇〇〇年のビル・クリントン大統領の訪印が原点だ。その背景には、一九九八年の核実験による政治面の影響を効果的にマネージしたことがあったと言える。しかし、関係を推進したのはグローバル化する世界における接近だった。これはインドとアメリカが関与のレベル引き上げが持つ内在的重要性を見出し、実行に移したことを確認するものであり、この出発点をしっかりと認識することが大切である。当時はドットコム革命とH1Bビザの時代だった。アメリカの圧倒的な立場は世界中に広がっており、変化をもたらす「バランス・オブ・パワー」についての議論など存在しなかった。実は、アメリカの視点でインドが良きパートナーとして受け止められたのは、インドにおける経済状況の改善、人材の拡大、世界における認知度の向上があったからなのである。

多くの意味で、これは冷戦期の制約が後退したことで生じた当然の関係改善だった。一部で言われるような、こうした関係には、一部で言われるような固有のメリットなどは存在せず、必然的に他国を批判のターゲットにせざるを得ないといった言説は、印米関係やクアッドの価値を軽んじる目的で展開される心理戦なのである。こうした主張を展開する国が過去に自分たちの利益に資するときには、アメリカとの関係を積極的に活用してきたという事実を踏まえれば、これにはさらに疑問を投げかけないわけにはいかない。ある断定がその結果によって影響を被る者から示されるとき、それがいかなる目的によるものかを確認する必要があるのは当然のことである。

印米関係の進展はジョージ・W・ブッシュ政権期に加速したが、この時期には核をめぐる問題が真剣な協力の大きな障害になっていることが正確に認識された。この頃までに、双方は過去の重荷から解放され、より普通の関係を欲するようになっていた。これを受けて、両国はその方向に断固として進むこととし、そのプロセスに対する国内の政治的課題を成功裏にクリアしていった。この時期は、アメリカにおける権威のある研究がインド人材のグローバルな重要性に対してより積極的に注目することも見られた。ポジティブな雰囲気の下、全体的に協力に向けた潮流の勢いが増していった。その流れは防衛や民間航空、科学技術、貿易、移住といった分野で顕著だった。

印米民生用原子力協力が成功裏に合意されたことで、さらなる共通の取り組みに向けた道筋が広がった。当時から五代にわたるアメリカ大統領はそれぞれ際立った特徴があったが、インドとの関係強化の追求が真のゲームチェンジャーであるという認識では共通していた。この一貫した姿勢はインド側でも同様だ。この結果、かつて論争や距離を置くことで知られていた両国の関係は様変わりした。

一〇年以上にわたり展開しているこの転換を理解するには、さまざまな方法がある。貿易はその明らかな指標であり、この一五年で五倍に拡大した。投資は国単位で正確に定義するのはかなり困難だが、それでも同期間で何倍にもなったことは明らかだ。テクノロジーは印米関係における重要度がきわめて高い分野であるがゆえに、人材の流入も大いに関係している。テック分野の人材による両国の往来を可能にしたHカテゴリービザの発給件数は、この一五年で二倍近くに増加した。インド人留学生の数も同様の伸びを見せた。

決定や協定というかたちで進展が目に見えるようになった分野もある。一九六五年以降四〇年にわたりアメリカ製の防衛装備品をいっさい購入してこなかった国が、いまではC-130、C-17、P-8哨戒機のほか、アパッチ、チヌーク、MH-60Rといったヘリコプターを運用しようとしていることは決して小さな変化ではない。実は、印米関係の安全保障分野は、防衛装備品の調達だけで判断されるべきものではない。政策協議や軍事演習もこの転換を示すものであり、連携の緊密かを促進するさまざまな協定も同様である。今日の協議メカニズムや対話は、テロ対策やサイバーセキュリティから気候アクションやエネルギー、宇宙協力や保健から教育や国土安全保障といったように、きわめて幅広いテーマに及んでいる。

さらなる変化をもたらした要因は、二〇一四年までは焦点が協力に向けた障害を取り除くことに置かれていたのに対し、それ以降の取り組みは拡大するポテンシャルを意欲的に実行に移していくことに主眼が置かれていることだ。その意味で、二〇二三年のモディ首相による国賓としての訪米は関係の新たなフェーズを示すものだった。印米の拡大する協力アジェンダと世界で議論されている主要なテーマにおける両国の重要性は、この関係がいかに発展したかを如実に示すものだ。ジェットエンジンの技術移転や半導体分野における連携に向けたステップに関する合意はそれ自体が重要だが、それだけにとどまらないシンボリックな意味を持っている。アメリカ企業はインドに対して長い間抱いてきた懐疑的姿勢を乗り越えようとしており、米軍も非同盟文化を持つインド側との連携の仕方を学びつつある。アメリカの戦略コミュニティ(2)はインドの重要性をこれまで以上に認識しつつあるし、テクノロジー業界は連携の緊密化の重要性を理解している。いまや印米関係はまさにはるかな軌道に突入したのだ。

印米関係はきわめて大きな変化を経てきたとは言うものの、より良いかたちで将来を進んでいくために念頭に置いておくべき過去の対立点も若干ある。両国の利益に関わる対立で大きな位置を占める要素は、インド亜大陸に対するアメリカの伝統的アプローチに起因する。インドとパキスタンをハイフン化し両国の関係に影響を及ぼすことで利益を得ようとする姿勢が確立されているのだ。一九八〇年代から九〇年代にかけてのパキスタンによる核開発計画に対して意図的に容認する姿勢を取ったのは、それがもっとも極端なかたちで表れた結果だった。米軍のアフガニスタン駐留も、対印関係とは相容れないかたちで地域への依存を創出した。

さらに、アメリカの世界戦略は、インドの安全保障および経済面の利益とは相容れないという状況がたびたびあった。核をめぐる問題でも、二〇〇五年の印米合意はこの分野におけるアメリカの教条的姿勢を常に沈静化させられていたわけではなかった。一方が先進国でもう一方がまだ発展途上国であるという両国の世界観や政策、外交は、さまざまな社会および経済的問題をめぐって見解を異にすることがあった。また、圧倒的な立場からものを言う国が主権意識に敏感な国の感情を逆撫でするとは予想できないわけがなかった。

事実、二〇一三年から一四年にかけて、そうした特質が重なることで印米関係に問題がもたらされたことがあった。しかし進行中の構造変動に加えて政策レベルの前向きな姿勢もあり、印米関係を上昇軌道に戻しそれを継続させるべく、双方が協力に取り組んだ。もちろん、両国間にいまや相違点がないというわけではない。しかし、それでも共通点を見出し、互恵的関係を追求しようという意欲は以前にはなかったものだ。これはまさに、現代の変化をオープンな姿勢で受け入れることが過去に存在した関係性を構築し直せることを示す例にほかならない。

過去一〇年における協力の幅と深さは、実に印象的だ。もちろん、それは首脳レベルの頻繁な接触と率直に話し合える関係によるところが大きいのは言うまでもない。これは幅広い規模での定期的な協議を通じた閣僚や次官レベルによってサポートされている。あらゆる活動分野で新たな協議メカニズムと対話が構築されている。基盤となる協定、現実に即した枠組み、厚みを増す活動は、いずれも一連の変化を示すものだ。貿易、投資、留学生、ビザ、交流といった数値化できる分野はいずれも、成果の大きさを物語っている。

目標を限定した段階的な試みとして始まった取り組みは、急速に拡大しただけでなく、いまやそのレベルをいっそう高くして展開されるようになっている。二国間および地域に関するアジェンダについては、印米関係は幅広い地域とより複雑なアジェンダをカバーするに至っている。両国が四カ国および三カ国のグループで相互に連携している事実は、この関係がいかに大きく発展したかを証明するものだ。

こうした関係強化が社会からも強く支持されていることも特筆に値する点だ。もちろん、アメリカ政府および連邦議会による支持の背景にはインド人ディアスポラの存在がある。印米関係のかなりの部分が市民社会のさまざまな団体によって推進されているがゆえに、時としてその感情が膨らみすぎることもある。今日、強固な二国間関係によって、両国が国益という狭い枠を越えて協働していくべきという意識が育まれている。

こうした展開が進んでいくなかで、インドとアメリカは双方が異なる観点や歴史、文化、発展レベルから世界にアプローチしていることを認識する必要もある。インドの観点からは、グローバル大国としてのアメリカはわれわれとは相容れない利益を持つことが起こり得る。また、インドとプライオリティや見方が常に一致するわけでもないだろう。当然同じことはアメリカ側でも起こり得るし、インドの影響力やプレゼンスが拡大していくにつれてその可能性は高まるだろう。したがって、現在の岐路において高いレベルの安心感を確立することがいっそう重要になってくる。なぜならば、好むと好まざるにかかわらず、両国はこれからの時代において互いの関わりをいっそう強めていくのは確実だからである。

太陽とともに昇る

この二〇年でアメリカとの関係で前述のように重要な発展が見られたが、日本との間でも着実な進展が起きた。だが、この方面におけるインドの課題は大きく異なっていた。アメリカとは違い、日本は冷戦期にパキスタンに傾斜するという明確な方針を過去に持っていたわけではなかったのだ。もちろん、多くの西側諸国と同様に、ある程度のハイフン化はあったのだが。

しかし、歴史と文化に根差す要因により、日本の政治には常にインドを重んじる姿勢があった。古代文明に対する尊重は広く共有されていたし、第二次世界大戦終結から間もない時期には首脳間で政治的に親密な関係が見られた。インドは日本の厳しい状況に同情を示す政策を実施したし、東京裁判におけるラダビノード・パル判事の少数意見は鮮烈な印象を残した。

日本側も、相当規模の政府開発援助（ODA）供与を通じてインドの社会経済面の目標実現を支援してくれた。西側陣営の中にあって、日本は多くのテーマについて有効的な姿勢を示す国の一つだった。実は、当時の印日関係のパラドックスは、問題がなかったこと自体が政策上の関心を狭めていたという点にあった。

他の多くの国と同様、印日関係もこの時期にインドに生じた事態の影響を被りもした。経済面では、かねてから幅広いプレゼンスを誇っていた日系企業だったが、インドでは好ましい環境が欠けていたことで深く浸透するには至らなかった。その結果、日系企業は東南アジアに重点を置き、次いでそこに中国も加わったことで、日本のプライオリティという点でインドは低い位置に置かれる状態が続いた。一九九一年に経済自由化が導入されたときも、日本の経済界は、まず企業進出を可能にする環境の整備が先だと要求したように、かなり慎重な姿勢で臨んだのである。

接点が限られていたことは経済面だけの話だけではなく、日本が通常積極的な分野における支援活動にも及んでいた。教育であれ、文化であれ、観光であれ、前向きな姿勢こそあったものの、両国の距離は埋まらなかった。この時期には政治分野でも十分な成果が見られなかった。その前から、冷戦構造の結果として両国は別々の方向を向いていた。一九六二年に中国との国境紛争でインドが敗北を喫したことがイメージを損なったのも明らかだし、その後も経済面で厳しい状態が続いたことでネガティブなステレオタイプが強まってしまった。

時として、状況は改善する前に悪化することがある。一九九八年のインドによる核実験によって印日関係がそれまでの状態から一変したのは、その好例と言える。過去の経緯を踏まえれば、そうした展開に対し日本が強烈な反応を示したことは理解できる。だが、インド側にとって理解できなかったのは、他方の安全保障上の切迫した必要性に対する日本のまったくと言って良い無関心な姿勢だった。その日本が核保有国との条約を通じて自国の安全保障を確保しているという現実によって、インドの受け止め方はさらに厳しくなった。この時期の日本の政策決定者が国際的な場でインドを非難する主張を率先して展開する方針を決めたことで、関係はさらに落ち込んだ。

その結果生じた関係の凍結は、両国がその重要性について改めて考える機会をもたらすことになった。ここから印日二国間関係の新たなフェーズが生まれた。クリントン大統領訪印が印米関係におけるブレークスルーになったように、森喜朗首相訪印も印日関係において同様の効果をもたらした。そして興味深いことに、ジョージ・W・ブッシュ大統領が印米関係をさらに高いレベルに引き上げたが、安倍晋三首相はより強く個人的イニシアチブを発揮するかたちで印日関係に同様のことをもたらしたのである。二〇〇七年にインド国会で彼が行った有名な「二つの海の交わり」演説は、単に二国間関係におけるターニングポイントだっただけでなく、「インド太平洋」となるコンセプトの原型でもあった。こういった展開における背景も想起するに値する。

一五年前、日本もまた、より大きな責任を考えないわけにはいかない、不確実性を増す対外環境に向き合っていた。複雑な過去の経緯があっただけに、これは当然ながら国内で込み入った論争を招いた。幅広いアジェンダを持ち、国際情勢に大きな関心を持つ国は、さらなるパートナーを求めることは自然なことだ。もはや冷戦によって隔てられることがなくなったインドは、明らかに注目される存在だった。そのなかには地域的な文脈での利害の一致があり、国連における代表性の向上をめざした共同の取り組みや民主主義国家としての自然な共感として表れた。つまりここでも、二国間の車輪がそれぞれのロジックに基づいて回り始めたのである。その勢いが強まるにつれて、協力の地平も開かれていった。[5]

今日のインドと日本の間には、二〇〇六年以来実施されている年次首脳会談によって示されているように、政治における強固な意思疎通がある。双方で政権交代があったにもかかわらず、協力のペースは停滞することがなかった。対米関係と同様に、こうした継続性は構造変動をもっとも強く証明するものと言える。印日関係の公式の枠組みも発展し続けており、直近では二〇一四年に「特別戦略的グローバル・パートナーシップ」に格上げされた。貿易分野は二〇一一年の包括的経済パートナーシップ協定（CEPA）がありながらも限定的ではあるが、日本の対インド投資は分野の幅と額の両面で拡大している。日本の投資額はインドにとって第五位であり、二〇二二年の岸田文雄首相訪印時にはさらに野心的な目標が設定された。

通貨スワップにしても開発援助にしても、経済パートナーシップは全体として拡大している。実際、日本の対印ODAはこの一〇年だけでも倍以上になり、二〇二一／二二年度には三二八〇億円にも達した。実施実績も目を見張るものがあり、インドの主要都市で六件のメトロ鉄道が整備されたほか、コネクティビティに関わる重要プロジェクトが多数ある。もう一つの変化は、日本がより発展に貢献するインフラ整備に積極的になったことで、工業や輸送に資する回廊建設というかたちで表れている。現在では、エネルギー、宇宙、鉄鋼、繊維、スタートアップ支援、デジタルスキル、ヘルスケアといった分野で対話が行われている。

ムンバイとアーメダバードを結ぶ高速鉄道プロジェクトは旗艦的イニシアチブとして位置づけられ

ている。その波及効果を考えると、このプロジェクトはインドにとってマルチ・スズキの自動車とデリーメトロに続く日本がもたらす第三の技術革命にすらなる可能性を持つものだ。同様に、ODAによる協力は長期的に実施されているが、二〇一七年に創設された「アクト・イースト・フォーラム」はインド北東部のコネクティビティ改善という特定分野を対象にしている。

しかし、日本社会の複雑を知悉している者であれば、印日協力の進展の深まりが持つ意義をより良く理解できるだろう。そのための判断基準となるのは、とりわけセンシティブな分野における協力の例である。二〇一六年の印日民生用原子力協力協定は、協力の深まりを如実に示すものと言える。それに劣らず重要なのは、防衛や安全保障分野における一連の合意である。二〇一四年に防衛協力に関する協定が結ばれた後も、一五年の防衛装備品移転および情報保護に関する協定、一八年の海洋協力に関する協定、二〇年の物品調達および役務の相互提供に関する協定がこれに続いた。防衛政策交流は、インド軍と日本の自衛隊の各軍種間のスタッフ・トークおよび二国間・多国間の共同訓練によってサポートされている。インドはアメリカとだけでなく、二〇一九年以来、日本との2＋2閣僚会合を開いている。ここでも、二国間の良好な状態が広範囲に波及し始めており、それがアメリカやオーストラリアと軌を一にしている。

新たに親密な関係を構築するということ

近年、きわめて鮮明なかたちで発展したのは、インドとオーストラリアの関係だ。実際、限られた時間の中で、クアッドの他の二国との比較で際立っていたギャップを両国は埋めることに成功したのである。米日のケースと同様、一九九八年の核実験は印豪関係に影響を及ぼし、回復の道のりも平坦ではなかった。しかし、印豪関係にも固有の課題があった。インド首相による訪豪は独立から二〇年後、一九六八年のインディラ・ガンディーによるものだったことは、インドのプライオリティを示唆するものと言える。

多くのかたちで、オーストラリアはアングロスフィアの中でもっとも遠いパートナーになりがちだった。同国はインドから東の問題に対してはアメリカと同様の姿勢を、インドから西の問題に対してはイギリスと同じアプローチをとっていた。他方で、英連邦の枠組みによって、防衛、商業、研修、教育といった多くの分野で着実な交流が行われていた。中身はあったものの控えめだった印豪関係も、一九九八年に大きく落ち込んだ。オーストラリアは軍縮会議で特別会合招集を率先して提案し、国連総会でもインドの核実験を非難する決議案の共同提出国となったのである。さらに大きな影響を及ぼした対応として、オーストラリアが防衛協力を停止し、政府間の接触を一時停止したことが挙げられる。オーストラリアは、多くの点で日本とよく似た対応をとったと言える。

双方が対立姿勢からの転換を開始するのには一年を要した。一九九九年に行われたティム・フィッシャー副首相の訪印は、雪解けの始まりと位置づけることができる。アレクサンダー・ダウナー外相とジョン・ハワード首相がそれぞれ二〇〇〇年三月と七月に訪印したことからもわかるとおり、ある意味でオーストラリアは関係修復という点で日本の先を行っていた。通常の状態への回帰は着実に進み、二〇〇五年の印米原子力合意の追い風を受けた部分もあって加速していった。にもかかわらず、実際にはいずれの側も他方に対し、関係をさらなる高みに引き上げるために必要な政治的関心を向けるには至らなかった。

インド側では、オーストラリアはインド亜大陸の関係を脱ハイフン化してもいなければ、南アジアについての全体的な無関心からも脱却していないという認識が依然としてあった。そのため、約一〇年以上ものあいだ、印豪関係の進展は主に市民社会や経済関係に委ねられていた。長きにわたり先延ばしになっていた協力の扉を開いたのは、二〇一四年に実現したトニー・アボット首相とナレンドラ・モディ首相による相互訪問である。

政府首脳が動くやいなや関係がかくも急速に発展したことは、構造的な利益の一致の度合いを表すものにほかならない。こうした取り組みを導く目標は、オーストラリア側から公表された「二〇三五年に向けたインド経済戦略」およびインド側の「オーストラリア経済戦略」で詳説されている。二〇〇億ドル超の二国間貿易額と約二五〇億ドルの投資総額は、交渉の初期段階が始まった自由貿易協定によって裨益することが見込まれる。オーストラリアはインド人学生にとって主要な留学先であり、その数はいまや一〇万人を超えている。オーストラリアにおけるインド人コミュニティは増加のスピードが世界第二位であり、両国の社会にとって強みの源泉になっている。

しかし、転換がきわめて明白に示されているのは、政治と戦略の世界である。見解の一致の多くは、地域の安定と繁栄、安全に関する懸念によってもたらされている。グローバルな公共財の不足は、印豪が二国間および多国間の場で協力することで対処が試みられている。これは、国際法やルールに基づいた秩序の尊重に対する共通の懸念にも反映されている。両国はASEAN主導のフォーラム、英連邦、IORAなどで長期にわたり交流を続けてきたと言えるだろう。しかし、より強固な首脳間の紐帯とよりオープンな交流によって、緊密な協力と連携という互恵的関係がもたらされたのである。オーストラリアはインドのインド太平洋海洋イニシアチブ（IPOI）を早い段階から積極的に支持を表明してきた。実はこうした大きな変化は、今日の強力な二国間関係の下で両国が地域でもグローバルなレベルでもいっそう効果的に貢献できるという考えを具体化したものにほかならない。

両国の交流が密度を増してきたことは、オーストラリア側で何度か政権交代があったにもかかわらず、首脳レベルで示されている。印豪の包括的戦略的パートナーシップの下で、年次首脳会談、外相対話、2＋2閣僚メカニズム、貿易相委員会、教育評議会、エネルギー対話、セクター別作業グループといった枠組みがあることは特筆に値する。関心が不足していた日々は過去のものとなり、良い方向に向かっていることは明らかだ。近年結ばれた合意は、海洋協力や防衛科学交流、相互後方支援からサーバー分野を活用した機微技術、戦略的鉱物資源、水資源管理、移民および移住、職業教育および訓練、行政およびガバナンスといった分野の協力まで、多岐にわたる。

重要な成果のなかには、印豪関係における二国間と地域的側面のあいだで、双方向に影響を及ぼしたものもある。たとえば、政治面の信頼拡大と防衛協力の深化によって、オーストラリアのマラバール演習参加[6]がもたらされた。ガンガヤーン探査ミッション[7]の遠隔計測および指揮に関する臨時センター設置をオーストラリアが受け入れた背景には、宇宙アプリケーション分野の合意があった。貿易の信頼性と経済的変動性に関する共通の懸念は、日本も加わるかたちで「サプライチェーン強靭化イニシアチブ（SCRI）」についてのパートナーシップを促した。二〇二二年の経済協力および貿易協定（ECTA）締結は単なる貿易合意ではなく、体系的な信頼を表明するものでもあった。インドの新教育政策[8]を活用し、もっとも早く分校を設置したのはオーストラリアの大学だった。

米日と同様にオーストラリアでも首脳の交代[9]があったが、クアッド東京首脳会合で再確認されたように、いまや協力は各国内政の動向に対して動じない力を誇示している。実際のところ、各国の新政権の熱意は過去の歴代首脳のそれを上回るものがある。

目標は躊躇を克服する

インド太平洋の評価においては、クアッドのように、これまで述べてきた二国間のテーマとは別の側面もある。なかでも重要なのは、二〇一九年の東アジアサミットでモディ首相が提起したＩＰＯＩだ。これはオープンで、条約に基づくものではなく、包摂的な地域協力のためのプラットフォームとして構想されたものである。構造は簡素だが協力は密に行うＩＰＯＩは、ＡＳＥＡＮ、ＩＯＲＡ、ＢＩＭＳＴＥＣ、インド洋委員会（ＩＯＣ）[10]、太平洋島嶼フォーラム（ＰＩＦ）といったメカニズムとも連携しながら機能することを想定している。そこでは、海洋安全保障、海洋生態系、海洋資源、能力開発・資源共有、災害リスク削減・管理、科学・テクノロジー・学術協力、貿易コネクティビティ・海洋交通という七つの柱がある。これまでに、オーストラリアが海洋生態系の柱のリード国に、日本がコネクティビティの柱を、フランスとインドネシアが海洋資源の柱を、シンガポールが科学およびテクノロジーの柱を、イギリスが海洋安全保障の柱をそれぞれ「リード国」として引き受けることに合意している。

ＩＰＯＩがどう展開していくかは、まだ見えていない。しかしＩＰＯＩは、地域パートナーシップに関する斬新な思考を実践し、インド太平洋における協力を前進させるポテンシャルを持つものであることは間違いない。ＡＳＥＡＮやＥＵ、個別の国々がそれぞれ独自のインド太平洋に関するアウトルックやビジョン、アプローチを公表したことは、未来に向けた前兆と言える。インドのグローバルなプレゼンスが着実に拡大するにつれて、それがクアッドのパートナーの利益と交差していることも興味深い点である。それを如実に示しているのが、インドの太平洋島嶼国に対する関与だ。同志国間の関係は実際の交流の枠を超えて、自然と協力的になる傾向がある。そして現代世界の複雑な課題に対しては、より効果的な国際協力が役立つことは間違いない。

インドは太平洋島嶼国にＩＴラボを設置しているほか、太陽光発電の普及も推進している。女性の太陽光エンジニアを「ソーラー・ママ」と命名し、研修を施す活動も行っている。気候関連プロジェクト以外にも、インドの無償資金協力はコミュニティ開発に加えて、農業機器、学校向けのコンピュータとＬＥＤ電球、人工透析機器、ポータブル製材機器の提供、護岸工事やサンゴ畑の設置に活用されている。先に触れたように、二〇二三年のインド・太平洋島嶼国協力フォーラム（ＦＩＰＩＣ）サミットの結果、協力のレベルは大幅に引き上げられ、とりわけ保健や教育、宇宙といった分野で顕著である。

インドは、ヤサ、ギータ、ホラ、ウィンストンといったサイクロンをはじめとする自然災害にも支援を行った。また、新型コロナウイルス用ワクチンの提供を、フィジーとナウルには二国間ベースで、パプアニューギニアとソロモン諸島にはＣＯＶＡＸイニシアチブを通じて実施した。[11] とりわけフィジーとの間には歴史的なつながりがあり、現代における連携の基礎になり得る背景と言える。こうしたファクターは、いずれも二〇二三年にパプアニューギニアで開かれたＦＩＰＩＣサミットで取り上げられた。

クアッドのメンバーはいずれも民主主義の政体を持ち、市場経済を実践し、多元的社会の国である。こうした明らかな点以外にも、各国間の関係における構造的側面の類似性も、クアッドというプラットフォームの形成に貢献していると言える。それぞれの二国間関係で定期的な首脳会談があり、オーストラリアおよび日本との間では毎年開催することが正式に定められている。いずれの二国間関係でも、2＋2閣僚会合が実施されている。また、四カ国すべてが、東アジアサミットやASEAN地域フォーラム（ARF）、ASEAN国防相会合といったASEAN主導のフォーラムに参加している。加えて、四カ国はインド太平洋に関するかぎり、ASEANの中心性を強く支持してもいる。これらの国の間では、インドネシアやフランスといった他のパートナー国を加えた三カ国連携を実施しているケースも複数ある。

多くのかたちで、二国間ないし集団的なクアッド以外の経験によって、協働がしやすくなった。四カ国すべてが後方支援を相互提供し、商船《ホワイトシッピング》の航行に関するデータ共有に取り組んでいることは、海洋安全保障における連携向上を可能にするのは間違いない。一九八二年の国連海洋法条約（UNCLOS）を「海の憲法」として見解を共有していることも、非常に重要だ。同様に、四カ国のうち三カ国（日本、オーストラリア、インド）がSCRIとIPOIのメンバーになっていることもインパクトをもたらしている。クアッドの活動は、グローバリゼーションの影響とグローバル・コモンズのニーズを考慮に入れたものである。四カ国とも海洋大国であるがゆえに、海洋分野に対する大きな利益を共有していることは疑いがない。事実、クアッドが復活するかなり前から、メンバー国の一部はマラバール演習を実施していた。同様の見解の一致は、二〇二二年の東京会合で海洋状況把握のためのインド太平洋パートナーシップ（IPMDA）に対する支持を共同で表明したことにも表れている。これらは重要ではあるものの、いかなるものであれ一面的なとらえ方をしてしまえば、より大きな繁栄のために真剣な貢献をなし得るグループの価値を見誤ることになる。したがって、たしかな情報に基づいてクアッドの全体像を把握することが大切なのである。

重要・新興技術については、クアッドは二〇二一年に、テクノロジー設計、開発、ガバナンス、活用に関する原則を採択した。そこでは民主的価値と人権に基づいて、テクノロジーの設計やガバナンス、適用を行うべきであると呼びかけられた。「オープンラジオアクセス・ネットワーク（O-RAN）行動計画」の採択は、多様で開かれた、相互運用可能な通信エコシステムの構築を求めるものである。これに続くかたちで、O-RAN試験活動の交流促進と緊密な連携についての協定が結ばれた。クアッドは明らかに、インド太平洋におけるO-RANの拡大に利益を有しているのである。

これらと並行して、半導体に関するグローバルなバリューチェーンについての協議も行われている。クアッドのメンバーがテクノロジーのサプライチェーン原則に関する共同声明を発出したことは、四カ国のこの分野に対する重視を物語っている。サプライチェーンの強靭化とデジタル分野の信頼性という二つのコンセプトを踏まえれば、クアッドが将来の信頼できる連携に対してとくに注力すべきであることは当然だ。この分野における進展は、現代のグローバルなアーキテクチャーにおけるクアッドの突出した役割をさらに際立たせることになるだろう。

気候アクションも注目すべき重要分野の一つだ。ここでも、クアッドは実践的なイニシアチブを採用しようとしてきた。四カ国間のグリーン海運ネットワークは、海運のバリューチェーンにおける脱炭素化を推進し、インド太平洋におけるグリーン回廊の構築を目的としている。インドはグリーン水素についての連携可能性を追求し、それを自国のミッションと融合させることにとりわけ関心を抱いている。クアッドは災害レジリエントなインフラ連合（CDRI）とも連携し、技術の応用および強靭化に取り組んでいる。これはインド太平洋における気候モニタリングと災害リスク削減を全体として推進することを意図したものだ。

インフラは当然の関心事項になっている。なぜなら、戦略的な観点から進められるコネクティビティのイニシアチブによる広範な不安を引き起こすからだ。課題の性質ゆえに、協議は債務管理と債務の持続可能性に多くの時間を費やしている。開発援助機関は、持続的かつ代替的な融資について調整を行っている。透明性と市場の継続性に基づいたレベルの高いインフラを地域の大きな利益のために推進すべきとの点について、明確な認識が存在する。

パンデミックへの対応については、クアッドがワクチン供給の取り組みで協力することは当然だった。四カ国は世界保健機関（WHO）が承認したワクチンの製造能力拡大や需要の追跡でCOVAXとの連携というかたちで協力したほか、WHOとの間でワクチンに対する懐疑論を払拭する取り組みも行った。インド自身について言えば、「クアッド・ワクチン・パートナーシップ」の下で、「メイド・イン・インディア」のワクチン五〇万本以上をカンボジアおよびタイに提供した。この他に特筆すべき協力分野としては、「クアッド・データ衛星ポータル」と科学技術・教育・工学（STEM）フェローシップがある。気候変動リスクや海洋および海洋資源の持続的利用に関する分析も、クアッドにおける重要アジェンダである。

二〇二二年の東京会合における重要な成果の一つは、インド太平洋における人道支援・災害救援（HADR）パートナーシップだ。二〇〇四年のインド洋大津波における協力を踏まえると、これは象徴的な意味合いも帯びている。こうした初期段階の合意が、いまではクアッドによる標準的な取り組みになるに至った。気候に関わる事象が広がる一方でグローバルな対応が低調になるなかで、クアッドの行動は大きなギャップを埋める役割がある。

クアッド首脳が二〇二三年五月に広島で結集したときには、このグループとしてこれまでにもっとも包括的な見解を共同で提示する用意ができていた。そこでは、気候アクション、サプライチェーン、パンデミックおよび保健上の懸念、インフラ、教育、コネクティビティ、デジタル能力、基準の設定、研究開発、サイバーおよび宇宙テクノロジー、海洋状況把握への取り組みといった、詳細なアジェンダが取り上げられた。四カ国の首脳は、クリーンエネルギーのサプライチェーン、重要・新興技術の基準、安全なソフトウェアという原則に関する三本の声明を発出した。グローバルおよび地域に対する見方については、既知の姿勢の多くをあらためて指摘するとともに、きわめて高いレベルで見解の一致が見られる分野がとりわけ強調された。毎年、そして実際には毎回の首脳会合で協力の範囲が拡大するにつれて、クアッドとは固定的なものではなく、着実に成長していることが日増しに明らかになっている。

クアッドの深化に関する興味深い特徴は高い信頼のレベルによって新規分野の開拓が継続的に促されていることであり、これはいまも続いている。二〇二三年初めの時点では、海洋安全保障、多国間主義、テロ対策、HADRといった分野でこの傾向が見られた。IORAに関しては、クアッドのメンバー国はより緊密に連携していくことにコミットし、二〇二三年のコロンボ会合でそれが実践された。IPMDAに進展が見られるなか、海洋安全保障作業グループもアメリカで会合を開き、具体的なステップを取ろうとしている。

多国間主義については、クアッドは国連安保理改革に関する政府間交渉（IGN）プロセスへの支持を初めて表明した。国連と国際システムを転覆させようとする試みに対処し、狭い範囲の目標を優先することなくSDGsにおける二〇三〇年までのアジェンダ実現に向けて取り組んでいくことで一致した。

さまざまな課題の一群は、クアッドが世界も自身もより安心でき、安全で、守られる場所にできるという貢献に向けた姿勢を示すものだ。テロ対策については、政策交流や経験の共有に始まり、相互利益を追求する可能性が急ピッチで検討されている。テロにおける新興技術の活用が先鋭化するなかで、クアッドでは作業グループが設置された。サイバーセキュリティも、生産的な活動分野として注目が高まりつつある。モデルとなるアプローチの共有、人材育成の奨励、サプライチェーン強靭化と安全の確保、企業間の連携が主なテーマになっている。

モディ首相の言葉を借りれば、クアッドの目標はグローバルな公共財になることだ。そのために連携した対応をとることの必要性は明白である。重要な能力と共通の利益を持つ国々が今日のニーズに対応すべく協力するのも当然のことだ。インドがその両面で大きな飛躍を遂げていることを踏まえれば、そうした国の一つであることは理にかなっている。事実、インドは同盟の歴史を持たないだけに、そのプレゼンスはクアッドに大きなクレディビリティをもたらしている。しかし、クアッドの他の三カ国とのパートナーシップを通じてこうした連携を実際に展開することは、常に容易だったというわけではない。

今日それが可能なのは、大きな障害だったそれぞれの二国間関係を強化すべく骨の折れる取り組みが何年にもわたって行われてきたからにほかならない。だが、それさえも単独では十分ではなかった。現代の状況に即したかたちでの連携を構想するためには、クアッドにおける全首脳が高いレベルでオープンな思考を共有する必要があったのである。

事実、クアッドはモディ首相が過去の経緯から来る躊躇を乗り越える意思を実行に移したことを証明する存在にほかならない。同様に、他の三カ国も伝統的な同盟を超えて「信念の飛躍」を実行した。二〇一七年以来、実際の成果によって、こうした大胆なアプローチの意義の有効性が証明されてきた。

クアッドが今後も拡大し続けるのであれば、われわれはこれまで直視することを避けてきたテーマも意識しなくてはならない。メンバーを制約したり、ストレステストにかけたり、あるいは見解の重なり以上にさらなる一致を図ろうとする試みは、いずれも助けにはならず、有害である。クアッドが機能しているのは、まさにそれがフレキシブルで分別があり、冷戦期の厳格な規律に取って代わる歓迎すべきものだからだ。したがって、アメリカが西側のパートナーと築いているような関係をモデルとした期待をクアッドにもかけようとする動きには抵抗しなくてはならない。他方で、反対のパラダイム、すなわち完全に取引ベースの枠組みとすることも進んで受け入れるわけにはいかない。クアッドのメンバー国にはそれぞれ独自の文化や伝統があるが、同時に民主主義という強力な共通項があるのも事実である。幸いなことに、各メンバー国の政府は成熟しており、それが世論にもより深く浸透することを期待したい。

クアッドは、インドが過去二〇年で築いてきた主要な関係の進展を結集させたものと言える。それはまた、伝統的な枠を超えるとともに協力の慣行を確立する姿勢の主張でもある。クアッドがこれほど多くの地平を拓いたという事実は、その流れのさらなる強化に対する意欲を高めてくれる。こうして共通の展望によって支えられながらアジェンダのために結集することは、現実に即した真摯な姿勢の表明にほかならない。それは同時に、この死活的な重要性を持つ環境に対して、明晰な眼を持つバーラトが関与することで、解決策を見出す過程を明らかにするものでもある。

第8章

中国と向き合う
——リアリズムの重要性の認識

リアルポリティクスとイデオロギーのメリットに関する議論はあるが、インドにおける中国についての論争に見合うほどのものはほとんどない。驚きには値しないとはいえ、この論争はナショナリズムと国際主義《インターナショナリズム》の議論にもなり得る――この場合、後者はかなり見当違いなものになるが。この論争はインド独立初期に始まり、紛争の時期は紆余曲折があり、その後の正常化を経て、「チンディア(Chindia)」か「インディア・ファースト」かという選択を迫られるところまで来た。最近になって、この論争は二〇二〇年に国境で起きた事件のインパクトによって再燃し、インドが直面する試練がいかに複雑かに対する意識が高まった。その結果、貿易、投資、テクノロジー、さらには人的往来といった側面までもが統合された観点でとらえられるようになった。印中関係の現状は明らかに不自然である。したがって、その未来が何をもたらすかについての議論をする機は熟していると言える。

本質的には、対立する二つの見方は、ジャワーハルラール・ネルー首相とサルダール・ヴァラッブバーイー・パテール副首相によって一九五〇年に設定された見解の相違からもたらされている。(1) パテールのほうは強硬派で、中国は現実問題で見解を異にする隣国インドからの抗議に耳を貸すことはまずないと考えていた。彼は、インドは中国の懸念を解消するべくあらゆることをしたが、その中国はわれわれに懐疑的で、おそらくは若干の敵意すら抱いているという見方をしていた。インドの防衛はこの数世紀の中で初めて同時に二つの正面に注力しなくてはならなくなったとパテールは注意を喚起した。そして彼の中国観は、同国は確固とした野望と目標を抱いており、それがインドに対する思考を友好的とは言えないかたちでかたち作っているというものだった。

対照的に、ネルーはパテールが警戒しすぎであると感じ、一九五〇年十一月十八日付の彼宛のメモで、中国が「ヒマラヤを越えて大胆な冒険に乗り出す」とは考えられないと指摘していた。左派政権に対する好意的な傾向に導かれていたネルーは、インドが予見可能な未来において中国の軍事侵攻に直面する可能性はきわめて低いとも考えていた。中国が繰り返していた友好を望むという発言を額面どおりに受け入れていたようでもあった。違う考えの者に対しては、自らの観点を失い、非理性的な恐怖に道を開くことになると警告を発していたのである。

双方とも、共存の複雑さを認識したことで、次第に持論を抑えていった。内部の議論では、言葉の選び方も明らかに外交的ではなかった。しかし、彼らの直感はきわめて明確に表れていた。一方は左翼ロマンチシズムの世界に期待をかけ、もう一方は隣国、とりわけ大国に関するときの試練を経た分析を支持していた。

こうしたアプローチに関する見解の相違は当然ながらさまざまなかたちで表れ、その後数十年にわたって続いていった。競争、さらには紛争が前面に出た時期があったことで、それに合わせて世論も根づいていった。そうした世論は当時の政府に共有されたものもあれば、されなかったものもあっただろう。なかには国民感情とは異なる理解を示したり、新たな目標を推進することで世論を形成しようと試みたりした者さえいた。一方、より強硬で、厄介な問題を見て見ぬ振りをしようとはしなかった者もいた。いかに微妙な差異があれども、外交における現状への妥協を決定づけたイメージは、一九五四年の平和共存五原則宣言[2]に見て取ることができる。

最良のシナリオを期待する傾向に共通性があるとすれば、それはインドの国際主義という特定のブランドにおける楽観主義である。国連安保理常任理事国入りに関する議論は、ネルー主義的アプローチを示す一例である。その時代においてインドの主張が受け入れられたか否かはそれ自体が論点であり、われわれが逆の立場だったら同様の配慮をしてもらえたかの答えは自明である。しかし、中国との二国間であれ他の大国とであれ、インドは国益のためにこの問題を活用する試みすらなかったのである。このときは外交の基本よりもイデオロギーの影響力が優先されたかのようだった。その結果、一九五五年のネルーの決断は、インドは国連安保理常任理事国入りを主張するべきだったにもかかわらず、その時点では急いでそれを求める必要はないと明言することだったのである。さらに、最初のステップは、代わりに中国が安保理常任理事国という正当な場を占めるべきというものだった。インドに関してはその後で別途検討されればよいとした。そして驚くには値しないが、こうしたネルーの「チャイナ・ファースト」政策が功を奏すはずもなく、われわれは中国がインドの同様の願望への支持表明をいまでも待っているのである！

　きわめて異なる実情が、こうした思考が現実からいかにかけ離れていたかを明らかにしている。それは一九六二年十一月のことで、セラとボンディラ[3]が進軍する中国軍によって陥落した。当時のインド首相はアメリカに助けを求めた際、大統領にこう率直に伝えた――グローバルな文脈における広範な影響があるため、インドは包括的な支援を求めることはしない、と。これは明らかに、インドが国を守ることよりも西側から距離を置くことを優先したことを意味するのだ！　これはまさにリアリズムの欠如であり、長きにわたってインドの対中アプローチに付いて回ることになった。そして、いまわれわれが変えているのは、この分野にほかならないのである。

　中国の姿勢や抗議が初期の世代からさらに強さを増しているとすれば、インド政治の現状は、そうした中国の態度がまったくもって過去の遺物ではないことを示している。かつての関係推進のファクターは、国際場裏における共闘に向けた意思だった。これはかなりの部分が非西洋の連帯とアジアとしての一体感によって推進されたもので、イデオロギー的性格を強く帯びていた。その後、世論は硬化し、過度に相手を信頼しようとする当初の姿勢は維持できなくなっている。世界も利益ベースで動くようになっており、数十年にわたる経験はインドと中国の互いに対する思考に影響を及ぼしている。

では、現代のネルー主義は印中関係にどのようなアプローチで臨むのだろうか？ 現在われわれが置かれているストレスの時代においては、ネルー主義は、国家を超越したレトリックに傾くということになる。これは、一九六二年の国境紛争の結果を否認しながらも、それを比較的最近のものとして位置づけるというかたちで実践されている。しかし、イデオロギーや習慣、つながりというものは簡単になくなるものではない。したがって、インド国内ではより理解されやすい内容を、国外に対しては別の内容をという具合に、二つのメッセージを発信する必要があるのは明白だ。中国は何を置いても調和を重んじているという見方を広めようとし、それをなぜ隣国に適用しないのかについては不問にするというのが後者である。[4] 後者は「一帯一路」を率先して賞讃し、その一方でそれがインドの主権を侵害していることには目をつぶってもいる。中国の台頭は当然の展開であるがゆえに止められるものではないという大雑把な見解や、経済成長モデルやテクノロジーの占有に対する同情がにじみ出ることも見られる。

しかし、より深刻に懸念すべきなのは、こうした「チンディアン」による主張以上にわれわれの行動である。二〇一四年までは、中国の挑戦を意識的に過小評価することで、インド側で備えをすべしとの意識が低く抑えられていた。国境地域のインフラは放置され、そこに工業化加速や兵力整備に対する消極姿勢も加わった。現在ですら、表向きには中国との貿易不均衡を憂慮しながら、「メイク・イン・インディア」イニシアチブを批判する主張もある。政治と政策、ポピュリズムの結合がインドの国防レベルを低下させ、依然として国家としての士気を標的にし続けている。驚くには値しないが、リアリズムの伝統から見る限り、これが実態なのである。

その後の歳月の中でも、対中アプローチをめぐるネルー＝パテール論争はインドの体制の中で続いていった。国境問題や国境地域の管理から自由貿易協定（FTA）やテクノロジーの問題まで、論争はどの時期でもそのときの争点に反映されてきた。そのすべてが二国間のフォーマットに限定されていたわけではなかった。印中の影響力の大きさゆえに、課題もグローバルな舞台にまでいとも簡単に広がっていくのである。コネクティビティや債務、開発、海洋に関する問題は、どれも対立の度合いを増していった。全体としてインド側が、多くの問題の重要性を十分考慮した上で対応するようになったという点では疑いはない。インドの政策決定者が「真珠の首飾り」(5)に対して楽観的だった日々は二〇一四年にようやく終わりを告げたのである。

しかし、国益を明確に規定し、それを積極的に擁護し、パワーの性質を理解するという根本的問題も存在している。アジア、あるいは発展途上国間であっても、連帯は成立しうるかもしれないが、隣国の競合的姿勢に対抗するにはまったく十分とは言えない。実際、一九五〇年に起きたネルー＝パテール論争の要点は、いまでも重要であり続けている。

今日、中国にどう関与するのが良いかをめぐって世界中で活発な議論が交わされている。中国との地理的近さや二〇二〇年に国境で起きた事態、その後の展開を踏まえれば、当然ながらこの議論はインドではさらに熱心に展開されている。インド国内では、政治的戦術を用いて反論が展開されていると言えるかもしれない。というのは、実際の思考を示すのは、根本的な政策と行動だからだ。さまざまな政治勢力が中国に対してとる姿勢の実像は、いかに一時的なものに映ろうとも、その場限りのものではない。そうしたなかでリアリストは国家の能力構築を重視する世界観を持ち、そこではテロのような主要な懸念を取り上げ、持続不可能な債務や不透明なコネクティビティに対して対策を呼びかけ、国家安全保障を最優先にすることを念頭に置きつつグローバルな発展にアプローチしている。二〇一四年以降実践されてきたように、国境のインフラ整備を推進するのはまさにこのアプローチなのだ。さらに、インド製の5G網を整備し、重要・新興技術の重要性を理解し、激動の現代においてわれわれが前進するためのより良い解決策を追求することでもある。

実は、われわれが直面するこうした試練の性質は、世界がどう対応しているかをインドが継続的に注視し、分析を行っているということも意味する。今日の世界が直面している事態の多くは、一部の大国側の誤算やそれを他国が巧みに活用してきたことによる。しかし、歴史の流れは直線的ではまったくなく、大国でさえも自己満足に浸ったり誤りを犯したりすることと無縁ではない。実際、大きな信頼を犠牲にして目先の利益を得ようとするのは、よくある失敗だ。したがって、リアリストは事態や潮流が不可避だという見方を鵜呑みにするのではなく、状況を客観的に分析しなくてはならない。『ラーマーヤナ』が強調するのは、この点にほかならないのである。

人間関係においても同様だが、国際情勢においてプレイヤーは善意や寛大さ、あるいは打算から他者を助けようとする傾向がある。現実の世界では、相手の領域に足を踏み入れるということがよくある。『ラーマーヤナ』のストーリーの原動力となったのは、ダシャラタ王が戦場で妻のカイケーイーに二つの願い事をかなえると約束したという、特別な信頼に基づく行動である。アシュラのシャンバラとインドラ神の間で起きた戦いで、ダシャラタ王は夜襲で重傷を負った際、カイケーイーに救出されたという経緯があった。カイケーイーはこのとき約束された願い事を実行し、ラーマを森に追放するとともに、息子のバラタを王座に就けたのだった。

この願い事を、ときが来たときに実践される潜在的な能力ととらえれば、このエピソードは思慮に欠ける供与についての客観的教訓と言える。この数十年で、国際関係では国や経済が善意の行動の結果というよりは、有用性によって構築されるという現実が見られてきた。これは第三国を通じて軍事あるいはその他の手段で圧力をかけるというかたちで、冷戦末期にとりわけ目立っていた。しかし、プレイヤー間の理解の欠如は、長期的な影響を及ぼす結果を招くことになったのである。

西側世界は、ソ連に対して切ったイスラム・カード[6]が一〇年もしないうちに自分たちに襲いかかってくるという事態にさらされた。戦略的理解という点では、中国が手にした経済的利益は、今日われわれが目の当たりにしている国際秩序の逆転と現在の競争の基礎をなす役割を担った。インドもまた、自国の過去の対応に由来する結果を引きずっている。一九五〇年代に中国の利益を強く代弁したが、同様のかたちで返礼が行われたわけではない。外交の世界において謝意の消費期限は短いことを忘れてしまうと、その打撃は大きい。外交における判断の基礎に政治的連帯をめぐる誤った信念が優先されてしまうと、その影響はいっそう深刻だ。

個人のレベルでは、弱さは思慮の欠如の結果としてもたらされることがよくある。場合によっては、試練に対して感情的な対応を示すことも起きる。これはある程度、国家の行動を説明する際にも適用可能だ。しかし、政府や支配者がしばしば示す戦略的楽観姿勢のほうが、より説得力のある説明とも言える。

『ラーマーヤナ』の主要登場人物、ランカー島の羅刹王ラーヴァナのケースは、まさにそれを示すものだ。この時代には、別格の存在はこの上なく厳しい苦行を自らに課し、それが神々による願い事の成就というかたちで報われていた。ラーヴァナの場合、彼は創造神ブラフマーから無敵になれるという願い事を授けられた。しかし傲慢なラーヴァナは、デーヴァやガンダルヴァ、アシュラやキンナラ、ナーガやラークシャサ[7]といった、人間以外で脅威になりそうな存在に対するときだけその願い事を実行に移したのだった。人間が除外されたのは、かくも弱々しい者が自分を脅かすとは想像だにしなかったからだった。ヴィシュヌ神が人間の化身、すなわちラーマとなってラーヴァナを殺すことにしたのはこのためだったのである。

ここでのポイントは、脅威が省みられることがなく、その結果、弱い側面をさらけ出してしまったことである。もう一つ教訓がある。それは、ラーヴァナの振る舞いの特徴、そして逆説的だがそれまで不当な扱いを受けてきた者たちの姿勢だ。ラーヴァナは、母方の祖父スマーリンがかつて支配したランカー島で支配的立場を取り戻すべきだと部下から盛んに進言を受けた。それを受けて、ラーヴァナは異母兄クベーラを追放するところから行動を起こした。しかしそれは終わりなき戦いに発展し、権利確保の欲求と抑制心の欠如が火に油を注いだ。ここからは、既存の大国と新興大国がともに野望に向けて進もうとするときの重要な教訓を得ることができる。全面的な安全を確保しようとしても、それは常に実を結ばないのだ。

物語の前半にも、同様の教訓が得られるエピソードがある。ダシャラタ王の死後、バラタと彼に随行する聖仙たちがラーマに対しアヨーディヤに帰還するよう説得するシーンだ。聖仙ジャーバーリはとりわけ熱心に説得を試み、父が亡くなったことでラーマが彼と交わした約束にはもはや拘束されることがないと訴えた。これがラーマの怒りを招き、誓いがかくも軽く捨て去られてしまえばどうやって信頼を維持することができようかと問うてきた。聖仙たちはその態度を歓迎し、ラーマを連れ戻すべくあらゆることを試みなければならなかったのだと打ち明けた。すなわち、このポイントは信頼度に関わるものであり、単なる個人的な美徳ではなくより大きな体系的基礎をなすものである。国家が合意を尊重せず責務も履行しないのであれば、戦術上の利益と自らの評判を汚すダメージの重みをよくよく考えなくてはならないのである。

多面的試練

二〇二〇年六月にガルワーン渓谷で起きた印中間の衝突では、過去四五年で初めて死者が出る事態となった。その結果もたらされたのは、平和と安寧の基礎が破壊されただけではなかった。それまでの四〇年にわたり構築された関係における実務上の認識に突如として疑問符が付くことになったのである。今回の事態を招くことにもなった中国による既存の合意の無視も、それだけにとどまらない影響をもたらした。しかし、インドが北方の国境で警戒のレベルを引き上げようとする最中でも、中国の姿勢からはいくつもの疑問が生じている。こうした直近の展開と長期的懸念が重なり合って、インドの外交政策に多面的な試練をもたらしているのである。

インドが国際秩序の中で地位を向上させていくなかで対処しなければならない課題はいくつもある

が、対中関係はもっとも複雑な問題を投げかけていることは疑いがない。一方では、印中が同時ではあるが異なるかたちで台頭することは、グローバルなリバランスの中核をなしている。意図していたわけではないにせよ、両国は国際的なアーキテクチャーにおいてより大きな空間を作り出すことになったのである。印中はともに、楽観的だった日々には「アジアの世紀」と期待を寄せられた趨勢の推進役と目された。過去には、二国間FTA締結に向けた協議が行われたことすらあり、二〇一三年まで続けられた。開発をめぐるいくつかの側面について、印中は同じ側にいるのである。

とはいえ、懸案の国境問題と政治経済体制の違いによって、印中の間にはまさにこの時期に競争的性格を強めていった。両国が国境を接する関係にあるという事実は、関係の複雑さに拍車を掛けた。両国がともに辺境と見なす地域やバランス・オブ・パワーも、対立意識が高まる要因の一つだった。この時期に中国の行動範囲と影響力が大幅に拡大したという現実もあった。一五年前にこうした側面の理解が欠けていたことで、インド洋におけるインドの立場が弱体化してしまった。

インドの観点で言えば、この問題への対応はさまざまな分野を統合してとらえることにあり、その多くは国としての能力強化とインフラ整備に関わるものである。しかし、外交面のアプローチでは概念上の転換も進行している。インドがリアリストの伝統に回帰すれば、今日のグローバルな環境には活用可能なチャンスが多くあるのだ。

印中関係の将来について真剣な議論が行われているが、もっとも有利な共存関係を築くにはどうしたらよいかが大きなテーマになっている。中国は国境を接する隣国であるがゆえに、その急速な成長はインドとのバランスという点でも、ともに辺境と見なす地域およびその近隣におけるプレゼンスという点でも、とりわけ大きなインパクトをもたらす。さらに、さまざまな理由により、中国は世界の他の国々と同じようにはインドの台頭を受け入れていない。中国と外国の関係においては、実際の状況であれ、国力であれ、あるいは感情ですらも、現在は過去によってかたち作られる部分が大きい。そしてその過去自体も、問題の一端を担っているのである。

同時に、これらが積み重なって既存の国際秩序に及ぼした効果は、変化に向けた大きなチャンスを作り出してもいる。印中いずれの側も相手を消し去れるわけでもなく、ともに長期戦に臨む力を間違いなく蓄えているというのが現実だ。このような状況がなかった時期でさえも、両国は互いに対する判断において、世界の情勢を考慮に入れなくてはならなかった。おそらく、この傾向は現在のグローバルなシナリオの下ではより強く出ていると言えるだろう。印中が実際に折り合いを付けることができるか、もしそうだすればどのように行うのかは、両国の今後だけでなく、アジア大陸、さらに言えばいまや世界をもかたち作るものになるだろう。

大半のインド国民は、印中二国間関係の現代史について知っている。関係がどう展開したかについて、一つひとつの細かい経緯となると、誰もが理解しているわけではないかもしれない。しかし全体としては、この関係に生じてきた良い時期とそうでない時期についてはわかっている。一九五〇年代という最初の一〇年は、インド側が純朴だった時期と言えるだろう。いくつもの課題で、インドの外交政策は中国の主張を支持し、それが西側との関係に影響を及ぼすレベルにまで達した。指摘しておきたいのは、二国間についてであれグローバルな課題についてであれ、こうした事象はいま回顧的に批判されているのではなく、事態が展開していた当時ですら提起されていたということである。

一九六二年の国境紛争後、インディラ・ガンディーの決断によって、七六年になって印中による大使の交換がようやく再開した。一九五四年以降、インド首相による初の訪中は八八年のラジーヴ・ガンディーまで待たねばならなかった。[8]こうした関係の再構築はきわめて困難な取り組みにほかならなかった。これについて考えるとき、ある意味でパラドックスが存在する。インドは中華人民共和国を最初に政府承認した国の一つであるということを思い出してほしい。にもかかわらず、印中関係の実態は、多くの点で国境紛争とその後の三〇年にわたる対立によって決まってきたのである。

関係改善を進め、正常の状態を回復するには双方による意識的な取り組みが必要だった。その結果、関係再開以来の長年にわたり、多くの分野で接触や交流が着実に拡大していった。インドにとって中国は最大の貿易相手国の一つになった。主要なインドへの投資国にもなり、テクノロジー分野も対象となった。中国はプロジェクトやインフラ整備にも参加したほか、観光や留学でも主要な目的地になった。国境問題の解決に関する交渉が行われたが、国境地域についても、その管理を主眼とした詳細かつ実務的な一連の合意が結ばれた。

一九八八年以降の印中関係の進展は、国境地域における平和と安寧が維持され、双方が実効支配ライン（LAC）[9]を順守し、尊重することが基礎にあったのは明らかだ。このため、一九九三年の協定では、いずれの側もLACを越えて活動してはならないこと、LAC沿いにおける兵力を良好な関係に即したレベルに抑えること、LAC付近で軍事演習を実施する場合には事前通告をすることが合意されたのである。

一九九六年には、こうしたコミットメントが再確認されただけでなく、追加規定によってさらに確かなものになった。双方はLAC沿いにおける軍および国境警備隊、準軍隊の兵力を削減ないし制限し、それに関するデータを交換することが定められたのである。さらに重要なこととして、LACに近い地域における一個師団（一万五〇〇〇人）以上の部隊による大規模軍事演習は行わないことをはっきりと確認した点が挙げられる。もしそのような演習を行うのであれば、主力部隊の戦略的方向を相手の国に向けたものにはしないことも付記された。一九九六年の協定では、一個旅団（五〇〇〇人）以上の部隊が参加する軍事演習を実施する場合の事前通告についても規定が加えられた。そこでは、演習の終了日や参加部隊の撤収についての情報も含まれるとした。

同時に、一九九三年の協定では、認識の違いがあるＬＡＣの区間について、合同で確認および合意を図るとの規定が強化され、確定および確認のプロセスを加速するとの共通目標として格上げされた。この他にも、二〇〇五年と一三年には、摩擦が生じた場合の対応方法について詳細な合意が結ばれた。

これまでの年月の中で、印中国境地域のＬＡＣの確定について共通の理解をめざすという点で、大きな成果を挙げることができなかったのは明らかだ。二〇〇三年の特別代表者の任命[10]によって、国境問題のみならず関係全般についても関与が増大した。二〇一二年には、国境地域に関わる問題の解決に向けた具体的なメカニズムも設定された。しかしこうしたなかでも、中国側で国境インフラの整備の活発化や僻地への物流態勢の改善が進んでいった。対照的に、当時のインドでは、自国の国境地域は未開発のままのほうが良いと考えられていたのだ。この思考が、きわめて高い対価を払うことになる重大な誤算であることが後に判明する。

二〇一四年以来、過去三〇年で形成された、このきわめて大きなインフラ面のギャップを埋めようとする積極的な取り組みがインド側で行われている。明確なコミットメントにより、以前のレベルと比べて予算は四倍になった。道路整備は距離が二倍に、トンネルが三倍になったという実績があり、改善したことが示されている。にもかかわらず、二〇二〇年に目の当たりにしたように、インフラ分野の格差は依然として大きく、影響が続いている。したがって、過去数十年にわたって続いてきた失敗を克服するには、作業面において相当な創意工夫が求められる。

印中間では国境に関するもろもろの相違点や対立があったものの、実は一九七五年から二〇二〇年にかけて、国境地域は基本的には平和が保たれていた。だからこそ、ガルワーンでの事態は印中関係をきわめて大きく揺るがすことになったのである。この事態は兵力レベルの縮少や部隊の配置および移動に関する情報共有、現状の尊重といったコミットメントを無視する姿勢を示すものだった。こうした対応が重なったことで平和と安寧が消し去られかねないリスクが高まり、実際にわれわれがこれまでに見てきたような結果をもたらすことになった。この事態がインドにおける世論と政府の見解の双方に及ぼしたインパクトは計り知れない。

重要なのは、インドは中国が姿勢を変更してきたことについて確固とした説明を受けたこともなければ、国境地域における兵力増強について説得力のある理由を示されたことも一切ないという点である。インド側の軍が適切な対応をとり、厳しい状況の中で屈しなかったことは、別問題だ。われわれが直面する問題は、こうした中国の姿勢にどのようなシグナルが含まれ、どう展開し、今後の印中関係にどのような意味をもたらすかなのである。

すでに二〇二〇年以前の時点から、印中関係では共存と競争という二つの側面を反映する決定や事態が見られてきた。貿易は劇的に増加したが、一方に偏っている状況はこの分野をめぐる論争の高まりを招いた。電力や通信といった分野では、中国企業がインドへの進出に成功し、目を見張る市場シェアを獲得した。中国に行くインド人留学生の数は増え、観光目的での渡航も同様の伸びを示した。

グローバルな舞台では、印中は開発や経済問題で共同歩調をとり、とりわけ気候変動（国連気候変動枠組み条約）と貿易（ＷＴＯ）でそれが顕著だった。ＢＲＩＣＳやロシア・インド・中国（ＲＩＣ）といった複数国グループで双方がメンバーであることは、接触の機会をもたらすことにもなった。

とはいえ、国益や願望となると、多くの相違点があることも明らかだった。中国はジャンムー・カシミールとアルナーチャル・プラデーシュの住民にビザを発給する際、パスポートにホチキス留めするという対応[11]をとった。中国がインド軍の北部司令部との接触に消極的だったことで、一時期交流が凍結されるという事態を招くことにもなった。中国のパスポートに印刷されている透かしには、領有を主張するためにインドの複数の州が先方の側に含められていた。中国のインフラ整備が着実に進むなか、国境地域の摩擦は拡大し続けている。

インドでは、こうした複数の現実によって当然ながら議論は過熱の度合いを増していった。中国との関係深化だけでなく、適用が始まっていた限定セキュリティ審査[12]の対象国から中国を除外することさえ求める強力なロビーがあった。こうした協力の拡大は、印米関係で当時進んでいた改善に対する中国への埋め合わせと見る向きもあった。この見方は、ネルー主義的な対中理解、さらには世界に対する理解に基づこうとする姿勢によって強まったと言えるかもしれない。したがって国境問題に関する議論は、実際の進展に基づいたものよりもはるかにポジティブなかたちで国民に提示されたのである。そして貿易拡大を受けて、この方向性を積極的に推進する勢力はさらに勢いを増していった。

とはいえ、体系的な対応としては、動かしがたい現実をはるかにしっかりと直視し、さまざまなフィルターを通して関係をとらえ、国境に関わる問題を先送りし、貿易赤字に対する関心を強めていった。最後の点は、ＦＴＡ締結に向けたコミットメントが最終的に放棄されたことで示された。

印中がともに自信を強めていく時代に入っていくなかで、当事者間の関係にさらなる対立点が加わることになった。それが露わになったのは、二〇一三年に中国・パキスタン経済回廊（ＣＰＥＣ）構想[13]が発表されたときのことだ。国境地域での摩擦が拡大し続けていたが、それでも二〇二〇年までは一定のレベルにとどまっていた。インドに対するテロ攻撃に関与したパキスタン人テロリストを国連の制裁リストに加える動きを中国が阻止したことも、厳しい議論の対象となった。ＣＰＥＣが実施に移され、一帯一路の中に位置づけられるなかで、インドの主権に対する侵害は受け入れられるものではないと見なされた。インドの原子力供給国グループ（ＮＳＧ）加盟に中国が難色を示したことも新たな問題となり、国連改革に向けた取り組みを損なう動きもあり、中国の姿勢が緩和されることはなかった。貿易については、市場アクセスの拡大に関する約束は実行が伴わなかったことで、信頼できるものではないという受け止め方が強まっていった。

こうした展開が積み重なった結果が認識されつつあるなかで、二〇一七年にアスタナで開かれたＳＣＯ首脳会議の際に、印中は相違点が拡大して紛争に発展するのを防ぐべく、ダメージを最小限に抑えようとした。同時に、両国は関係の中で安定をもたらすファクターを見出そうともした。その後、武漢とマーマッラプラムで開かれた首脳会談[14]は、基本的にこの方向性に基づいたものだった。しかし実際には相違点の緩和からはほど遠く、二〇二〇年の事態の結果として、印中関係はきわめて強いストレスにさらされることになってしまったのである。

過去からの教訓

印中の現状の重心を踏まえれば、この関係を研究する者であれば当然これがどこに向かうのかがとくに気になることだろう。現時点でその問いについて確固とした回答を示すのは困難である。目の前にある問題であれこの先に控えている課題であれ、印中関係は相互主義に基づいてのみ発展が可能ということは間違いない。実際、「三つの相互」、すなわち「相互尊重」「相互の敏感性」「相互利益」が関係を決定づけるファクターなのである。国境地域における部隊撤収に関してさまざまなメカニズムを通じて協議が進行している。摩擦が発生した地域で両軍が近い距離で接する状況の多くは、公平かつ相互の安全確保に基づいて解決された。しかし、撤収が完了していない地域や緊張緩和という大きな課題は、今後も二国間協力に影を落とすことになるだろう。

国境地域の状況が正常からはほど遠いなかでは、関係全体を「これまでどおり」に戻すことが可能と言われても賛成できるはずがない。さらに言えば、隣国が備えを強化し、訓練を重ね、そして関係再開を求めてくるとき、公表されている意図以上に実際の能力に注目するほうが賢明である。その国が、公のレトリックが重く受け止められる文化を持っている場合にはなおさらだ。したがって、少なくとも実行可能な関与を注視しながら展開していく必要がある。

その文脈において、インド側は対中関係について直近の過去からも教訓を汲み取らなくてはならない。まず、両国の関係をどう表現するかが重要である。印中は二〇〇五年に「戦略的パートナーシップ」を発表したが、その真の性格については認識が一致していなかった。この表現は国境をめぐる相違点、越境事案の増加、近隣諸国における活動の競合といった側面で整合性がとれるものでないことは明らかだ。その結果生じたのは、インドがハンバントタやグワーダル[15]といった中国の支援で整備された港湾が持つ意味を過小評価するという無関心そのものだったのである。

同様に、「領土保全」の形式的な再確認も一方に偏ったかたちで続けることは、認められるものではなかった。そこで、インドはバランスをとることにしたのである。国境インフラの軽視も、二〇一四年までの国境紛争に対するおざなりな見方を示すものだった。さらに懸念すべきなのは、パキスタンが支配するカシミールにおける中パ協力に対する軽視で、二〇一七年にインドの現政権が一帯一路に対して断固とした姿勢を示すまでそれが続いた。ここまでの取り組みにもかかわらず、旧体制にいた者のなかには依然としてインドの姿勢を軟化すべしと主張する者がいる。

経済分野では、対中ＦＴＡが検討された時期すらあったことは、いまからすれば多くの者にとって驚きとして映るかもしれない。そうした雰囲気の下では、事実に基づいた活動の精査をインド国内で行うことは容易ではなかった。二〇〇七年に中国の反発を受けてクアッドが崩壊したことはそれ自体がメッセージとなり、一〇年後の復活をはるかに困難にした。「チンディア」という一〇年前に流行し、ネルー主義的な含意に富んでいた言葉そのものも、戦略的明晰性の欠如がいかに大きなダメージをもたらすかを示すものと言える。

二〇二〇年以来の展開によって信頼がどれだけ深刻に失われたかを踏まえれば、まず取り組むべきは関係の安定化であることは明らかだ。そうした取り組みを実行に移すには、経験と期待の両方を反映するような提案が有効と思われる。手始めに、一九九三年および九六年の合意のように、既存の合意を全面的かつ精神の上でも字義の上でも守る必要がある。個々の規定のうち都合の良い部分だけを取り出すことは、共通の理解を見出すという目標の推進に寄与するとは思えない。

国境地域について言えば、ＬＡＣが厳格に順守かつ尊重されなければならない。現状を一方的に変えるいかなる試みも、支持できるものではない。国境地域における平和と安寧が他の分野における関係の発展の基礎であることを否定するわけにはいかない。国境地域が不安定化すれば、必然的に関係の他の部分にも影響を及ぼす。これは別途行われている国境交渉の進捗に関する問題とはまったく別だ。一つの問題を別の問題と融合させようという試みは必ずや見破られることになる。二〇二〇年の展開によってもたらされた問題が曖昧になることは決してないのである。

両国が多極世界に向けてコミットしているなかで、多極アジアが不可欠な構成要素であるという理解がなされるべきである。当然ながらどちらの国にも自国の利益や懸念、プライオリティがあるが、それらに対する敏感さは双方から示されなくてはならない。結局のところ、大国間の関係は本来互恵的なものなのだから。台頭する大国として、両国は独自の願望をいくつも持っており、その追求は無視されるべきではない。見解の相違や対立は常にあるとして、そのマネジメントが両国関係に必須なのである。そして、インドと中国のように文明を持つ国家は、常に長期的な視点を持たなくてはならない。二〇二〇年に見られたように、こうした原則から逸脱してしまうと、深刻な影響を生むことになる。

さまざまな理由により、中国人が今日「新時代の国際関係」について語ることがよくある。他のケースでもよくあることだが、この表現には多くの含意がある。好むと好まざるにかかわらず、いまや国際秩序は一九四五年に想定された状況とはきわめて大きく異なるフェーズに突入したことは否定できない。誇張抜きに、中国の台頭は第二次世界大戦後のアメリカとソ連以来、国際政治におけるもっとも重要な変化なのである。それは意味合いや教訓だけでなく、隣国を中心として重要な政策面での影響をもたらすことにもなった。したがって、インドも、中国との関係が新時代に入ったものととらえ、対応していくことが大切である。この見方について疑念があるとすれば、国境地域における中国の姿勢の変化が際立って示されている点だろう。歴史的にインドは中国のプレゼンスを北方におけるものと考えてきた。過去二〇年で中国は海洋大国としても急速に台頭しており、インドは南方においてもその活動に備えなくてはならないのである。

きわめて多くの事態が進行中のため、ここで中国とインドがこれまでどう互いにアプローチしてきたのかを振り返り、インド側にとってどのような教訓が得られるのかについて考えてみたい。

七〇年に及ぶ関与の歴史を振り返ると、インドは中国との未解決の課題については基本的に二国間のアプローチで臨んできたと言える。それには多くの理由があり、「アジアの連帯」やその他の経験から来る第三者の思惑に対する警戒はその例である。その例外としては、一九六二年にボンディラが人民解放軍によって陥落した際にネルー首相が米英に助けを求めるほかなくなったときが挙げられる。一九七一年以降のソ連との関係も、インドが対中関係をグローバルな文脈でとらえる方向に促したとある程度言うことができるだろう。しかしこれらは永続的なものではなく、一九八八年以降、インドは当初の利益なき関与路線に回帰したのである。この狭い見方の背景にあったのは、両国の問題は近いうちに解決可能という思い込みもあった。

インド側は、国境問題も含め相違点の解決に向けたアプローチで、きわめて一貫的かつ確固たる姿勢をとってきた。その結果、インドは対中アプローチで構造的にとらえるという性格が総じて弱く、国際政治の動きの中に印中関係を積極的に位置づけることをしてこなかった。バランス・オブ・パワーを実践しようとする傾向もなければ、国際変動によって生じたチャンスを活用しようとする意欲もなかったのである。一九六二年におけるネルーの過度な警戒はこの考えの表れと言える。実際、過去のインドの政策は強い自己抑制のために、自国の決断に対して他国が拒否権とは言わないまでも、影響を及ぼすことができるという意識を知らず知らずのうちにもたらすことになったのである。そのような時代も二〇一四年には終わりを告げた。

　中国の対印アプローチはかなり対照的と言える。その時々で示されてきたアジアとしての一体性に関わる感情はあったものの、隣国との関係における伝統的なアプローチが緩むことはなかった。一九五〇年代から六〇年代に西側の軍事同盟におけるパキスタンの加盟に対して中国がバランス戦略の一環として黙認したのはそれの典型例だ。それから一〇年後、中国とパキスタンの関係はインドを具体的な標的とする核およびミサイル開発協力というかたちでさらに高いレベルに引き上げられた。二国間交渉という点では、中国は自国の姿勢のロジックを維持すること以上に、立場の違いに着目してきた。国境問題における主張やプライオリティという点では、同国の立場には大きな転換が見られたこともあった。

　全体としては、現代の中国は根本的な世界観を維持しつつ、対印関係を世界との関与における一つの構成要素ととらえてきたということができる。そのため、調整は二国間関係のみならず、全体的な世界情勢に対しての姿勢にも反映されるのである。

　印中関係において西側が持つ意味についても少し掘り下げてみよう。これは中国側の議論でテーマとなることが多い点で、その結果インド側は受け身になる傾向がある。その存在の大きさを踏まえれば、印中双方にとって判断を下す際に西側が重要なファクターであったことは疑問の余地がない。しかし、過去を振り返ってみると、西側を巻き込むのに積極的だったのは実は中国のほうなのである。

　中華人民共和国の建国後二〇年にわたり、インドの西側との関係は相違点がありながらも比較的良好だった。実は、中国の存在はその相違点の一つで、ネルー(16)とクリシュナ・メノンの時期における印米関係ではとりわけそうだった。したがって、国境問題をめぐり印中関係が悪化していくにつれて、インドの対西側関係に関する中国のとらえ方が変化していったのはある意味皮肉なことだ。インドがついに西側に助けを求めたときは、一九六二年十一月に中国軍がインド側の防衛を圧倒してからだったのだ。ところが、ヘンリー・キッシンジャーとリチャード・ニクソンの訪中に示されるように、米中接近を通じて方針の大転換を図ったのは中国だった。その結果形成された中国・パキスタン・アメリカという三国関係《トライアングル》はインドにとって重大な事態をもたらすもので、一九七一年の印ソ平和友好協力条約を締結するしか対抗する術がなかったのである。

中国は国益の追求において、西側陣営とグローバルな調整を実現するのにためらいがなかったことは特筆に値する。ソ連やその友好国に対抗するべく、同じ緯度に位置する国々（中国、アメリカ、日本、ヨーロッパ）と「単一線」の結成を公に主張したことすらあった。ヴェトナムに対しては直接圧力をかけるかたちで、インドに対してはパキスタンを通じてという間接的なかたちでけん制した。一九八八年に印中がプラグマティックな姿勢で関係改善を図った際に終わらせようとしたのは、このような過去の経緯だった。

だが、多くの理由によりこの時代はいまでも想起する意義がある。まず、中国は、その時々でいかなる政治的対立が生じようとも、経済協力を確保するべく西側に十分な支持基盤を確立してきたことが挙げられる。これによって、中国は政治面で論争を続ける一方で経済やテクノロジー面の利益を拡大させることが可能になった。したがってインドにとって、中国と西側の関係を単純な国家間の対立ととらえたり、ゼロサムゲームと見なしたりするのは禁物だ。中国から西側の悪意に満ちた意図に関する主張がさんざん展開されたにもかかわらず、過去一〇年の中で中国とアメリカによるＧ２が提起されたことをインド人は忘れるべきではない。政策が流動的であることを踏まえると、完全に無視してはならないこうした傾向はいまでも存在している。結局のところ、十数年前には、中国は南アジアについてアメリカと共同歩調を取っていたのだから。中国が一方から正反対の方向に姿勢を変えるのとは対照的に、インドは西側に対して安定的かつ段階的なアプローチを維持してきた。

インドがどのように、いつ、そしてどの程度西側に関与していくかの決定は、国としての権利である。われわれが他国の政策の変化に合わせなくてはならないという考えは非現実的で、正当化されるものでもない。そしてもちろん、過去の展開が示しているように、印中がそう望むときには、両国は関係をポジティブな軌道で進めることができ、その他の関係から影響を受けることもない。西側についての不安を示すことが、相手の正当な利益や決断を制約するための口実になるべきではないのである。したがって、そうした議論が起こったときのベストな対応は、鏡を持ち出すことなのである！

困難な時代に向けた備え

インドと中国は隣国同士でありながら、それぞれの性格という点でも行動という点でも大きく異なる。インドは統制的な政治体制ではないため、対外関係の認識においては世論の持つ役割がきわめて大きい。世論の反応は短い時間で生じるだけでなく、ひとたび形成されると、簡単には忘れ去られない。信仰や価値といったファクターも、それを共有しない側にとっては易々と受け入れられないような意味を持っている。さらに、反応はコストとベネフィットによって決まる部分は少なく、状況をどのように認識するかは長期的な影響を及ぼす。インドのような民主的かつ多元的な国では、国内政治と外交政策の相互作用も複雑になる。安全保障から経済まで幅広いテーマで、かつて中国を受け入れる姿勢を示した政治家がそれまでの姿勢を公に転換することも見られるだろう。しかし、一時的な政治によって、より深い真実が隠されることがあってはならない。国境地域に関して言えば、一九六二年の結果とその後続いたインフラの軽視は、断固とした対応で効果的に改善されなくてはならない。そしてこれはいままさに実行されているところだ。

国境については、インドはその地形ゆえにきわめて不利な立場にある。この地域の性質は、国境の南を北から守ることをきわめて困難にしている。これは一九六二年の紛争の結果によってさらに厳しいものになった。中国は国境紛争によって、三万八〇〇〇平方キロメートルに及ぶ広大な地域を得た。パンゴン・ツォ(17)における架橋や国境付近における村落の建設のような最近の展開でさえも、六〇年前に相手の手に渡った地域で行われているのである。そして二〇一四年までのインフラ軽視はこの苦境をさらに悪化させてしまった。

したがって、インドは厳しい時代に向けて対応を再構築すると同時に、こうした過去の複雑な経緯を考慮に入れる必要がある。現場における取り組みの強化もその一つだし、有効なテクノロジー面のオプションを追求するのも一案と言える。国益を守るという明白なコミットメントを踏まえ、最適な組み合わせを常にアップデートしていくことになる。これはいずれも、現在直面する試練の重大さを十分に理解している政府によって注力されている。

第二の課題は、総合国力についてである。当然ながら、二〇一四年までのインド側における目的意識の欠如を反映するものがある。テクノロジーや戦術については、自分たちである程度ギャップを埋めることが可能だ。したがって、インドは強力な相手と渡り合ってくという問題に対しては、独創的に対処していかなくてはならない。過去の政策決定者は責任逃れをしようとするかもしれないが、誰もが実態を知るだけの証拠がある。実際、在任中にはいまとはかなり異なる方針を推進していた多くの関係者が姿勢を大胆に変えたことにわれわれは留意している。

もちろん、敏感な対応とは、必要に応じて他国とも連携しながら、確固たる力を可能な限り早急に構築することである。現在の地政学的シナリオは、この点に関して多くの可能性を提供している。しかし、そうしたチャンスを活用するためには、高い危機感と強い決意がなくてはならない。国境を守ることは至高の目的なのである。

現代の問題に影響を及ぼしているインドの対応に関し、さらに重要な展開すらある。われわれはみな、分離独立によってどれだけインドの戦略的地位が減じてしまったかを知っている。分離独立は、インド亜大陸におけるバランス・オブ・パワーの基礎を形成することにもなった。さらに深刻なことに、ジャンムー・カシミール[18]で一九四八年に主権の完全な行使ができなかったことで、現在深刻な懸念になっている国家間の接触をもたらしてしまった。イデオロギーの観点から見て見ぬ振りをする者には、過去の国際関係の基本的原則を故意に無視してきた責任がある。一九六三年以来中国とパキスタンがあからさまに連携してきたことも過小評価され続け、その次に起こることへの備えを怠ることになった。CPECが一帯一路の一部として発表されたとき、インドが直ちに拒否したのも、国内の一部の勢力によって公の場で批判されることになった。国内でそれらの口実が議論に上り、回避策が検討されはしたが、その間、中国からの強硬なメッセージは無視され続けたのだった。

現状からすると、緊張緩和について両国間で協議するのが自然である。そこで論点になるのは、緊密な経済関係が錯綜した政治関係の効果的な解決策になるかどうかだ。インドの論壇で有力な勢力がこうした可能性を支持した時期はあった。二〇〇五年に中国が「戦略的パートナー」と位置づけられたときには、こうした楽観的な見方が現実のものになるという期待があった。

過去一五年で、そうした期待は裏切られることになった。経済が政治面の安定に寄与することはほとんどなかったし、むしろそれ自体が問題の原因にすらなったのである。その一つは、グローバルなサプライチェーンで多くが中国に依存しているという現実である。もう一つは、インドが最近まで国内の製造業を積極的に振興できてこなかったことにある。実のところ、インドには中国に伍していく能力も運命もないなどという声が影響力のある識者からいまだに発せられているのだ！　その結果生じたのは、市場アクセスの課題と貿易赤字の拡大によって対中貿易の問題が増えていくという事態だった。テクノロジーやデジタル産業では、双方が相手の市場で獲得しているシェアの差が歴然であるという状況によって、問題は深刻化した。皮肉なのは、事態を懸念していると主張する者がまさにこの厳しい状況をもたらした張本人であるという点だ。

国内の代替策を整備するべく持続的に取り組んでいくことのみによって、この状況の修正が可能になることをインド人は認識しなくてはならない。しかし、新型コロナウイルスのパンデミックによって、対外的な関係が大幅に増えることのリスクが高まったことも疑いがない。国境地域における摩擦のエスカレーションから来る懸念は、この状況をさらに際立たせることになった。「アートマニルバル・バーラト」は、いまや経済面の能力強化だけでなく、戦略的対応策の表れとしての意味も帯びている。インドでは中国と二国間協議を優先すべきと強く主張する向きがあるが、現代におけるグローバルな議論が印中関係にも影響を及ぼすことは避けられない。これは、サプライチェーンやテクノロジー、データ、コネクティビティといった分野ではとりわけ顕著である。実際、中国がグローバルな存在になればなるほど、こうした大きな視点からの議論によって交渉担当者の反応がかたち作られていくものなのだ。

　他の世界と同様、インドも確立された経済モデルでは今日の状況に対応しきれないという現実に直面している。市場経済から自立している国に対しては、比較優位のロジックは機能しないことは明らかだ。そして当然ではあるが、生産と消費に関するあらゆるファクターが活用されるなかで、世界は制限なき競争に突入する用意はできていないのである。

　インドについて言えば、従来のビジネス手法からの脱却のみが成果をもたらすと言えるだろう。そしてサプライチェーンと信頼については強靭性と確実性に関して、データについては透明性に関する転換が進行している。こうした状況の下で、さまざまな分野で国の能力向上につながる真の可能性がもたらされている。

　その間、インドは自国の経済がこれまで以上に不公正な貿易にさらされることに警戒を強めることが求められる。これは保護主義ではなく、経済的自衛だ。手軽な改善策の誘惑に抵抗することも、国内のサプライチェーン構築には必要になってくる。グローバルな競争について言えば、インドの決断は自国の利益に十分資するかどうかという点に基づいて下されなければならない。コネクティビティのイニシアチブやテクノロジー開発についてパートナーを選ぶ際には、こうした要素に基づいて行う必要がある。

　多国間および複数国間のフォーラムにおける印中協力は、当然ながら両国の関係にも影響をもたらした。今日でも、両国が共存している地域、開発、政治に関するプラットフォームがある。同時にこの一〇年では、グローバル・コモンズの発展推進のための新たなメカニズムの中で、印中という二つの隣国の利益が一致しないケースも見られるようになってきた。両国の外交活動の総和が黒字を維持し続けられれば、印中関係全体に資するだろう。しかし、インドのＮＳＧ加盟や国連改革、一帯一路の拡大をめぐる見解の相違に見られるように、これを認識するのは言うほど容易なことではない。

自国が台頭する最中で他国の台頭に対応することは容易ではない。多極化の強化という点では、それがどの程度アジア自身に反映されるかをインドは真っ先に考慮するだろう。同様に、リバランスについても、インドの判断は自国の成長を加速するオプションのほうに傾くことになるだろう。しかし、明確にしておくべきは、インドのように長期にわたり主権の平等性を国際関係の基本的原則ととらえてきた国は、今後もこの方針を継続していくという点である。

限定的な二国間の観点から見ると、インドの台頭が中国によって過小評価されてきたことは当然と言えば当然である。共通の近隣地域における構造を形成しようとする試みが、インドにとって大きな意味を持つのは自然なことだ。なかでも重要なのは一帯一路で、これまで指摘してきたように、インドの主権を侵害する回廊が含まれているからである。海洋でも顕著な転換が生じようとしており、これは明らかにインドの利益になるものではない。

これらすべてにおいて、グローバル・コモンズは責任感を共有する同志国のコミットメントに委ねられることになっている。時を同じくして、インドの利益と影響力は東方に向けて拡大していった。インド太平洋の概念化とクアッドの登場は、こうした新たな要請に対する現実的な対応の例である。それはまた、主権国家の判断に対して別の国による拒否権の発動を認めないことの重要性を強調するものでもある。

印中関係は「アジアの世紀」の基礎になるという指摘がたびたびなされる。この起源は、三〇年以上前に鄧小平が行った発言にまでさかのぼることができる。だが過去数年の事態は、連携することができていないという正反対の現実は先述した展望を台無しにしかねない可能性を示すものだ。したがって、暫定的にせよ合意に至れるかどうかは、アジアにおける多極化の追求に関わってくる。さらにそれは、判断の履行、グローバル・コモンズについての懸念、国際法の尊重、主権の平等に基づく関与といったテーマについての議論にも発展している。経済分野では、公正な貿易、平等な機会の重要性、リスク緩和の必要性、信頼と透明性を促進しつつ強靱で確実なサプライチェーンを構築することといったテーマについての議論が並行的に進められている。

国家が繰り広げるゲームにおいて、政治的ロマンチシズムと文化的プライドは往々にして相手を操作しようとするカードとして用いられる。西側に対する統一戦線の構築と「アジア人のためのアジア」という主張は、脱植民地主義の世界における不安にアピールする実証済みの手法と言える。だが、現実は無情にも冷徹で、はるかに競合的なのである。グローバル化した世界において、他国を排除しながらその地域にアクセスを試みることは非現実的だ。戦略的な関与においては、パートナーは感情や偏見ではなく、利益に基づいて選ばれるべきなのである。より文化的に保証されたインドは当然ながらその意味をよく理解できるはずだ。

中国とよりバランスがとれ、安定した関係の構築に向けたインドの考えは、複数の分野で示されているオプションに見出すことができる。二〇二〇年の事態を踏まえれば、それが国境の確実な防衛に関わることが中心になるのは明らかだ。これは新型コロナウイルスの最中でさえも示されたのである。性能を高め、テクノロジーを活用した軍の整備が喫緊の課題であることは言うまでもない。国境地域における平和と安寧は、いまでも正常な関係の基礎であることは明らかだ。これは、国境問題の解決とはまったく別の話である。現実は、このような低いハードルですら二〇二〇年に踏み倒されてしまったのである！　経済的には、製造業拡大をさらに進め、「アートマニルバル・バーラト」を振興することがカギになる。国際的には、各国との関係を構築し利益に関わる合意を促進していくことがインドの国力増大につながる。われわれはこれからも効果的に競争を続けていかねばならず、直近の近隣地域においてはとくにそうである。

二〇二〇年以降の状況で印中間に安定的なバランスを築くのは容易ではない。その実現は、「三つの相互」が基礎になって初めて持続的になる。インドが東西および南北の分断において最適なポジションを見出そうとしているなかで、国際情勢もこのプロセスに資することができるだろう。しかし、そこではアジアにおける多極化が受け入れられなくてはならない。過去数年は印中関係という点でもアジア大陸の将来という点でも深刻な試練の時期だった。緊張状態が続けば、その影響がもたらされることになる。国が「ニューノーマル」の姿勢をとれば、必然的にその戦略も「ニューノーマル」に変わっていくだろう。長期的視点から印中関係が展開していくかどうかは、大きな問題である。

いま印中関係は、まさに岐路に立っている。インドの国家としての意思、政策に対する確信、グローバルな関係と能力の向上は見てのとおりである。そこで下される判断は、二国間のみならず世界全体に対して多くの影響をもたらすことになるだろう。「三つの相互」の尊重とそれによる提案を印中関係の発展に適用することは、双方が適切な判断を下すのに資するはずだ。それは印中関係が実態に基づく分析やグローバルな戦略、現場での実践によって展開することによって可能になる。インドの対中アプローチにリアリズムを浸透させることができて初めて、世界に対してバーラトとしてのイメージを強化することが可能になるのである。

安全保障再考
――現代の状況にどう適応するか

第9章

「消耗」はいまや新たな競争になっている。制約とリスクの世界において、国家は他国と直接対峙するのではなく、浸透を図り影響力を及ぼそうとするようになっている。したがって、脅威のタイプが異なれば、防衛の仕方もそれに対応したものでなければならない。その出発点となるのは、この時代に対する確かな認識だ。「安全保障」を基本的に警備、法と秩序、インテリジェンスや捜査としてとらえる時代があった。当然ながらそれは反政府活動対策、テロ対策、国境防衛といった分野に広がっていった。極端なケースとして、安全保障の思慮範囲には軍事衝突も含まれるだろう。だが、ここではこのテーマについてあらためて考えてみたい。日常はかつてとは異なるのであり、課題もまた同様だからだ。

これは、従来からの問題が減少したというのではない――実態はむしろ逆である。われわれが「アブノーマル」を注視し続ける一方で、「ノーマル」がきわめて警戒すべき形態を取るようになっているのである。日々、われわれにとって身近なところで、国家や社会を危険にさらす活動や交流が展開されているのである。グローバリゼーションがわれわれの安全にいかにインパクトをもたらすかを認識しなければ、利益を得るよりも妥協を受け入れなくてはならない日がくるかもしれない。より強い国でも、それぞれでこうした困難な状況に直面している。

この世界は大きく変化しており、そのために安全保障についての意識もまた変わらなければならない。これは国際政治の変数に着目し、相互依存と相互浸透の世界を生きるということが持つ意味を理解するということだ。われわれが適応しつつある「知識経済」は、パワーの新たなメトリックスを創出することができる。今日もっとも強力と見なされるものは、もっともスマートなパワーだという見方が強まっている。しかし、古代の叙事詩に記されているように、それは決して新しいものではないのだ。

知識とは力であり、危機的な状況下においてはなおさらそうなることが多い。競争が展開される世界において、それはインテリジェンスや分析、理解の重視を意味する。戦場においては、洞察力と情報はこの上ない切り札となる。実際、その実践例が『ラーマーヤナ』で示されているのである。

ラクシュマナとラーヴァナの息子インドラジットの戦いは、多くの点で最終局面を前にしたターニングポイントと見なされている。戦いの前には「心理戦」が展開され、インドラジットが架空のシーターを作り出し、サルの軍団がいる場で彼女を殺害してみせた。彼はそこで起きた混乱を利用し、自らが無敵になれる阿修羅の犠牲の儀式を完了しようとした。知識が違いをもたらすのは、まさにこの場面である。叔父のヴィビーシャナはインドラジットのねらいを正しく見抜き、ラーマに進言したのである。そこで儀式の完了を阻止すべく、ラクシュマナがニクンビラ[1]の下に派遣された。三日三晩にわたる戦いの末、ラクシュマナは「インドラストラ[2]」を用いてインドラジットの殺害に成功したのである。

その前にも内部情報がものを言ったエピソードがあり、これはラーヴァナのもう一人の息子、巨人アティカヤとの対峙をめぐるものだ。対決の中で決死の戦いを繰り広げていたラクシュマナは、ヴァーユからあの悪魔を殺せるのは「ブラフマシャクティ[3]」だけですと進言を受けてそれを採用したところ、見事殺害に成功したのである。実はラーマ自身もラーヴァナとの戦いの重大局面で馭者のマタリから「ブラフマストラ[4]」を用いるべしとの進言を受け、恩恵を被ったことがあった。情報戦は優位をもたらすだけでなく、形勢を全面的に逆転させる力を持っているのだ。

『ラーマーヤナ』で過小評価されている登場人物がいるとすれば、それはラーヴァナの弟ヴィビーシャナにほかならない。彼は親の氏族と決別した経緯があり、それは高潔な理由からだったにもかかわらず、民衆からは汚点と受け止められていた。だが、この叙事詩のターニングポイントにおいて彼が決定的な貢献をしたという事実には変わりがない。ラーマはこのことを理解し、部下が懸念を示したにもかかわらず彼を自陣営に招き入れたのだった。ラーマはラーヴァナに取って代わりたいというヴィビーシャナの野心を見抜き、戦いが始まる前に彼をランカー島の王座に就けたのだった。これからわかるように、体制転覆には長い歴史があるのだ！

　ヴィビーシャナの側からは、アナル、サンパティ、プラマティ、パナスといった仲間からなるネットワークを通じて貴重な情報提供を行った。戦いの過程でラーマが戦術的なインテリジェンスを常に求めたのは、ヴィビーシャナだった。ラーマとラクシュマナが「ナーガパシュ[5]」を用いてきたインドラジットによって動きを止められたとき、回復に必要な時間を稼いでくれたのもヴィビーシャナだった。敵軍から人材を採用するのは常に難しい判断を迫られる。このプロセスには、疑念や不信がついてまわる。しかしラーマが実践してみせたように、最初にたしかな判断を下すだけでなく、試練のときでもそれを信じる勇気があるとき、しっかりと報われるのである。

　もう一つ関連するものとして、ナラティブの力がある。それが綿密に構築されたものであれば、支配の基盤となり、それに対抗せんとする意思ですら弱体化させることができる。ラーマによって打倒されるまで、ラーヴァナは基本的に無敵の存在と見なされていた。だが、現実は少々異なる。ラーヴァナはそうした有効な名声を作り出すことに成功したのである。彼が同輩のほぼ全員を負かしたことは、このイメージ設定できわめて重要だった。また、息子のメーガナーダが神々(インドラ)の王を打ち負かし、「インドラジット」の名を得たというエピソードもある。ただし、ラーヴァナが敗北を喫し、その結果を受け入れざるを得なくなったケースもある。ラーヴァナを負かした一人はヴァーリンで、これは瞑想中の後者を捕らえようとしたときのことだった。裏目に出たケースとしては、マヒシュマティ王国のカールタヴィーリヤ・アルジュナ王との対決がある。これは両者がガンジス河でたまたま同時に沐浴をしており、祈りを捧げていたラーヴァナをアルジュナの行動が邪魔したことがきっかけだった。それを受けて起きた戦いでは、ラーヴァナはとらわれの身となり、罪人としてマヒシュマティ王国に連れて行かれた。このときは祖父の聖仙プラスティヤが介入してくれたことで、解放が実現した。この二つのケースでは、ラーヴァナは退却を強いられただけでなく、敵と妥協を結ぶことを余儀なくされたのである。

時として、大国ですらも自らの限界を悟り、それを踏まえた対応を取ることがある。「永遠の戦争」でエネルギーを費やしたり、不毛な紛争の泥沼にはまったりするのは、賢明でなければ報われることでもない。成長する国は常にスマートな判断と軌道修正によって加速するものである。しかし何よりも、ラーヴァナの名声はナラティブの力と、それがいかに強力な武器になるかを際立たせるものと言える。

安全保障をめぐる難問の理解

手始めに、厳密には理解されにくい変化について振り返り、その上でわれわれが直面する試練の多くについて水面下で何が起きているかを理解することにしよう。ある事態が有害と見なされるのは、暴力や流血のときだけだろうか？　安全保障上の脅威の多くは段階的で徐々に広がっていくものであり、必ずしもあからさまな攻撃とは限らない。インドの団結と統合が弱まり別の忠誠対象が登場したとしたら、それに無関心でいることはできるだろうか？　民主的自由の名の下に海外から共感や援助、支持が分離主義者に対して寄せられることがあれば、平静を保っていられるだろうか？　国の発展、とりわけ機微なインフラが妨害されたとしたら、無関心でいられるだろうか？　世論を形成すべく影響力を及ぼす工作が展開されていても、そのままやり過ごすことができるだろうか？　開かれた経済のための政策判断が脱工業化や外国への依存をもたらすとすれば、それは未来にとっていかなる意味を持つだろうか？　戦略的自律は、戦略的安全保障のみによって可能になるのである。

安全保障をめぐる議論の多くは、露出、浸透、脆弱性をめぐって展開されるようになっている。いまの世界は、通常の活動がいともたやすく邪悪な意図に変わり得る状況にあるのだ。こうした課題を提起するのは、統制を厳しくしようとか、権威を強めようとか、世界に対して背を向けるといったものではない。実はこれは、危機感を持ち、備えを整え、能力を向上させ、何よりも国の防衛を弱体化させないための訴えなのである。

インドの社会は安全保障に関わる試練の対処に忙殺され続けており、それは多くの国よりも厳しい状況にあると言えるかもしれない。世界と同様、インドもさまざまな従来型および非従来型の脅威に直面している。法と秩序、さらには国内治安ですらも、大規模で多元的かつ多様な政体の下で、より複雑になっているのは間違いない。インドは国境の外からもたらされる容赦のない暴力を経験しているだけに、テロに対する懸念はとりわけ強い。対外的には、未確定の国境の安全をどう確保するかが、きわめて厳しい任務であり続けている。現在を生きる世代が複数の紛争の記憶をとどめていることも、われわれの思考を形成している。

こうした側面のそれぞれが、当然ながら高いレベルの対応を必要としている。しかし、つながりの度合いを増しつつある状況下で深く根づいている重要な懸念もある。それは世界との関与に内在するものであるがために、問題から逃れるわけにはいかない。安全保障については、量と質を改善するだけではもはや十分とは言えない。インドはこれまでとは異なる方法で対処する必要があり、それは新たな思考の必要性を意味するのである。今日における安全保障の強化には、あらためて考えを構築することが求められるのだ。

国家安全保障に携わってきた者であれば、その言葉の定義自体がいかに進化したかをよく理解できるのではないだろうか。変化はあらゆる国におけるグローバリゼーションのインパクトによって促され、テクノロジーはわれわれの日常生活に行き渡り、競争の度合いを増すグローバルなシナリオが登場している。脅威というものがいかなるものであり、いつどこから、どのようにして生じるかは、その脅威への対応や防衛、対抗策の講じ方と同じくらい複雑になっている。われわれは脅威の評価においてより内在的な枠組みを注視するだけでなく、より多くの変数を踏まえる必要がある。これらが重なることで、何が起こるかが予測困難になり、何も起こらない状況はむしろ例外的になっているのだ。

安全保障をめぐる難問の中心には、経済的相互依存とテクノロジーの相互浸透の融合によってもたらされる切れ目のない状況がある。それによって、以前なら予想もできなかったかたちで、情報やアイデア、イデオロギーの流れが活発になった。人間に関する側面もあり、これはルールや規範をどこまで順守するかという点である。われわれの存在が能力に左右される一方で、同時にわれわれは脆弱になっているというパラドックスを無視するわけにはいかない。成長と繁栄の大きなカギを握るファクターそのものが、悪意を持った者の手に渡れば懸念の発生源になってしまうのである。

なぜ安全保障上の問題に対して従来の考えを越えたアプローチが必要になるのかの理解は、上述のような認識からもたらされる。インドは世界との関与を重視するだけでなく、そうした関与を積極的に拡大しようとする国でもある。実際、国内における発展を導くファクターは、外部のさまざまなファクターと日々密接につながっているのだ。したがって、われわれの任務は、リスクを最小化しながらベネフィットを最大化するという最適解を見つけ出すことにある。それを物理的な統制によって実現していた時代ははるか昔のことだ。それに代わって、国が遭遇しうるいかなる問題に対してもそれを理解し、予測し、備え、深い考えを巡らすことが必要になっている。それを効果的に実行するには、この世界の現状について正確かつ最新の理解を持つことが決定的に重要なのである。そして今日、われわれの存在は、外部性が国内における重要性を低くするわけではない一連の流れや事態によって形成されている。

いかなる客観的でグローバルな評価においても、国家間、とりわけ大国によって繰り広げられる制限なき競争という展開をいまや認識しないわけにはいかない。その本質は、各国がより多くの能力や影響力を高めているだけではなく、それを活用する方向に傾いていることでもある。これは、以前であれば個別の存在として認識されるのが普通だったセクターの数々が目に見えてつながりを増しているという現実によって示されている。ビジネスやエネルギー、金融は戦略の構成要素と見なされ、スポーツや観光、教育、政治も同様である。このプロセスの中で規範やファイアウォールは棚上げされ、そこには何が公正で受容可能かについての考えも含まれる。この転換には構造的な側面もあるが、行動面における変化によって強化されてもいる。グローバリゼーションとテクノロジーは前者を、ナショナリズムと単独主義は後者をそれぞれ反映している。世界はリスクテイクの傾向を鮮明にするようになった。いかなる国も関与しないわけにも、影響を受けないわけにもいかず、インドも例外ではない。その結果、インドの対外環境がさらに危険になっているという事態がもたらされている。

しかし、政治においてもボーダーレス化が進みかつての安心感がなくなったことで、国内の状況も安泰というわけではない。前述したのと同じ勢力の多くが国内でも影響を及ぼしているが、異なったかたちで変数が積み重なっている。他国の社会にアピールし、影響力を及ぼし、展開を導く能力と傾向が高まっているのは明らかだ。既存のグローバリゼーションのように、ボーダーレス化した政治も少数の利益のために行われていると言える。しかし前者と同様、多数の利益のためとして喧伝されているという共通点がある。その表れ方は、あらゆる世論形成の手段やイメージ構築に及んでいる。ナラティブと議論の形成を通じて、正当化と非正当化の両方が追求されている。これは全体的な現象と言えるかもしれないが、だからと言って安全保障における意味を曖昧にさせてはならない。結局のところ、この試みは課題から解放することもあれば阻害することもあるし、時によってはそれを煽動したり拡大を促したりすることもあるからだ。実際、動機となる信念は往々にしてそれを実行可能にするリソースも流入することで支えられている。したがって、外部の取引に対する監視を怠るような国は考えが甘いと言わざるを得ないし、必要なときは規制を実施すべきなのである。

重要なのは、この分野については西側諸国も非民主的な国々と同様に活発に動いているという点であり、そこでは立法やインテリジェンス、行政の行動といった手段が用いられている。この点でインドがターゲットになるときがあるが、インドに対するそうした批判はより厳格な監視体制を持つ国からなされることが往々にしてあるのは皮肉と言わざるを得ない。他の多くの展開と同様、ボーダーレス化した政治も幅広い分野にわたっている。旅行者や利益を共有する者を支援する姿勢がある一方で、その対極には急進化や暴力的な過激主義、さらにはテロリズムにつながる取り組みもある。

次に、ルーティンの安全保障化を取り上げよう。われわれは危険や脆弱について、紛争や衝突、騒乱、それへの備えといったように、普段とは異なる状況から生じるものと考えがちだ。しかし現代社会は、ユーザーやターゲットでさえも意識しない状況下で、テクノロジーや活動、手段のネットワークが利用される可能性がある状況に入っている。毎日数え切れないほど、われわれはさまざまなリスクにさらされているのである。もっとも明白な例としては、データおよびそれを生成するプロセスが挙げられる。いかにデータが収集されＡＩの開発が進むかは、もっとも激しくグローバルな競争が行われている分野の一つだ。他にも、われわれの生活で以前にも増して欠かせないほど突出した存在となった電子取引やサイバー空間、あるいは社会が大きく依存している重要なインフラも同様である。

実際、新型コロナウイルスの経験は、テクノロジーとつながっていない分野でさえもわれわれの脆弱性を強化しうることを教えてくれた。サプライチェーンの世界においては、センシティブなタイミングで主要な分野の物品不足が生じ得る。これは物流面の遮断の結果かもしれないが、計画された戦略の可能性もある。その結果、強靭で、信頼でき、余裕のあるサプライチェーンの構築に、デジタル分野では信頼性と透明性の向上にグローバルな関心が向けられるようになった。

だが、本当の問題は、あらゆるものが兵器化されていることにある。近年、世界では貿易や金融、投資、物流といった分野が戦略的目的のために活用される状況が見られている。実際、市場シェアや業界の独占もまさにこの目的を念頭に置いて形成されているのだ。一部の国は、他の国が手遅れになるまで目的を隠し通して、その目的を達成するためのもろもろのイニシアチブを推し進めるのである。圧力をかける手段として制裁を用いるケースのように、さらに際立った対応もある。

兵器化という思考を念頭に置くと、安全なものはほとんどなくなる。観光客の流れ、鉱物資源や部品の供給、大規模ベンダーや顧客による力の行使を促すか停止するかという形態を取りうる。市場経済が非市場の目標に従属するとき、いかに「ノーマル」が脆くなってしまうかをわれわれは認識させられることになる。実際、世界は長い間、グローバリゼーションによる利益のためにルールが操作されるという中間的な状態に置かれてきたのである。それがいま報いを受けようとしており、われわれは遅まきながら、その結果に気づきつつある。皮肉なことに、戦略が優先されるとき、市場経済の美徳を信奉する者でさえも、自身の原則をおざなりにしてしまう。したがって安全保障の評価においては、依存というものがどう作り出されどう活用されるかの理解が求められている。また、安全保障上の危機感を強めている国の間には、投資の流入や企業買収を精査するという当然の潮流も存在する。

さらに重要なのは、時価総額が国家のGDPを超えることも珍しくない大規模テック企業が日増しに力を高めていることである。ここで言っているのは、単にこうした企業の巨大な規模だけではない。また、こうした企業の影響力をめぐる政治や倫理に関して議論をすべしということでもない。リアリストとして、こうした企業がわれわれの日常生活に持つ重要性に無関心でいるわけにも、影響力を及ぼそうとする結果に鈍感であるわけにもいかない。プライバシーや商取引に関する懸念ははるかに大きなものになっている。われわれは国家アクターと非国家アクターという考え方に慣れている。しかし、独自の巨大な利益を持つ企業は、現代の国際関係において新たな状況をもたらしているのだ。社会全体が直面している問題は、こうした企業が独自のアジェンダや規範に基づいて行動しようとしていることである。さらに近年の事態は、強い国家でさえも、これほどの規模の企業に対してコントロールすることはもちろん、その実態を正確に評価することすら難しくなっていることを示している。こうした企業は、本来政府が持つような能力を発揮したり、独自の地政学的利益を確保しようとしたりするほどだ。企業が政府や国家に対抗しようとすること自体は新しい話ではない。しかし、その手法は現代のライフスタイルの変化によって変わってきている。われわれはこうした変化の波に盲目であってはならないのである。

別の手段による戦争

あらゆる社会の安全保障に対する理解は、空間的にであれそれ以外のかたちであれ、進化していくと論じることは妥当と言えるだろう。交通手段の発達によって、遠い場所にあった脅威がより身近で切迫したものになった。インパクトのある規模でそうしたテクニックを身につけた者は大きな力を手に入れ、その他の者は被害者になった。

インドに住むわれわれは、当然ながらこのことをパーニーパット症候群(6)の一部として、また植民地時代の経験として承知している。どこであれ歴史は多くの重要な実例を示してくれるものだ。だが、現代においてはこれが完全に異なるレベルになっている。グローバリゼーションとテクノロジーによって距離が縮まり、その結果、これまで経験したことのない課題が生じたのである。

結果やバランス、影響力の創出に効果的な軍事力や強圧的な行動を検討するというのがかつてのやり方だった。単調で繰り返しの多い当時の人間関係や金融取引でも、重要な変化をもたらすことはあった。これらを効果的に組み合わせることで拡大したのが帝国主義だ。しかし今日、人間関係も金融取引も、通常の活動を通じて、あるいはオプションの創出とその行使方法の決定権を握るというかたちで、社会への浸透においてより強力になっている。

したがってもっとも過小評価されている問題は、日常生活の中でルーティンとして起きている事柄なのである。安全保障の観点からは、グローバリゼーションは、その特徴である相互浸透と相互依存から評価されるべきである。その結果、距離があったとしても、それはもはやセーフガードにならないことを示している。つまり、自己急進化は国外でなくても起こり得ることをわれわれは悟るようになった。グローバリゼーションは世界を身近にしただけでなく、チャンスとともに不安も連れてきたのである。テクノロジーがわれわれの生活に占める部分が多くなればなるほど、試練もまた深刻さを増していくということだ。

こうした脆弱性の範囲が拡大する一方で、十分な防衛のために必要なものに対する期待も拡大している。国家安全保障はこれまで、軍や警察、法執行といった狭い範囲でとらえられており、脅威は遠くにあり明確に定義できるものという認識を強調していた。しかし、これはいずれも通用しなくなっている。さらに、テクノロジーや金融、あるいは食糧や燃料のように、依存と圧力に関する経験は、戦略的自律のメリットに関するグローバルな議論を再燃させることになった。中国の台頭、アメリカにおける論調の変化、新型コロナウイルスのインパクト、ウクライナ紛争、中東における武力衝突

――こうした事態を受けて、経済安全保障が国家安全保障の中核に置かれている。この結果、収益性の観点とは逆の、生活における懸念が重視されるようになった。

このように集団的な安心感に影響を及ぼす要因が着実に拡大していることで、どの国の判断においても危機感が高まった。実は、物流の遮断自体も、「安全保障」の定義が変わり続けるなかでそれをもたらす要因になっている。安心材料としてのパートナーシップや協力的な取り組みの価値は重要性を増している。

変化とは単に構造的なだけではなく、行動面においても現れるものだ。われわれは、これを踏まえて過去二〇年における転換点を認識しなくてはならない。具体的には、二〇〇八年の世界金融危機と多くの国におけるリーダーシップのスタイルに生じた変化である。その後に続いた新型コロナウイルスのパンデミックやウクライナ紛争も含まれる。全体として見たとき、大国がリードする国際政治における競争の激化という状況がある。各国が支配下にあるあらゆる影響力を用いて国益を達成しようとしていることは明白になりつつある。

過去においては、そうしたツールは一定の領域《スペクトラム》と受け止められてきた。力の行使が一方にあり、模範の力が他方にあるというかたちだ。両者の間には実務的なオプションの数々があり、その行使ですらも共通の利益や抑制によって極端なものにはならなかった。おそらく、これらは常に機能したわけではないだろう。選択的な力の行使であれ制裁の適用であれ、優位な立場にある国はそれを選ぶことが多かった。しかし全体としては、グローバリゼーションに対する支持は冒険主義の推進を思いとどまらせるものになりがちだった。だが、利害関係が拡大し対立が先鋭化すると、大国は「その他の手段による戦争」のメンタリティを示すようになっていった。この時代を特徴づけるのは、影響力と能力をツールとして活用し、はるかに強硬かつ臆面のない姿勢で臨むという意思である。より多くのツールがあることは、こうした傾向をより高めるものだ。実際、このアプローチがグローバル化した生活と行動における多くの側面を活用するようになっている状況が存在する。

貿易は常に政治的な側面があるが、今日その度合いはさらに増している。市場シェアは、買い手側によっても売り手側によっても政治的メッセージ発信のために積極的に活用されている。モノであれテクノロジーであれ、独占状況の活用はこれまで以上に容赦なく行われている。通貨の力であれ債務による危機的状況であれ、金融も力を増している。コネクティビティはリンケージと依存という性格を増し、透明性と市場の調整力の欠如がそれに拍車を掛けている。テクノロジーはこうした状況を新たなレベルに誘うが、それはこれまで以上に介入的なかたちで活用されるからだ。データに関しては、社会の思考そのものに対するユニークな視点をもたらしている。観光の流れについても、それが政策的に実行されると、影響力をめぐるゲームのカードになる。これらはいずれも相互依存における「ノーマル」な側面であり、十分な考慮や精査を経ずに展開されていることが多い。

しかし、競争的政治は影響力や強圧の行使だけではなく、誘発の行使でもある。その結果、プロジェクトや活動、交流はいずれも影響力の促進と行使を図るための手段になっている。この状況は、教育やビジネスからメディアやエンターテインメントまで、幅広い分野で見られている。相互浸透がここまで当たり前かつ深く展開していることは、上記の可能性を著しく容易にする。

黙諾を促し変化を創出することは、政治と同じくらい長い歴史がある。現代の国民国家は、これが国際関係として展開されるに当たっての分析的概念を提示している。こうした取り組みがもっとも極端になると、他国を従属させることによる支配の意図という形態になる。だが、現実にはそのレベルまで達することは滅多にない。影響力の獲得と強化として現れるほうが多いのである。ある意味、これは常に進行し続ける作業と言える。圧倒的に多くの国がディフェンスに集中する一方で、より支配的な立場の国は本質的にオフェンス時に積極的になるものだ。国際秩序の創出はそうした行動の結果だが、それは行動を規制し要求を正当化するメカニズムの構築を意味するからにほかならない。それぞれの分野に応じた基準は、特定の少数の国の能力を多くの国の目標とするという点で、高い有用性を持つのである。

社会の進化において、安全保障領域の発展と日常生活における発展は常に相互につながっている。物質であれ、通信であれ、プラットフォームであれ、活動であれ、一方における進展は当然のごとく他方に波及する。研究機関や企業で開発されたものの多くが、兵器にかたちを変えている。同様に、安全保障に関わる発明や発見も長年にわたり成果をもたらしている。だが、世界のグローバル化が進んでいくにつれて、両者の境界線は曖昧になりつつある。それはテクノロジーの統合の進化というかたちで現れることもあれば、意図的な軍民融合によって生じることもある。一部の国では、額面どおりに受け取るわけにはいかない状況下で、経済活動は安全保障上の能力を強化するだけでなく、そうした能力によって導かれもすることを認識しておく必要がある。企業の役割はここまででその先は安全保障の領域という区分は、いまや見分けがつきにくくなっている。

行動も規範の設定やエチケットの確立によってかたち作られ得る。今日の国際政治における議論でルールの設定と順守が中心的な位置を占めるようになったのは、このためだ。しかし、ゲームのルールは国益の実現や効果的な防衛の確立において不十分であるときも少なくない。ルールが存在しなかったり、疑義が提起されていたり、単に無視されている状況下ではさらに複雑なことになる。したがって、危機感を持っている国は当然ながら意図を推し測るよりも能力向上に集中することになる。インドも、後者が前者を保証するものになることをしっかりと認識しなくてはならない。確かな安全保障の基盤には確固たる強さが必要であり、この認識こそが大国とその他の国を隔てるものなのだ。

これはインドにとってはとりわけ当てはまる。というのは、インドの工業および製造業の能力は全体の成長と比べて後れをとっているからだ。軌道修正を図るべく取り組むなかでも、ルールと規範の順守を求めるロジックは総じて強いままである。予見可能な将来において、われわれは軌道修正ができないことで利益を得るよりもマイナスになる可能性が高いと言わざるを得ない。インドのような強靱さがない国々は権力を持つ少数の国に屈する以外に選択肢はなくなるだろう。大国間でさえも、ルールはどの国にとっても利益にならない不安定な状況を防ぐことができる。同時に、デジタルのような分野では、ルールメイキングが既存のプレイヤーのリードを固定化するために使われるのではないかという懸念の高まりが見られる。したがって、能力向上のためには大胆な政策決定とナラティブの構築が伴わなければならない。

見解を形成し思考の方向付けをすることは、政治をめぐる競争における不可欠の側面である。情報分野が重要性を増しているとすれば、その突出した特徴だけでなく、新たなツールが入手可能になったことを意味している。時代遅れのプロパガンダはテクノロジーとデータによる産業に取って代わられたかもしれないが、注目を集めている他の多くの慣行と同様に、これも新しい現象ではないことを忘れてはいけない。

ナラティブのコントロールは常に闘争であり、テクノロジーはそれをはるかに複雑なものにした。法や秩序、安全保障で責任的な立場にある者はこの現実と日々格闘している。それは議論の方向を変えたり、動機付けをしたり、警告を発したり、混乱に陥れたり、ミスリードさせたり、時にはこれらすべてを同時に実行することもある。しかし、われわれがいつも読んだり見聞きしたりするといった、ルーティンにおけるインパクトを忘れてはいけない。以下について考えてみよう。受容と拒否という両方のプロセスが進行中だとする。それを導く勢力は国民国家、それにパワーと影響力に関する伝統的な定義にとどまらないことが多い。場合によっては、現状を強く支持し変化には敏感に反応することもある。憲法第三七〇条に関する変化に対して一部の勢力から強硬な反発があったのは、その例だ。しかし、そうした勢力は急進主義を、さらには受け入れられやすいかたちで過激主義すら支持しかねないのである。越境テロが分離独立後の対立のより強硬な形態として説明されるのを見ると、そこにもそうした勢力がうごめいているのが見て取れる。

実は、国家のイメージは、国家自体が念頭に置いているアジェンダによってかたち作られるのである。データ保護主義は、デジタルを活用したサービス提供を矮小化し、データのマネタイズを正当化するために用いられる議論だ。同様に、「大量排出国」[7]という概念も、歴史的な責任を回避しようとする試みで用いられている。いずれにしても、既存のエリートは新興国に自国の利益を決める自信を与えるような類いのリバランスを監視し、抵抗していくだろう。

物質的分野の基準のように、新興大国は、先行して成長を達成した国による確立された見方からナラティブ上の挑戦を受けることになる。アイデアの世界において、先行した国はポリティカルコレクトネスを規定し、それをあまねく適用しようと試みる。多くの場合、外部の権力が共通理解を持つローカルエリート層と強く結びついている。近年におけるインド自身の経験では、「良き統治《グッド・ガバナンス》」が過度な国家による統制だと歪曲されたり、無政府状態やさらにひどい状態が民主的権利の行使として正当化されたりするさまが示されてきた。こうした動向に対して無関心でいる国は、社会を危険に陥れることになる。

グローバル化した時代は統合された広範な真実の称揚を促し、それは綿密に構築された反響設備の中で拡大していった。だが、多極化の展開によって、この惑星に本来ある多様性が戻ってきた。その結果もたらされた競争の中では、誤解と誤った情報が存在する可能性が常にある。安全保障は認識からもたらされる部分が大きいだけに、自らのイメージ構築に無関心でいるわけにはいかない。グローバルな権力のヒエラルキーを易々と駆け上がっていけると期待するのなら、それは思い違いと言わざるを得ない。規範をどう定義するか、どこにスポットライトを当てるか、現実のどの側面を選択するか――これらはいずれも当然行うべきことだ。また、報道においてどのような形容詞が用いられているか、ファクトチェックをクリアできるか、判断における選択性も同様だ。しかし、バイアスや利害を十分理解しつつも、これはやはり熱意と活力をもって参戦する競争なのである。したがって、自国独自のナラティブの創出とその拡散は高い重要性を帯びている。世界の各勢力にそれぞれの見方があるからといって、自分たちがそうした見方に対する主張を持つのを恐れるべきではない。上流に向かって登っていくのはすべての新興大国にとってのカルマなのだから。

この先の道

複雑さを増す安全保障環境に対処すべく国として十分な能力を構築することは、大国にとって共通の課題である。効率的なサービスの提供を可能にするツールそのものが、国民の安全を守るのにも役立てることができる。オーソドックスな外からの脅威と同様に、情報化した環境における安全保障政策の遂行は、全面的な準備を要する任務だ。そこには独自の課題や議論があるが、向かうべき方向は異論の挟みようがない。

　世界はさまざまな意味で変わったかもしれないが、インドが直面する絶え間なく押し寄せる試練は、テロである。国際社会にテロがもたらす危険が理解されていることには満足すべきだろう。しかし、政治的利益や地域戦略のために相当な妥協が図られていることは、依然として課題があることを示している。インドはテロの主要な被害国であるがゆえに、自分で自分を守らなければ他国が代わりに戦ってくれると期待するわけにはいかない。世界の世論を動かすだけでなく、自らの国益をしっかりと守る必要があるのである。アイデアの世界では、テロを常態化する罠《わな》に対しては徹底的に抵抗し続けていく必要がある。いずれも「ＩＴ」の卒業生を輩出する二つの国があるが、インドはブランドの差別化を図っていかなければならない。ちなみにそのＩＴとは、一方は「インフォメーション・テクノロジー」、もう一方は「インターナショナル・テロリズム」のことである。[8]

　安全保障には多くの側面があり、社会経済分野の発展ではその意義の重みが高まっている。そのインパクトがより深く実感されるにつれて、課題も減少していく。インドはいま、ＳＤＧｓのターゲット達成に真剣に注力している。そのベネフィットは明白であるがゆえに、それの進展を阻害したり遅延させようとしたりする試みも続いている。左翼過激主義[9]が影響を及ぼす地域における道路整備への抵抗はそれを如実に示す例だ。しかし、国家の未来が損なわれたり国境地域のインフラが麻痺したりすることがあれば、それはさらに大きな影響をも及ぼしうる懸念となる。過去の例が示しているように、これはさまざまな形態や姿で登場し、公然と活動するものもあれば公共の利益を装う場合もある。こうした取り組みがインドの将来において中心的位置にあることに留意しつつ、妨害なき発展の確保を正当なプライオリティとすることが必須である。

開発においてデジタル分野には特別な影響力があり、新型コロナウイルスを経た後ではなおさらである。パスポートの発給は早い段階で改善を実現した分野の一つだが、いまやガバナンスそのものが転換を経ている。インドにおけるとてつもない規模のデジタル市場を踏まえれば、そこで生成されたデータの収集をめぐる競争があることは当然と言える。さまざまな分野におけるスマートネットワークとサービスも競争の対象になっている。デジタルサービスとデータの保護に対する敏感性はインドに限ったものではない。他の多くの国と同様に、インドも新たなテクノロジーによって悪化した脆弱性を評価している最中である。インドの取り組みは複数の懸念に対処できる最適の着地点を見出すことにある。そこには、国民のためのデータ保護やビジネス環境の改善、効率的なガバナンスにおける公共の利益の確保、国家安全保障の擁護が含まれる。

通信に対する同様の敏感性を持つことも、以前から待たれている点だ。それによって、われわれの安全保障の展望をより現実に即したものにできる幅広い措置が促されるだろう。保健安全保障は、新型コロナウイルスの経験によって重要性が示された分野である。今日、インドは多くの製品の輸出国と言えるかもしれないが、とりわけワクチンの主要な生産国なのである。しかし、これらはいずれもインドのような大規模な国が必需品を他国からの輸入に頼っていることのリスクを曖昧にするものととらえられるべきではない。きわめて強いストレスがかかるなかでの国家の姿勢からは、危険を覚悟で重要なことを無視してしまうという教訓を汲み取ることができる。しかしそれを正しく把握すれば、自前の好循環をもたらす能力の構築を促進することが可能になるのである。

インドによる世界との経済的関与の性質をめぐる議論が活発に行われている。グローバリゼーションの現実を真剣に疑ったり、他国と交流する必要性に疑問を投げかけたりする者はいない。主要なポイントは、インドが交渉する際の条件だ。対外貿易の自由化は自国の市場における公正な競争を犠牲にしてまで行うべきものではない。そして遺憾なのは、それこそが過去に行われてきたことなのだ。世界の他の地域で生産を促進する補助金の提供や市場アクセスの阻止があったことで、競争がきわめて困難になるということがあった。機微な分野の生産がもはや実行可能でなければ、それは貿易政策上の問題ではなく安全保障上の懸念になってくる。ここではっきりさせておこう。インドは国内で十分な能力を持ってはじめて海外において結果を出すことができるのだ、と。単なるモノの市場や他国のためのデータ生成者になるのは、われわれの志向するところではない。台頭するインドは、アートマニルバル・バーラトになることによってのみ、真の発展を遂げることができるのだ。

世界の舞台におけるインドの登場はきわめて多くの出来事に満ちた道のりである。国内の統治体制の確立と同じくらい、外部からの挑戦も手強かった。衝撃的な分離独立はその後に影響を及ぼしたが、ようやく最近になってその一部は対処されるようになっている。インドの再台頭に反対する勢力はもろもろの取り組みを通じて、このプロセスを阻害しようと全力を尽くしてきた。テロリズム、急進主義、分離主義はさまざまな機会で用いられている。インドは困難な年月を経てきたが、国民の献身によって強さを増している。そこから得られることは、われわれの多様性を断層と位置づける試みを食い止める必要性である。国民感情の強化は、それ自体が継続的な取り組みを消極的にするものではないだろう。インドは開かれた社会であることは、それだけ損害を被る可能性もあることを意味してもいる。インドにおいて、永続的な警戒は自由の対価というだけでなく、国家の団結のためでもある。

国際秩序におけるインドの台頭は単に権力の階段を駆け上がることだけではない。それは同時に、文明を持つ社会から現代的な国民国家への転換でもあるのだ。国境の安全強化とガバナンスの改善だけではもはや十分ではない。これらは他の多くの能力を向上させるにあたっての基礎にすぎないのである。インドではよくあることだが、さまざまな時代が共存していくだろうし、それは安全保障の分野においても同様である。来る時代において、われわれの懸念は次第にグローバルになっていくだろう。しかし、インドはそこで解決策を少しでも見出そうとする大胆さを失ってはならない。国内における不測の事態に備えるのと同じように、海外での協力の慣行を広げていかなければならない。

世界がパンデミックによって打撃を受ける前に存在していた状況の責務を引き継いでいるとすれば、インドもその例外ではない。この点に関する一般的なナラティブは金融や貿易に焦点を当てるものが多く、社会および政治的問題も加わることがある。しかし過去四半世紀に関する真に自己批判的な評価を試みると、改革とグローバリゼーションの理解そのものに対する突っ込んだ疑問が浮かび上がってくる。インドでは、変化すべきと思われるときには変化しないが、必要に迫られて初めて変化が起きるものだとしばしば指摘される。別の言い方をすれば、インドは眼前の危機に反応はするが、それが対処されたかのように見えるとすぐに自己満足という当初のポジションに戻ってしまうということだ。そしてこれは、まさに一九九〇年代初頭以来、インドに起きてきたことを示すものにほかならない。

改革に関する議論は総じて経済や工業、商業といった側面に焦点が当てられていたが、これはきっかけになった危機が国際収支をめぐるものだったことを想起すれば当然と言えるだろう。しかし、経済や社会、人の活動といった幅広い分野が手つかずのままになったことは否定できない現実である。農業や労働であれ、教育や行政であれ、既得権益層の力はさらなる改革に向けた勢いを押しとどめる効果をもたらした。そのため、当然ながらインドの人間開発指標は本来可能なレベルにまで改善することはなく、都市化の必要性や地方の成長の需要は十分に対処されないままとなった。それだけでなく、社会分野全般における発展の欠如は経済分野にすら大きな影響を及ぼすようになったのである。

こうした国内のシナリオは、インドの競争力をほとんど強化しなかった対外戦略を反映したものでもあった。グローバリゼーションの追求において、われわれは短期的な判断と戦略的利益に左右されてきた。インドは吸収し、イノベーションを実現し、生産を行う代わりに、消費し、貿易を行い、利益を得ることを優先してきた。東アジアとの対比はこの上なく鮮明と言える。外部からの低コストのオプションを過度に活用することで、国内の製造業が損なわれてしまったのは明らかだ。きわめて無意識なかたちで、われわれは他国の効率性を自国の限界を補う解決策と見なすようになってしまったのである。そしてそれによって、改革の追求がその時々で安心できるレベルにとどまることになった。もし自己評価がポジティブなままであったとすれば、それは競合相手との関係に基づく評価基準ではなく、自らの過去との比較でしかなかったことによる。二〇一〇年代までに、こうしたありさまの化けの皮がはがれてきた。戦略なきグローバリゼーションは目的地のないままに運転するようなものだという認識の高まりがもたらされた。改革の真の物差しは、総合国力におけるインパクトだけなのである。

パンデミックのインパクトに対処している世界中の政策決定者はいま、経済と社会における回復に注力している。国家は各自の状況に沿ったかたちで決定を下し、その多くは本当の試練はまだこれからだと意識している。生命と生活の両方に対処することは、すべての者にとって全体に関わるテーマになっている。

当然ながら、これは現時点におけるインドの主要な関心事でもある。だが、回復への道のりには、パンデミックの経験を反映する強靭性構築のステップがある。これは保健や製薬セクターといったように、より直接的な分野に関わるものである。あるいは国内の製造業や流通、消費をカバーする幅広い分野ということもある。危機においてパンデミックに対応できるインフラの急速な整備と膨大な社会経済的需要への対処は、おそらくはわれわれが考える以上に新たなレベルの期待がもたらされた。インドの人びとが敵を前にして賞讃すべき不屈の精神と規律を示したとすれば、それはリーダーシップと動機づけにおいてきわめて重要な意味を持つ。だが、あのパンデミックが残した傷を早く過去のものにできるような戦略を通じて考えることが大切なのである。

ある意味、このための基礎は二〇一四年以来の一連のイニシアチブによって整備されてきたと言える。全国を対象としたキャンペーンによって、これまで改革の議論から排除されてきた幅広い課題が対処されるようになった。金融における包摂からデジタルによるサービス提供はいずれもきわめて大きな規模で実施された。国民全員への電力と水の供給や入居しやすい住宅の整備、女性向けの教育やトイレの整備から衛生や清潔さの向上、都市計画や農村の収入増からインフラ整備の加速、デジタル化と形式化からスキル開発、スタートアップの奨励や起業、イノベーションと、多岐にわたる分野が含まれている。ここでのメッセージは人間開発指標の向上、デジタルツールを活用した飛躍的な発展、意欲のある者のエンパワーメント、チャンスとベネフィットの拡大だ。社会全体を動かし、動機付けを図ったことで転換がもたらされたということも重要である。それによって、国民と政府が別々の主体であるという植民地的思考をようやく捨て去ることが可能になった。社会変革に対するこのコミットメントは、幅広い人びとによって歓迎されているのは明らかだ。

これから先には長く険しい道のりが控えていることを直視しなくてはならない。広い世界に眼をやれば、人的資源であれ、社会インフラであれ、経済的能力であれ、インドが受け入れるべき他国の経験に基づく教訓がある。電力や水、住宅といった基本設備はもはやぜいたく品ではない。教育やヘルスケア、スキルや雇用も一部の者だけが享受できるものでもない。とりわけ、テクノロジーと製造業に関する注力はインドの今後の展望にとって中心的な位置を占めている。インドのように資源が分散している国において、デジタル化は社会保障の確立においてカギを握っている。貿易戦争とテクノロジーをめぐる戦いがこれまで以上に一般的になろうとしている世界において、脱工業化は一方的な軍縮とまさに同義であることを理解してもらいたい。したがって、ビジネス環境の改善は単に経済上の目標というだけでなく、社会、さらには戦略的な意味をきわめて強く帯びるものなのだ。

すなわち、これらはインドの総合国力の急速な強化にとって中心的な位置を占めているのである。改革について言えば、適用を拡大し続ける終わりなきプロセスとすることを理解すれば、真にそれを実現することができるだろう。

国家の成長と発展における課題は社会経済分野だけに限らない。ガバナンスや実行の不足に対処することは、主要な解決策の一つである。もちろん、問題はさまざまな形態やバリエーションで生じてくる。それは時代遅れの政策や不十分な枠組みから、場当たり的な実施やあからさまな無視まで、多岐にわたる。最終的には、これは戦略的思考の問題であると同時に能力に関わるものでもあるのだ。意図国境インフラの制約を嘆くのであれば、現状をもたらした理由を自らに問わなくてはならない。

的な無視とはまったく別のところで、辺境はハートランドにおける国の能力ないし限界をはっきりと反映するものなのだ。国の一部を開発しないままにしたり、統治を十分に行わなかったりすることは明らかなリスクであり、それが国境であればなおさらである。日々のルーティンを無視しながら特別な課題に対応するということもあり得ない。結局のところ、国境の防衛は危機に際しての対応だけでなく、二四時間三六五日の対応が求められるのだから。

国家安全保障に関するインドの議論においては、こうした必要な構造とシステムを整備することの重要性を認識する必要がある。現場での作業なしに一般的な解決策を提唱しても、それは劇場型政治にすぎず、真剣な政策とは言えない。その反対に、ガティ・シャクティ・イニシアチブを通じた最近の経験は、国のインフラが関心の強化と統合的対応によっていかに大幅に改善できるかを示している。たこつぼ的な手法を解消し、より統合されたガバナンスのプロセスを確保することは、国家安全保障と同じくらい重要だ。もちろん、それを支えるのは国が直面する課題を全面的に認識しようとする基本的な意思にほかならない。越境テロや競合的な地政学状況といったテーマの重要性を低く見積もることで、厳しい決断から目を背ける傾向がある。厳しさを増す世界において、それは許されなくなっていくだろう。

バーラトの建設は過去に戻ることではない。それはインドの未来を再創造する営為にほかならないのである。

第10章

末踏の道

――リーダーの追憶と歴史の再訪

われわれは過去から受け継いだものを振り返るということをあまりしない。しかしそうするときでさえも、過去の決断を唯一のものとしてとらえがちだ。もちろん、常にそうであるわけではない。したがって、常日頃から過去を振り返ることが大切で、戦略的評価についてはとくにそうだと言える。長きにわたりインドの外交政策の信条と考えられてきたものの多くは、実際には初代首相ジャワーハルラール・ネルーの個人的嗜好に由来している。これは彼が二〇年にわたり外交シーンを包括的に仕切ったことによる。しかし実は、独立後間もない時期には、この分野でも活発な論争が行われていたのである。その多くはネルーの同輩政治家たちによって展開され、なかには彼のイデオロギー的傾向に賛同しない者も含まれていた。

パキスタン、中国、アメリカという三つの国との関係は、こうした論争の大きな的となった。総じて言えば、ネルーを批判する者は彼が国益を犠牲にして誤った国際主義を進めていると感じていた。パキスタン、そしてイスラエルについては、ネルーが国内政治戦略の重要な一側面である宥和政策に基づいて動いていると彼らは考えていた。中国については、国家統治の主要なロジックを無視した見当違いで非現実的な理想主義を実践しているととらえられていた。アメリカについて言えば、彼の見方はイギリスの一部で有力だった左翼的反感をそのまま適用しているように見えた。こうした国々との関係が今日変化の対象になっているがゆえに、国民が重要な視点について熟知しておくことが重要である。結局のところ、未踏の道のなかには、いままさに直面しているものがあるからだ。

過去を振り返ると、異なる観点が狭いグループの中に限定されていたわけではないことも興味深い。むしろ逆に、それは副首相で独立後間もなくして亡くなったサルダール・ヴァラッブバーイー・パテールから、閣僚を務めたが後に辞任して自らの政党を立ち上げたシャーマー・プラサード・ムケルジー(1)やB・R・アンベードカル博士(2)にまでわたっていた。議会では、J・B・クリパラニ、ラーム・マノーハル・ロヒア、ディーンダヤル・ウパドゥヤヤ、ミヌー・R・マサーニー(3)といった野党リーダーたちから外交政策に対する批判の声がたびたび上がった。しかし、ネルーの政府内でも見解の相違が存在し、中国については関係が悪化していくなかでそれがとりわけ目立った。当時与党だったインド国民会議派内でも代替勢力の創設においても、国内政治を動かす要因として外交問題が重要な役割を担っていたことに現在の世代は驚くのではないだろうか。

歴史をさかのぼる理由の一つは、異なる政治観が支持を広げ、そのうちの一つ（すなわちインド人民党）が与党の座を獲得するに至ったからにほかならない。もう一つは、当時論争のテーマになった課題がいまも依然として試練やチャンスの焦点だからだ。したがって、これまでとは異なる結果を出せるかどうかは、アカデミックな観点だけでとらえられるものではない。しかし、ネルー主義的思考が規範として、それ以外が逸脱と位置づけられていたように、こうした対立をしっかりと認識しておく必要がある。

第三世界を中心とする連帯が新たに独立した国同士の矛盾を克服できるほどに強力な勢力になれるとの確信は、環境がもっとも整っているときであっても空想的と言わざるを得ない。しかしこの方針が実際に現職の首相によって、国境を接する国に対して実践されると、一気に危険になる。これが一九五〇年代に関係悪化のシグナルや行動を軽視し、インドの安全保障や発展に影響を及ぼすことになった。最後はこちらに牙を向けてきた隣国の大義を支持するような政治的資本を、インドは消費してしまったのである。時には、自分たちが相手の思考に対して影響力を持っているのだと思い込んでいたことすらあったのである！

そうした政策を評価するためには、そこで想定される連帯なるものについて考えてみる必要がある。その核心にあるのは、ナショナリズムに勝り、文化的アイデンティティを超越するほどの力を持つ感情や勢力があるという確信だった。そうした見方をする者は他国も同じようにしてくれると考えがちで、よく似た思考形態の場合にはとくにそうである。ネルーの同輩グループを心配させ懸念の声を上げるに至った、誤った国際主義の発露がこれだったというわけだ。批判は激しさや主張、さらにはテーマもさまざまなバリエーションがあった。それが当時必ずしも受け入れられなかったからといって彼らの視点に価値がないというわけではないし、その後の展開で有効性が証明された場合はなおさらだ。

競合する見解を主張していた者の立場も重要だ。彼らの多くはまぎれもない独立闘争の強力な指導者で、なかには憲法制定プロセスでめざましい活躍を見せた者もいた。パテールとムケルジーが、今日われわれがインドの地図として認識している領土の確定に直接携わったことも特筆に値する。決断を促すファクターを把握するには、この時代の制約を理解する必要があるのは明らかだ。しかしそうしたなかでも、古い問題に対して新たな解決策を見出そうとするなかで反対する側の声から学べることがある。関係するリーダーの立場であれ、対立のレベルであれ、テーマの重要性であれ、新たな眼で当時求められていたものが何だったのかについて、振り返ることは意義がある。

インドの伝承に忠誠と献身のシンボルがあるとすれば、それは老いた鷲の王ジャターユを置いてほかにない。シーターがラーヴァナにさらわれたとき、ジャターユはかなりの高齢で眼もほとんど見えなかった。それでもラーヴァナが自分の前を過ぎ去ろうとした際、ジャターユは全力で阻止しようとした。彼はラーヴァナを爪で攻撃し、鉤鼻を傷つけ、戦車を破壊した。しかし戦いそのものには破れ、ラーヴァナに翼をもがれ、血を流して息絶えた。死の間際、ラーマとラクシュマナはジャターユを見つけ、誰がシーターをさらったかを知らされた。ジャターユの献身に深く心を動かされたラーマは死の儀式を自ら執り行ったほどだった。

その後、変化をもたらしたのはジャターユの兄サンパーティだった。アンガダ王子率いるサル軍団は、シーター捜索を諦めようとしていた。サルたちがジャターユがたどった運命について話しているところに、それを耳にしたサンパーティが助けに駆けつけてくれた。シーターははるかかなたのランカー島にあるラーヴァナの庭園でとらわれの身になっていたのだが、サンパーティは際立った視力を活かして彼女の居場所を特定することに成功した。ラーマとサルたちがシーター奪還計画を立てることができたのは、この「水平線のかなたまで」見通せる能力があったからこそだ。

インドのケースでも、経験と知恵のある者は有益な情報を提供してくれてきた。かつての時代では、決定に異論を唱えることで国家安全保障に貢献した者がいたし、なかには個人的に大きな対価を払うことを余儀なくされたことさえあった。その者たちの忠誠はジャターユのそれに勝るとも劣らない。そしていままでは当時よりはるかに歓迎されている彼らの主張は、サンパーティの情報と同様に貴重だ。われわれはそれから恩恵を被っているのであり、だからこそそれを振り返る意義があるのだ。

パテールと新生インド

近年、パテールは安全保障をめぐるインドでの論争や議論で盛んに取り上げられるようになっている。それは、彼に光を当てることを可能にした政治上の変化があったことが一因だ。しかし同時に、リーダーシップの重要性を際立たせる厳しい試練といくつもの不確実性が存在するいまの時代を反映した結果でもある。現代インドにおけるいかなる人物よりも、パテールは困難な状況下における戦略的明晰性と断固とした行動を象徴する存在だったと言える。さらに、彼は国家建設と体系的改革にも密接に関わっていた。こうした理由から、パテールは新生インドにとってインスピレーションをもたらす存在として認められているのである。

七五年前、世界もインドも、いまとは異なるタイプだが深刻度という点では勝るとも劣らない激動の渦中にあった。第二次世界大戦が終結したばかりで、国際秩序が根本的に変わりつつあった。新たに支配的な立場になった国々が、それぞれ大きく異なる利益や展望を携えて登場した。準備を整えていた各地の勢力――その多くは戦争前から活動を展開していた――は、世界の多くの場所で植民地支配に終止符を打っていった。もちろんインドでも、独立闘争における忍耐と決意がついに報われるときが来た。ただ、それは祖国の分離という犠牲によって実現したものであり、さらにその後、もろもろの影響をもたらすことにもなった。

パテールがリーダーシップの舞台に上り詰め、国家建設という喫緊の試練に取り組むことになったのには、こうした文脈があった。彼はすでに傑出したリーダーの一人と見なされていたし、組織面での能力に加えてその政治ビジョンという点でも賞讃を受けていた。要職に就任した彼は、個人的な利益は明確に脇に置いて、ガバナンスにおけるもっとも手強い任務に取り組んでいった。彼は所属組織において本命のリーダーだったという点では見解が一致しているが、これについては最終的にマハートマ・ガンディーの人選[4]に従うことになった。そして、今日われわれにとってもっとも関連性の高い教訓をもたらしてくれるのは、パテールが国家レベルでのリーダーシップを発揮したこの時期にほかならない。

国民の間では、パテールはジャンムー・カシミール、ハイデラバード、ジュナーガドのインド編入[5]を実現した存在と見なされている。しかし実際には、彼がなした貢献はさらに大きい。各ケースがいずれも困難だったのはたしかだが、にもかかわらず編入が実現したのは、彼が他の多くの藩王国と行った一連の際どいスピード交渉を通して整えた確固たる基盤があったからだ。当時の経緯に詳しくない読者に説明すると、南部の藩王国のなかには当初、編入協定への署名に消極的なところもあったほどなのである。植民地政府政治部の一部のイギリス人幹部は、藩王国が結集して「第三勢力」ができれば有力な存在になれるとして、多くの藩王に対して編入しないよう意図的に促すということもあった。この結果、各藩王国と個別かつ困難な交渉を行わなければならなくなった。このプロセスにおいて、決裂寸前までいった藩王国もあった。地理的に西パキスタンに近い藩王国は、ジンナー[6]による一見寛大な提案を受けてパキスタン編入に傾いた。最終的にこうした藩王国のインド編入を実現したのは、パテールが発揮した強い圧力があったからだ。さらに小規模な藩王国との困難な交渉もあり、これらは大規模な藩王国が背後で煽動しているということも少なくなかった。潮目がはっきりと変わったのは、一九四七年八月初旬という独立直前のことだった。

独立後もパテルが直接担当して続けられた交渉は二つあり、それはジュナーガドとハイデラバードをめぐるものだった。興味深いことに、両藩王国とも国連に訴えることを検討していたが、これはパテールが断固として防いだ。こうした展開はインド国内で起きたものであるがゆえに、われわれは外交というよりは国内政治としてとらえる傾向がある。しかしV・P・メノン(7)が卓越した筆致で記しているように、これはこの上なくタフな交渉だった。それは目標であれ、戦略であれ、手法であれ、今日でもなお詳細な研究に値する重要性を持ち続けているのだ。

ジャンムー・カシミールへの侵攻(8)について国連に訴えるかどうかをめぐりネルーとパテールの間で見解の相違があったことはよく知られている。実はこれは、この問題の対処における全体的な対立の一側面にしかすぎないのだ。この対立は、ネルーがパテールをジャンムー・カシミール州内閣担当から外し、代わりにゴパラスワミ・アイヤンガル(9)を充てるという対応に至ったのである。中国については、この二人のリーダーが同国の偽りの対インド姿勢にそれぞれどう反応してきたかをすでに検証した。しかしそれにもかかわらず、政府と議会、政治がもたらす規律によって、対立の多くは内部のやりとりの中だけに抑えられてきた。外交政策批判に対してネルーが敏感に反応することに関しパテールは、自分の見解を示すのは閣議の場だけにすると言って安心させたほどだった。

すでに取り上げられてきたテーマに焦点を当てるよりも、一般にはあまり知られていない見方を掘り下げてみることのほうが有意義かもしれない。その一つは、冷戦期におけるインド外交の厳しい舵取りに関わるものだ。重要なのは、そうしたトピックについてパテールは穏健で慎重な立場で発言することが多かったという点である。西側諸国を過度に敵視することで得られるものはほとんどなく、インドの国益がダイレクトに関わらない場合にはとくにそうだと彼は感じていた。ここで問題とされたのは、具体的な決断や立場についてというよりも、全体的な姿勢に対する不快感に関わるものだった。その時々で、こうした見方は当時C・ラージャーゴーパラーチャリ(10)のとっていた立場とも共鳴した。一九五〇年代末に印中関係が悪化していくなかで、外交政策に対してネルー内閣の現職閣僚が個別に声を上げるようになっていった。ここで理解しておくべきポイントは、彼らが当時とっていた立場が正しかった、あるいは誤っていたかということではない。重要なのは、そうした立場がグローバルな連帯という一時の感情ではなく、国益に関する強い思いの発露だったことなのである。

インド外交に対して生前のパテールが示した見方のうち、いまも生きている課題が二つある。一つはアメリカに関するもので、彼は明らかにネルーよりもはるかに懐疑的ではない見方をしていた。ネルーが初訪米する一年前の一九四八年、国際情勢においてカギを握るのは実はアメリカであるとの見方をパテールは表明した。アメリカの協力なしに、インドが大幅な工業化を達成するのは困難だと感じていたのだ。これを念頭に置いた上で彼はインドを中心に置いた連携を主張したが、ネルーの全般的な見方は非同盟戦線構築の必要性によって特徴づけられていた。それから二年後、パテールは晩年に公の場に姿を現した際、こうはっきりと指摘した。インドがアメリカに支援を求めれば、自国の名声を失い、一方の陣営への参加ととらえられるからそうするべきではないと考えている、と。パテールは、インドが自国の利益と立場をかなえるだけの力が十分あると感じていた。この意味で、「インディア・ファースト」の考え方は何十年も前にさかのぼるのである。ただ、それがいまこうして復活するに当たっては、ナショナリスト的なイデオロギーを帯びているのは明らかだ。

もう一つの課題は、イスラエル承認と全面的な外交関係樹立に対する躊躇に関わるものだ。パテールはネルーの支持層が圧力をかけていることに対して明らかに不満を抱いており、特定の支持層が国家の政策形成に決定的な影響力を持つべきではないと考えていた。外交政策に関する他のテーマと同様に彼の考えは受け入れられず、この問題がようやく決着したのは二〇一七年に行われたモディ首相のイスラエル訪問によってだった。

より完璧な統合の追求は、どのような多様性のある国家や連邦制国家も実践するものである。実際、パテールがはっきりとした実績を残した分野が一つあるとすれば、それは国家統合だ。「多様性の中の統一」を重んじる文明として、インドが多様な集団を一つにまとめる紐帯を育むことは必須である。過去七五年のインドの歩みは、障害がなかったわけではない。われわれがそれを成功裏に乗り越えることができたとすれば、パテールの遺産からもたらされる国家としての決意によるところが大きい。

しかし、彼の時代では長年にわたり怠慢がかなりの部分正当化されてきたため、当時から積み残しになってきた課題がいまでも存在する。既得権益層の要求に応じたり現実を無視したりすることは、全体の利益には資さない。国際政治は激しい競争が展開されており、他国は常に国内の脆弱性を見つけ出そうとしている。インドの基盤である多元主義は多様性と高い親和性を持つものであり、単なる現代における発明ではなく、われわれの文明としての強みなのである。世界の中にはこのことがなかなか理解できない者もいるが、われわれは直感的にわかるのである。

インドが自らのルーツに対して忠実であれば、常に力強く、しなやかでいることができる。われわれの思考は、自信と国家意識によって形成されているところが大きい。パテールは、自国の立場を他国の利益や判断に委ねてしまうことに対する危険性を一九四八年の時点ですでに見通していた。それは当時のみならず、今日においても当てはまるものだ。

ムケルジー・オルタナティブ

サルダール・ヴァラッブバーイー・パテールが政府の中の立場で自らの信念とコミットメントを追求したとすれば、同世代のシャーマー・プラサード・ムケルジー博士の場合は異なる道を歩んだと言える。彼がなした貢献の中には、議論する価値がある側面が数多くある。一言でいえば、彼は傑出した教育家であり、影響力のある政治家であり、人道的救済を行うリーダーであり、インドの文化と伝統の熱心な擁護者だった。そして何よりも、ムケルジーは強力なナショナリストかつ典型的なインド人であり、その観点から国家とその展望にアプローチしたのだった。

われわれがムケルジーについて注目するのは、当然ながら独立直後のインドの方向性にとって死活的な重要性を持つ活動を担っていたからだ。その多くがこの国で団結力をもたらす別の考え方の基礎をなしている。そこで示されるナショナリズムは何十年にもわたってインドの政治とガバナンスの性質をめぐる議論を動かしていった。また、彼の主張は、インドがいかにして自立できるかを含む開発や成長についての見方にも影響を及ぼした。そしてもちろん、世界全体、とくに近隣地域への関与に関するインドのアプローチをかたち作りもしたのである。あるレベルでは、それぞれが異なる分野のように見えるかもしれない。しかし実際には、これらは包括的な世界観を提示しているのであって、それぞれが不可分の関係にある。

ムケルジーときわめて深く関連付けて提起される問いは、ジャンムー・カシミールの編入、そしてそのプロセスと意味に関するその後の議論に関わるものだ。もちろん彼の主張は、「一つの国に二つの憲法《エーク・デーシュ・メーン・ドー・ヴィダーン》、二人の首相《ドー・プラダーン》、二つの国旗はあり得ない《ドー・ニシャーン・ナヒ・チャレンゲー》」という有名なスローガンに凝縮されている。議会の内外でムケルジーは、ジャンムー・カシミールのバルカン化の懸念とその結果もたらされうるインド国家の弱体化の問題を提起した。主権が挑戦を受け、対立する位置づけが主張され、国家の象徴を示す行為が制約を受けることがもたらす影響について警鐘を鳴らしたのである。長い歳月と数々の経験を経たいまでは、こうした課題についての説明はもはや不要である。ジャンムー・カシミールを国の主流と完全に統合しないことが、経済、開発、社会、そして国家安全保障の観点からもいかに大きなダメージを与えるかについて、われわれは理解している。それが二〇一九年八月五日に決定的なかたちで是正されたことで、インドの国家統合がさらに強化されたのは明らかだ。しかし外交政策の観点から検証に値するのは、この問題が対インドという点で外部の勢力にいかに活用されてきたかという点である。

そうした分析は現在の立場から過去を振り返るものではない。一九五三年の時点でさえも、ムケルジーはネルー首相に対し、政府によるカシミール問題の取り扱いはインドの国際的名声を高めもしなければ、幅広い国際的支持や同情を獲得したわけでもないと伝えたのである。むしろ逆に、国内でも海外でも「複雑化」がもたらされたのだと彼は感じていた。したがって、ムケルジーはネルーに対し、「誤った国際主義」によって政策を進めるのではなく、冷静に再検証するよう求めたのだった。海外における複雑化に関するこの指摘には留意されなくてはならない。というのは、まさにこの点がそれ以降のインド外交に多くのエネルギーを費やさせた問題だったからだ。ムケルジーが議会で発言しようとしていたとき、インドは国連安保理に訴えたが、それは侵略の問題についてであって、編入の問題についてではなかった。これが意図を持った勢力によっていかに歪曲されてしまったかについて、ムケルジーはパテールの警告にも通じる指摘を行った。

時間の経過とともに、ジャンムー・カシミールに関する初期段階での誤った判断がもたらした外交面での影響は国民の記憶から薄れていった。その次の世代はインドが直面した圧力を感じることすらないということもあり得る。とはいえ、二〇一九年に憲法第三七〇条について行った措置の重要性を十分に理解するためには、この点が想起されなくてはならない。ジャンムー・カシミール情勢に対するグローバルな操作も詳しく検証する価値がある。これはムケルジーが「複雑化」について語ったときにそれが何を意味していたかを説明するものだ。

一九四七年十二月、インドは問題を国連に提起した。国連憲章第三五条に基づき、パキスタンによる侵略勢力への支持によってもたらされた事態が国際の平和と安全に対する脅威だとしたのだ。これとは別に、国連への提起が当時インドが取り得たベストの対応だったかをめぐる議論がある。しかし、それについて検討する必要はない。念頭に置いておくべきなのは、イギリスが任命した総督[11]がその二カ月前に、関連法規定に基づいてジャンムー・カシミールの編入協定を受け入れていたことである。しかし、これによって世界の大国が、カシミール情勢がもたらした事態の活用を思いとどまることはなかった。

その動きの先頭に立っていたのは、直前まで宗主国だったイギリスだった。同国は分離独立後の印パに対してもっとも大きな目的を持っていた国でもあり、したがって悪意も突出していた。イギリスは、状況を悪化させるいかなる行為をも停止するようインドとパキスタンに呼びかける内容の安保理決議の採択に影響力を発揮した。これは事実上、侵略者と被害者を同列に扱うものだった。秘密指定が解除された記録によると、英連邦関係省にはパキスタン軍をカシミールに展開させてインドとのバランスをとるという明確な戦略があったという。

その次のステップはこのとき安保理議長国だったベルギーを通した動きで、三カ国委員会を設置するというものだった。このプロセスでは、パキスタンは侵略者に対する支援をやめなくてはならないというインドの主要な要請はあっさりと却下されてしまった。さらなる巧妙なごまかしもあった。決議の件名自体が「ジャンムー・カシミール問題」から「インド・パキスタン問題」に変更されたのである。ベルギーの後はカナダが議長国を引き継ぎ、侵略者の撤収後にはそこにパキスタン軍のプレゼンスを求めるという西側のアジェンダを推進した。こうした状況を受けて、事態はインドがこうしたバイアスへの抗議として英連邦からの脱退を示唆するレベルにまで達したほどだった。

状況が厳しさを増すにつれて、アメリカと西側の同盟国はこのゲームにより深く関与していった。その後の数年で強い圧力がかけられ、そのなかにはインドに対して援助を停止するという脅しまであった。ターニングポイントとなったのは、もちろん一九七五年に英米が提出した決議案をソ連が拒否権で葬り去ったときだった。

一九六二年の中国との紛争でインドが敗北を喫したことで、そこからの一〇年ではこうした試みが復活することになった。そのうちもっとも深刻だったのは、ジャンムー・カシミールについての仲介を試みた一九六三年のハリマン・サンディス調査団だ。[12]これが失敗としたとすれば、原因は目的にあったというよりは、グローバルな状況とインドの抵抗によるところが大きかった。シャクスガム渓谷に関する違法な一九六三年の中国・パキスタン協定[13]は、西側諸国が一線を越えてまでパキスタンとの共通の目的を追求することについて再考させることとなった。しかし一九六五年までに、パキスタンに対する西側の肩入れはふたたび強まり、紛争を起こしたパキスタンの責任を封じ込めしようとした。

この問題は一九七二年のシムラー協定[14]の結果として純粋に二国間のフォーマットに移行したが、それでもジャンムー・カシミールへの介入の試みは続いた。これはクリントン政権期にあからさまなかたちで起こった。一九九八年の核実験に対する西側諸国による反応でさえも、カシミール問題に関連付けられようとした。ブッシュ政権はこうした姿勢をある程度和らげはしたが、それでも非公開の場ではこの問題が提起された。バラク・オバマも大統領選でカシミールのことを取り上げ、リチャード・ホルブルック大使の権限[15]をめぐる論争もあり、これはいまでも記憶に残っている。

こうした外交面の動きを別にすれば、インドの国益をさらに損なったのは中国による具体的な主権と領土的一体性の侵害である。これは一九六三年に始まり、後に「ＣＰＥＣ」と呼ばれることになるコネクティビティプロジェクトを通じて拡大し続けていった。インドはこうした取り組みに対しその都度反論を展開し、今後もそうしていく。しかしこれらを念頭に置きつつも、われわれはジャンムー・カシミールを国家の主流に位置づけるなかで、国家の一体性だけでなく国家安全保障をも強化したことを理解しなくてはならない。このことは、インドがグローバルな舞台で地位を上げていく上で決定的に重要なポイントなのである。今日、西側のパートナーがこの点を以前よりもかなりよく理解しているようになったのはたしかである。だが、真の変化はムケルジー博士のインスピレーションからもたらされる、われわれ自身の姿勢にあるのだ。

＊

ジャンムー・カシミール問題の対応のまずさと密接に関わっているのが、パキスタンとその意図および政策をインドが見誤ってきたことだ。これもまた、何十年にもわたりインドの発展と安全保障に影を落としてきた懸案である。そしてここでも、インドの思考に決定的な転換が見られている。

ムケルジーのケースでは、パキスタンをめぐる問題は彼の閣僚辞任の原因だっただけに、とりわけ大きな意味を持っていた。彼は一九五〇年に議会で自分の見方について率直に語り、いまでもわれわれ全員の心を打つ言葉で当時よく見られたパキスタンに対する姿勢を分析した。一言でいうと、ムケルジーはネルーのアプローチを弱腰でたどたどしく、一貫していないと見ていた。インドの無為で善良な姿勢はパキスタンからは弱さとして受け止められているというのが彼の見立てだった。実際、彼によれば、それはパキスタンをさらに非妥協的にし、インドにこれまで以上に打撃を与え、さらには自国民の間でも評価を低下させるという結果をもたらした。あらゆる重要な機会をとらえて、インドは守勢のままで、パキスタンが突きつける絵図を暴露することも対抗することもできていないとムケルジーは主張した。これは十一月二十六日のムンバイ同時多発テロ後の一般のインド国民が示した当然の考えなのでもある！

パキスタンに対する戦略的明晰性を示すという点では、パテールとムケルジーが傑出していることについては疑いがない。ジャンムー・カシミール編入やマイノリティの扱いとは別に、これはムケルジーが地元のベンガル州に関して憂慮していた事柄の中で、きわめて強く指摘していた点だった。インドの分離独立という案をインド国民会議派が受け入れると、焦点はベンガルやパンジャーブ、アッサムをどうするかに移った。宗教上の多数派が明確でないため州全体としてパキスタンに編入しない場合は、その州はそれぞれ分割する必要があった。ムケルジーが当時エネルギーを注いでいたのはまさにこの問題で、カルカッタ（現コルカタ）都市圏と可能な限り多くのベンガル州がインドにとどまるようにすることだった。当然ながらこれはアッサム、さらには北東部の運命にも直接影響するものだった。その目的に向けて、彼は社会のさまざまな勢力が参加する会議を開催し、ポジティブな結果をもたらすべくデモを率いた。

　現実とは異なる結果になっていたらどのような影響が生じていたかについて、今日では想像すらできないし、インドの外交政策にもたらしていたであろう意味は言うまでもない。パテールがインドの北部と西部でやったことを、ムケルジーは東でやったわけだ。その意味で、今日のインドはかなりの部分が彼らによって作られたと言っていい。

　ムケルジーはインドのパキスタンに対するアプローチ全般について自説を主張していたわけだが、一九五〇年のネルー＝リアーカト協定[16]という特定の合意についての分析もまた、今日でも重要性は色あせていない。この件が彼に辞任を決断せしめたファクターだったことを覚えておいてもらいたい。彼はこう強調した。この協定は不寛容な国家がもたらす基本的な意味を無視しようとしている、パキスタン政府が公表した姿勢はマイノリティの安全の保障がまったく十分ではない、極度に宗派的《コミュナル》な政権がこうした政策を実行しようとしている、と。

　マイノリティの扱いに関するムケルジーの警告はその後の数十年で現実のものになってしまったという点で大きな意味を持っている。インドとパキスタンは自国のマイノリティを適切に保護していないという全般的な印象があると彼ははっきりと指摘していた。だが、事実は完全に逆である。外国メディアの一部では、敵対的なプロパガンダも展開されているとムケルジーは見ていた。彼はインドに対する誤認に基づく批判があり、真実を知りたいと思う者全員にそれが周知されなくてはならないと感じていた。このなかには、一部の勢力の間でいまだ変わっていない点があるようではないか！

インドとパキスタンという難題に関するムケルジーの指摘は、長期的にも非常に高い重要性がある。彼は単に前出の協定だけでなくパキスタンとの関係全般について、悪い方向に進んだ点の多くを見通していた。このプロセスにおいて彼は概念上の主要な問題をきわめて明確に示しており、実際にはパキスタンが侵略した側なのにもかかわらず、印パ双方に責任があるかのようにされているという点は正鵠を得たものだった。さらに彼は、パキスタンが協定に違反した際、インドが取り得る対処策がなかったことも指摘した。したがって、いかなる合意についても制裁の規定がなくてはならず、このアプローチが確実に実行されていたらインドが裨益していただろうと彼は感じていた。パキスタンに関するこうした洞察から七〇年を経たいま、ムケルジーが後世に残してくれた判断をわれわれがよく考えることが大切なのである。

印パという、独立後間もない時期にハイフン化され、それが長年続くことになったきわめて困難な関係についてはなおさらだ。何十年にもわたり、印パは一つのくくりで語られ、両国の相違点は分離独立がもたらした必然的な問題かのようにとらえられた。さらには、この隣国における軍事政権が発展を実現している例としてもてはやされた時期すらあったのである！[17] その多くは一九七一年の結果[18]によって変わったのは確かだが、インド側が望んだほど決定的にとはいかなかった。パキスタンは人工的に均衡関係を作り続けようと試み、この点について中国と西側諸国の双方から積極的な支援を受けていた。それは核およびミサイルの開発計画に対する支援や推進というレベルにまで至っていた。そしてさらに悪質なのは、パキスタンはインドを交渉のテーブルに着かせるべく、越境テロに訴えるという傾向を強めていったことである。

率直に言って、インド側の政策がパキスタンにこうしたアプローチをしっかりと思い止まらせるほどに強力だったわけではない。パキスタンから生じる越境テロに毅然と対応する代わりに、インドはハバナやシャルム・エル・シェイクで、[19] 印パがともにテロの犠牲者だとするナラティブに理解を示したようにも見えたほどだった。これはムケルジーが当時警告を発した、誤った均衡にほかならない。

では、何が正解なのだろうか？　われわれはこの一〇年の間にそれをさまざまなかたちで実行してきた。まず、越境テロが受け入れられないことをはっきりと示すことである。関係の他の部分を通常どおりに展開することによってテロを当たり前にすることがインドの国益でないのは明らかだ。このメッセージははっきりと送られている。越境テロという卑劣な行為について言えば、ウリとバーラーコートの事件を受けたインドの対応は、行動の変化であると同時に思考の変化でもあるのだ。

アドボカシーと問題意識の向上を通じて国際社会を動かすことも重要である。そうすることで初めて、テロに正当性がないことを証明できる。インドによる徹底した取り組みの結果、テロはインドだけの脅威ではないことが今日幅広く理解されるようになった。国連安保理のテロ対策委員会（CTC）がムンバイ同時多発テロについて会合を開いたことは、大きな意味を持つ。グローバルなプラットフォームや会議でもインドは取り組みを実践している。テロの脅威について大きな注意を払い続けるべく、G20や「テロへの資金源を断つ[20]」といった会議、二国間および複数国間のメカニズムの場で発言していくのだ。安保理決議一二六七制裁委員会[21]による制裁対象リストの作成も重要である。そして、そのリストでどの国が突出して目立っているかは誰もがご存じのとおりである！

＊

ムケルジーの見解が今日でもインスピレーションを与えてくれるもう一つの分野は、文化外交である。インドの大菩薩会[22]の会長として、ムケルジーは仏教国、とりわけ周辺のそうした国々との関係構築の原動力でもあった。イギリスから仏舎利が返還され、ミャンマーなど東南アジアで公開されたときに尽力したのも彼だった。今日こうしたイニシアチブは、ダルマ・ダンマ会議[23]、ミャンマーのバガンにおけるアーナンダ寺院修復、スリランカの仏教施設の電化、モンゴルのガンダン僧院における経典のデジタル化といった近年の活動を通じてさらに活発に展開されている。事実、インドによる仏教遺産の重視は、G20の開発相によるサールナート[24]訪問によってさらに強調された。ムケルジーの文化に対する関心はきわめて幅広く、反植民地闘争との関連で評価されなくてはならない。インドによる文化リバランス深化の取り組みは、この分野の重要性に関する彼の見方と間違いなく共鳴するものと言えるだろう。

アンベードカル博士と「インディア・ファースト」

現代インド建国の父のうち、B・R・アンベードカル博士はインド憲法の起草者として、また社会正義と包摂性をもっとも強く訴えた存在として幅広く知られている。彼は留学経験を通じてアメリカ社会と接したという点で、同輩の多くと異なっていた。独立インドの内閣では初代法相に就任し、四年あまり務めた。彼は一九五一年九月に職を辞すのだが、決め手になったのは社会改革に関わるさまざまな問題に対する不満だった。しかし興味深いことに、アンベードカルは外交政策の方向性についての「まぎれもない不安、さらには心配」を議会で表明してもいたのだ。インドが独立を獲得した当時、否定的な反応を示した国はほとんどいなかったと彼は見ていた。ところが四年もしないうちにインドは世界の大部分から離れていき、それはインドが国連で支持を欠いていることからも明らかだというのである。

その際、アンベードカルは今日でさえも意義があるかたちで二人のリアリストの発言を引用した。一つはビスマルクで、政治とは理想を実現するゲームではなく、可能性のゲームであるというものだった。もう一つはジョージ・バーナード・ショーで、良い理想というものは良いが、あまりに良すぎると往々にして危険になってしまうことを忘れてはいけない、という趣旨の言葉だった。一九五一年の時点でも、すでにインドの重要なリーダーは外交方針の非現実性に危機感を持つようになっていたようだ。

この点に関するアンベードカルの具体的な不満のうち、対米関係の扱いに関するものを見てみよう。一九五一年に発表された「指定カーストのための連邦選挙マニフェスト」という文書の中に、外交政策の問題について論じた項目がある。その一年前に他界したパテールと同様、アンベードカルもネルーの対中方針に懸念を抱いていた。しかし、おそらくはそこに影響を及ぼした出来事ゆえに、彼はそれを印中関係に関連付けるようになっていた。突き詰めて言うと、いったいインドはなぜ中国の国連安保理常任理事国を実現するために闘っているのか、というのがアンベードカルの問いだった。インドのこの姿勢はアメリカの敵意を招き、経済や技術面のリソースを獲得する可能性を台無しにしてしまったと彼は見ていた。

今日であれば間違いなく「インディア・ファースト」の宣言ととらえているであろう主張の中で、インドにとって第一の任務は自国のためのものであるべしとアンベードカル博士は明確に強調したのだ。中国を国連安保理常任理事国にしようとする代わりに、インドはまず自国の存在を認識してもらえるようにすべきというのが彼の考えだった。彼はネルー主義的アプローチについて、自殺的とまではいかなくとも、冒険的だと描写していた。ネルー主義に対する彼の反論は、インドは他のアジア諸国の利益を擁護する代わりにまず自国の力の構築に注力すべきというものだった。別の機会でも、インドの外交政策の基調は自国ではなく他国の問題解決にあるようだと、同様の感情を主張していた。

同世代の多くのリーダーと同様、アンベードカルは国際情勢に深く通じており、その形成に関心を注いでいたのは明らかだった。彼の訴えはインドが世界に背を向けるのでなく、自国の利益の実現に重点を置く決断をすべきという点を明確にしていた。その意味で、彼の取り組みはインドの国益と世界に対する姿勢のバランスを取ろうとするものだったと言える。そして多くの同輩と同じように、ネルーは前者を犠牲にして後者の方向に傾斜しすぎであると考えていたように見える。

平和共存五原則を無条件に受け入れたことについて、インドは認識が甘いという見方をアンベードカルもしていた。政治において平和共存五原則の居場所はないし、中国も腹の底ではこれに対して違う考えを持っているはずだというのが彼の見立てだった。一九五四年八月の議会での討論でも、アンベードカルは国益に基づく外交という持論を強く展開した。彼はネルー外交を「アジア人のためのアジア」の推進だとした上でそれに疑義を呈し、政治的に重要なものにもっとウェイトを置くべきだと指摘した。それから七〇年を経たいまでも、この議論が注目を集めているのにはそれだけの理由があるのだ。

マサーニーの観点

われわれが現代の問題ととらえながらも、実際にはそれが過去に議論されてきたという例はいくつもある。ここまでわたしが取り上げてきた人物からインドで過去にどのような議論があったかについての雰囲気がわかると思うが、ポリティカル・コレクトネスによって客観的な探求が阻まれないのを願うのみだ。インドの外交政策において長きにわたり信条とされてきたものの一つに、非同盟がある。それには特定のグローバルな文脈があったとはいえ、不変のコンセプトと見なされてしまった。国力向上によってインドはいまや守勢ではなく積極的に打って出られるようになっていることは、政策論争を神学論争ととらえている者には往々にして伝わらない。だが、まさにこの点がきわめて頻繁に取り上げられるがゆえに、批判的な視点も認識する価値があるのである。

一九五九年のミヌー・R・マサーニー[25]ほど非同盟の実践がインドにもたらしうる困難について詳しく指摘した者はいない。やはりというべきか、中国からの脅威が膨らんでいくなかで彼はそうした主張を展開したのだった。マサーニーが提起したのは、インドは自らのアプローチによって、自国の領土に対する攻撃を確実に撃退することができないレベルにまで来てしまったのではないかという問いだった。それに関連して、インドは西側と距離を置くことで、軍に十分な装備を与えることすらできなくなったとも指摘した。しかしより根本的な問題として、危険な隣国を察知するインドの能力がやや低下していることに懸念を抱いていた。国民が愛国心を示すことすらためらうようになっているというかたちで、国内への影響も出ていた。マサーニーは非同盟について、環境が良好だった時期には機能していたものの、厳しいときには生産的ではなくなっていると指摘した。他国から距離を置くことは、他国がそう欲したときに同じ対応をされるということでもある。非同盟は危険な隣国を察知し、それを踏まえた対応をとる能力と両立するものではないというのがマサーニーの考えだった。重要なのは、彼が言ったことのかなりの部分が、一九六二年十一月に中国がインドに侵攻する最中でもネルーが西側諸国との接触をためらったことと符合したという点である。

他の例と同様、この議論もインドが圧力の下に置かれた経験に関するものという点で振り返る意味がある。他国がインドの独立や戦略的自律を賞讃するとき、それは常にインドのためをもって言っているわけではない。そうした賛辞は、インドのオプションを制約するようなかたちでわれわれの思考に影響を及ぼそうとするものなのだ。そこでは、当然ながらインド自身の過去をわれわれに対して突きつけてくる。最近では二〇〇七年のクアッドに起きたときのようにそうした戦術が成功したとき、われわれはどのようにして相手を非難すればいいのだろうか？　独立心や自律意識を強化することは、必ずしも中心にいることやコミットメントをしないことを意味しない。そこには本来備わっている柔軟性があるのだが、政策が教条的になるとどういうわけかそれが失われてしまうのだ。今日でさえも、戦術的敏捷性と戦略的創造性がいかに重要か、言い過ぎることはないほどである。

つまるところ、戦略的明晰性とは、国際環境についての確かな理解に加えて、自国の観点からそれを明確にとらえることを意味するのだ。独立初期にはこの両方について不十分な面があり、インドは高い対価を払うことになったしまった。

これまで歩んできた道から、国家安全保障を後回しにすることは決して許されないし、名声の追求を優先するなどもってのほかであることをわれわれは学ばなければならない。結局のところ、ハードパワーは常にソフトパワーに勝るのだ。両者が足並みを揃え、能力と影響力がともに拡大していくのが理想と言える。しかし、承認欲求が外交の重要な推進要因になるべきでは絶対にないし、まして競合国による承認を求めるのであればなおさらである。こうした過去の経験に対する認識がいまや国際政治、とくに地域の懸念に対するインドの姿勢を形成している。これに限ったことではないが、われわれの至高のリーダーが残した叡智と先見性は、バーラト建設のためのインスピレーションなのである。

第11章

なぜ「バーラト」が重要なのか

——自らの価値を理解し、自信を表明する

チャンドラヤーン3の月面着陸成功[1]は、南アフリカで開催されたBRICS首脳会議と同じタイミングとなった。当然ながら、このとてつもない成果は議事でも大きな話題となった。グローバル・サウスのリーダーからは、グループの一国がこのような偉業を達成できたことに誇りを表明した。しかし、これはインドが今日世界にどれだけ大きなインパクトを及ぼしているかを示すほんの一例にすぎない。

その数週間後、G20ニューデリー首脳会議では全会一致で中身のある成果を挙げることに成功した。この外交上の達成に加えて、やはりインドがイニシアチブをとったアフリカ連合（AU）の正式加盟も承認された。ここでもまた、一連の展開が広範囲に反響を及ぼした。その数年前には、インドによる「ワクチン・マイトリー」は、パンデミックの中で忘れられていた多くの小規模国にワクチンへのアクセスを可能にした。きわめて多様な分野における三つの異なる事例には、共通するメッセージがある――インドはこれまでよりも世界にとってはるかに重要な存在になっているのだ、と。

グローバルな意識が高い新世代のインド人であれば、国際情勢におけるインドの存在感について議論をするのは当然のことだ。このテーマに対する一つのアプローチは、インドが他国にとってなぜ、そしてどのようなかたちで重要であるのかについて考えることである。その答えは常にシンプルというわけにはいかないが、インドは何らかのかたちで常に重要な存在であり続けてきたという常識的な感覚に基づく見方から議論を始めることができるだろう。結局のところ、膨大な数の人びとが住み、これほどに豊かな歴史と文化を持つ巨大な国であれば、印象をもたらしてきたのは自然なことである。その存在自体によってインドはグローバルな意識空間の中に陣取っており、その状態は活力が増すことによって、拡大する一方だ。いま問われているのは、インドの再興が国際秩序をどのように形成し、それが将来にどのような意味を持つのかという点にほかならない。それは決断、政策、リーダーシップ、実行、そして何よりもわれわれが何者で、集合的な人格《ペルソナ》をいかにアピールしていくかという意識を意味する。

人びとの意識において、ハヌマーンは献身、忍耐、強さと同義の存在である。もちろん、当のハヌマーンは自らの力を十分に理解していないことは皮肉なのだが。アガスティヤがラーマに明かしたように、瞑想中の多くの聖仙たちを悩ませた、若い頃のハヌマーンの悪ふざけの結果だった。このため、聖なる任務を与えられて態度を改める必要が出てくるまで、ハヌマーンは物覚えの悪いと悪口を言われていた。物語が進行しハヌマーンの役割が増していくにつれて、彼の自覚もそれに合わせて強まっていった。重要な局面で救世主になったのは、ほかでもない彼だった。シーターがさらわれて捜索隊が行動を開始した際、スグリーヴァは配下の軍を分割し、それぞれ経験豊富なリーダーに指揮を委ねて四方向すべてに派遣した。ヴィナタ、スシェーナ、シャタバリはそれぞれ東、西、北へ向かう部隊の統率を任された。しかし、シーターがいる可能性がもっとも高いと見られた南へ向かう任務をアンガダとともに託されたのはハヌマーンだったのである。アンガダが捜索を諦めようとしたまさにそのときには、ハヌマーンは自信と忍耐を持ち続けるよう強く促したのだった。

物語のさまざまな場面で前面に出て活躍しているように、ハヌマーンの真のポテンシャルははっきりと示されている。ラクシュマナが戦闘で打倒され、復活させるには「ヴィシャルヤカラニ」という薬草を使う以外に手段がなかったとき、それを集めるべくハヌマーンがドロナギリ山に派遣された。日中に薬草を見つけ出すことができなかった彼は山を丸ごと持ち上げ、正しいものを選んでもらうべく、優れた判別力を持つサルの族長スシェーナの下に運んでいった。ハヌマーンはたしかな決意を持ち、創造的で、結果を重視し、自信に満ちた存在であり、それは他の多くのエピソードでも示されている。

ハヌマーンの伝説は過去一〇年のインドの歩みと重なるものと言える。より多くのことをなせばなすほど、さらに多くのことができるという自信が強まるのだ。近年インドに大きな変化をもたらし、国際秩序に大きな意味を持つ軌道に乗せたのは、この自己探求にほかならない。

結果を出す民主主義

マーケットとして、競争が展開される場所として、人材の供給源として、あるいはプラットフォームとして、そこにあるというだけでインドは重要な役割を発揮することができる。実はこれは、植民地時代にも起きたことなのである。これによって生存メンタリティが育まれ、うまくいけば相互取引を可能にするメンタリティへと成長することができる。しかしインドは、グローバル経済のエンジンやイノベーションのハブ、民主主義の実現といったアイデアと行動の力によっても重要な役割を発揮することができる。これは運命の導くところであり、その遠大な道を進むには確かな決意と強い忍耐力が求められる。最終的にどの道を歩むかは、インド社会の中での議論によって決まる。国家としては、決断は日増しに厳しいものになっている。過去一〇年の進展は希望と明るい将来を感じさせるが、旧秩序は不安定性のほうに目をつけ、分断を強調している。

世界はインドの決断から多くの利益を受けることを国民は当然意識する必要がある。インドの成功に期待する者は、進んで協力してくれるだろう。インドの台頭を好意的にはとらえない者は、妨害以上のことはないにしても、それを邪魔しようとしてくるだろう。いずれにしても、インドの主張に関わってきたり、さらには国益の追求に介入したりしてくる者に対して、われわれは備えをしておく必要がある。すでに論じたように、われわれは自国の展望の形成を外部に委ねないことが死活的に重要なのである。当然ながらインドは自国民に対して重要な役割を担っているのであり、まさにその理由ゆえに、なぜわれわれの将来を外部の者に決めさせてはいけないのかを歴史から想起する必要があるのだ。

グローバルな思考においてインドが長きにわたり占めてきた地位は、かつてこの国に至る交易ルートがすさまじい情熱をもって探求されたことにはっきりと見て取ることができる。その情熱はヨーロッパ人探検家をまずアメリカ大陸に導いた。しかし彼らが海路でついにインドに到達したとき、さらに重要な展開が始まった。インドを重要な拠点として活用することで、その後ヨーロッパはアジアを支配することに成功したのだ。実は十九世紀に中国がたどった運命さえも、かなりの部分がインドで起きたことによってかたち作られたのである。

驚くにはあたらないが、こうしたインドの中心性は別のかたちでも機能した。全世界的な脱植民地化プロセスは現代の国際秩序の基礎となったが、その嚆矢となったのはインドの独立だった。それから数十年が経ち、インドの経済成長は現在も進行中のリバランスと多極化に貢献している。これらはインドがなぜ重要かをめぐる議論をいくつかの側面から描いたものである。過去の重要性について振り返ることは、それが未来にどこまで意味を持つのかについての評価に資する。

なぜインドが重要かについて、その一部は明白だ。まず、インドの人口は人類の六分の一を占めている。したがって、その成功と欠点は明らかにグローバルな影響をもたらす。分離独立がなかったら、中国ではなくインドがもっと前に世界最大の人口大国になっていただろう。だが、インドの重要性は人口だけにとどまるものではない。それは、インドが歴史の惨禍を生き延びてきた数少ない文明国家の一つであることによる。そうした国は他とは異なるレベルの文化と伝統、それに伴う姿勢と思考によって特徴づけられる。また、長期的な視点を持っており、グローバルな課題についてはとりわけそうである。そうした国の目標や目的の多くは、現代における同クラスの国には持ち得ない伝統に基づいている。簡単に言うと、インドを重要な存在にしているのは、規模と歴史だけでなく、他にはない特徴を備えているからなのである。

国家というものは他国にとっての競技場として重要になり得るが、その国家自身もプレイヤーになることができる。容赦ない収奪的文化をもたらした数百年の植民地時代には、厳しい選択を迫られた。被害者になるか収奪者になるかの二択で、その中間という選択肢は存在しなかったのである。だが現代の進歩によって、こうした二項対立を超えた変化の基盤が整えられた。いまは協力を拡大すべき時代であるなどという、陳腐なことを言いたいのではない。自由な国々によって新たな活動やエネルギーが生じ、それが比較優位によって広がっていった。その結果、国際情勢におけるそうした国々の政治的重要性は高まっていった。そうする過程で国々は当初の苦境を脱し、影響力を及ぼす側に変わった。とりわけ大規模な国は、他国の判断においてもともとあったプレゼンスや重要性を回復した。その決断と行動は自国だけでなく、他国の将来をも決定づけるようになった。これは能力や潤沢なリソース、優秀な人材、地理的重要性、さらには国家としての意思およびリーダーシップさえも含む、多くの要素の総体からもたらされるものだ。

インドの台頭をかたち作っているのは、このマトリックス全体にほかならない。インドが独立七五周年を迎えるなかで、自らの将来について、やはり変革の最中にあるグローバルな文脈に位置づけながら国民はあらためて考えるべきである。世界は間違いなく広範かつ多くのチャンスをもたらしてくれるが、そこには新たな責任も伴う。両者は別々にすることができるものではなく、インドはいずれも関わるだけに重要な存在なのである。

国力という点で規模と人口は明らかな指標だが、いずれもそれだけで十分というわけではない。それはインドの過去の歴史によって証明されている。その特質にもかかわらず政治的地位が低いままの国もある。対照的に、はるかに小規模であっても、自らの重みを大きく上回るプレゼンスを築いている国もある。グローバルなリバランスの中核にあるのは、中国とインド、それにグローバル・サウスにおける一部の国の復活であり、こうした国々は国家の再生によって以前からの特質をより際立たせることに成功した。主要なファクターになっているのは発展のペースと性質であり、人材の質の向上も含まれる。

この点において、近年の展開はインドにとって明るい展望を感じさせてくれるものだ。二〇一四年以降、あらゆる分野をカバーする個別のミッションを通じて社会開発目標を達成しようとする包括的なコミットメントがある。そこには、保健およびワクチン接種の改善、ジェンダーギャップの縮小、教育へのアクセスおよび対象の拡大、人材およびイノベーション振興のためのスキル向上、ビジネス環境の改善、雇用の拡大が含まれる。この結果もたらされた包摂的成長は、当然ながら能力の強化とマーケットの拡大に資するだろう。しかしグローバルな労働市場へのインパクトも特筆すべきものがあり、これが世界にとって持つ意味は大きい。

インドのように人材にこれほど重点を置く知識経済は、二〇三〇年までのSDGs達成への注力という点で、国内はもとより世界にとっても不可欠な存在である。国連が設定した一七のSDGsは実のところインド政府が取り組む主要目標に含まれることは、二〇一四年以降に始まった全国レベルのミッションからはっきりと見て取れる。そしてこの流れは新型コロナウイルスという試練に見舞われたにもかかわらず、継続している。「ジャン・ダン‐アーダール‐モバイル（JAM）[2]」が三位一体になり、銀行口座の開設とデジタルサービスの提供によって何百万人もの社会的弱者のエンパワーメントを実現したケースについて考えてみてほしい。よく似たかたちで、保健サービス提供対象の拡大は、このニーズが先進国だけの特権ではないことを示してみせた。「ベーティー・バチャーオー・ベーティー・パダーオー」スキーム[3]は女子教育を推進するものだが、きわめて大きな社会的意味合いを持つものでもあるし、「ジャル・ジーヴァン・ミッション」は家庭における水道水の普及、「デジタル・インディア」ネットワークは国民へのインターネット利用環境の拡大、「ウッジワーラー」プログラムは調理用燃料を木からガスに切り替えるものだ。これらは、以前から続く問題にその場しのぎではないかたちで対処していることを示す実践例である。こうしたミッションの成果が積み重なることによって、人類における相当な割合の社会経済環境が改善されている。インドの存在が重要なのは、その発展の実績が二〇三〇年までのSDGs達成というグローバルな目標の成否を握っているからなのだ。

民主的価値が普遍的に近いレベルの地位を獲得するに至ったのは、インドの政治的決断があったからという指摘は、誰もがすぐに理解できるわけではないだろう。インドがそう主張するまで、こうした実践は先進国だけの特権だと広く受け止められていた。これはもちろん、民主的伝統がインドの歴史と文化に深く根差しているという事実があったからこそ可能になったものだ。しかしこの側面はかつてインド自身も主張することがなく、長年にわたり現代におけるインドの民主政は例外にすぎないとされてきた。西側では、軍事政権を「(民主制には)値しない」国への良きガバナンスとして推奨することを厭わなかったのは当然と言えば当然だ。われわれがいるこの地域は、この点に関しもっともわかりやすい例を提供しており、パキスタンはお気に入りのパートナーとして長年にわたりもてはやされてきた。実は、インドは厳しい経済環境にもかかわらず近代的な民主政を確立したというだけでなく、自らの多元主義の遺産に基づいてそれを実現したという点で際立っているのだ。他の多くの国とは異なり、インドは均質性を重視したことは一度もない。その反対に、多様性通じて示される生得の団結こそが、議論を尊ぶ文化の真の基盤なのである。

近年他国が試練に直面しているのとは対照的に、インドの信頼性は時とともに高まる一方だ。選挙への参加であれ政治における代表性の拡大であれ、民主的プロセスの有効性はこの上なくはっきりとしている。グローバリゼーションによる疎外感や誤情報によって不満が高まっている状況を踏まえれば、これは決して平凡な成果などではない。インドのケースでは、民主的活動と議論に対する熱意の高まりが見られており、これは政権交代が着実に行われることによって支えられている。そしてわれわれが自信を持って言えるのは、他の一部の国とは異なり、少なくともインドでは選挙結果に対して疑義が呈されたことはないのである！　民主主義とは、単にしっかりと実践するだけでなく、これまで以上にしっかりと実践するものだと明確に言えるだろう。

インドのような議論好きな国において、政治論争は往々にして主張の応酬というかたちをとる。グローバル化した存在とは、国境の内側だけにとどまらず、外に対しても影響力を広げていけることを意味する。しかし、インド国民がいかに自らの自由を一貫して拡大してきたかを間近に見ている者にとっては、それが国内における政治的権利の行使というだけでなく、再興する社会による民主主義の発露でもあり、それゆえに世界から見てインドの重要性が高まったということは明白である。

開かれた社会の長所があらためて認識されているが、それだけでは民主主義とは言えない。インドはたしかに七五年にわたり民主政を実践してきたが、それは狭義での話にすぎず、実際には社会的な意味ではるかに長い歴史がある。結果を出す民主主義であることは、さらに重要なのである。過去一〇年がきわめて重要なのは、このためだ。良き統治に対する真の情熱は、テクノロジーツールの効果的な適用と相まって、社会経済的環境を転換し始めている。そして世界は、この転換の規模と大きさに驚嘆するよりほかないのである。

デジタルインフラの整備を全国でしっかりと行うことで、新型コロナウイルスのパンデミックにおいては八億人以上のインド国民が食糧支援を受け、そのうち半分が銀行口座経由で給付金を受け取れた。この取り組みがいかに壮大だったかを考えてもらいたい。これはヨーロッパとアメリカの総人口に対して同時に支援を行うことに相当するのだから。実際、政府のプログラムやスキームは、大国の人口に相当する規模で展開されているのである。「ジャン・ダン・イニシアチブ」の対象者はアメリカとメキシコの合計人口に、電力普及を推進する「ソーバガヤ・スキーム」の対象者はロシアの総人口に、調理用燃料の転換を促進する「ウッジワーラー」は対象者はドイツの総人口に、住宅供給計画の「アワース・ヨハナ」の対象者は日本の総人口にそれぞれ相当する。他にも、清潔な水の供給、保健サービスの提供、農村支援といった分野が例として挙げられる。インドのデジタル化によって可能になった直接現金給付（ＤＢＴｓ）も、長年にわたる給付漏れの問題に終止符を打った。二〇億回以上のワクチン接種も、それ自体が優れた成果である。おそらく最大の教訓は、こうしたイニシアチブによっていかにテクノロジーの民主化と大衆のエンパワーメントが促進されたかだろう。インドの存在が重要なのは、単に良き統治を体現しているからだけではない。そのデジタル公共インフラが、世界にとっても大きな意味を持っているからでもあるのだ。

先進国は、ずっと劣等生と考えてきた国でそうした発展が起きているのを見て、喜ぶのではないか。これによって新たな連携の可能性が開かれることだろう。しかし発展途上国は、前述の経験を自国に直接適用可能なものととらえており、膨大な人口に対して実践されるのであればとくにそうである。

いまやインドが実験室として、訓練場として、イノベーションと発明《インベンション》の推進役として、そして結果の展示場としての役割を帯びていることは、その重要性を高めている。新型コロナウイルスのパンデミックでは、「世界の薬局」としての貢献が知られることになった。インドのデジタルスキルとスタートアップは、テクノロジーとサービスの着実な流れを作り出している。公共サービスと同様、ビジネス上の成果に対するインパクトも大きい。実は、気候アクションのようにグローバルな主要課題は、インドが模範を示すことでより効果的な対処が可能になると言える。飛躍を可能にするポテンシャルは、それが実現されれば真の変化をもたらすことになるだろう。同様に、さまざまな分野における「メイク・イン・インディア」の急速な進展は、世界との間で、そして世界のためにいかに多くのことができるかを証明することができる。インドが実践してきた規模や範囲の大きさ、そして競争力の高さは、いずれもさらなる成長エンジンになれることを示している。分権化するグローバリゼーションにおけるインスピレーションとしても、そして重要なファクターとしても、インドの存在は重要なのである。

才能の重要性

この数年でインドの自信は急上昇した。自分に大きな自信を持つ世代は、当然ながら高い願望を持つことになる。才能を能力に反映させるためには、メカニズムや制度、実施体制の整備が必要だ。とりわけ大規模な国には、確かな強みが必要となる。一九九一年以降のインドの実績に欠点があったとすれば、それは一定以上の水準の能力を持つ人材を十分に輩出できなかったことである。企業の採算性に対する満足は、強靭な国内サプライチェーン構築へのコミットメントを上回っていた。成長が雇用拡大という点で限定的にしか反映されていなかったことは、それを証明している。改革自体が限られた対象の利益に資するべく、狭義でとらえられていたのだった。

インドが人材チェーンの向上、製造業とイノベーションの振興に向けてギアを上げるなか、化学や繊維といった既存の分野から電子機器や半導体、製薬といった先端の分野まで、新たな可能性がいくつも開かれている。このポテンシャルを十分に発揮させるための確固とした取り組みが進行しており、これによって変化を起こすことができる。インドにおけるアップル製品の製造は一例にすぎないかもしれないが、間違いなく強力なメッセージである。インドはグローバルな生産と信頼度の高いサプライチェーンにさらなる貢献ができてはじめて、重要な存在になれるのである。

インドの人材が秘めるポテンシャルの巨大さは長年にわたり過小評価されており、本国においてすらそうだった。現実がすでにどうなっているのかをここで見てみよう。海外で在住・在勤しているインド国民（ＮＲＩ）およびインド系住民（ＰＩＯ）[4]の合計は、現在三二〇〇万人に上る。アメリカには約四五〇万人が住んでおり、その多くはテクノロジーやイノベーションといった重要な分野で活躍している。湾岸地域にはその二倍、すなわち約九〇〇万人が住んでおり、各国の経済に貢献している。イギリス、カナダ、南アフリカ、オーストラリアといった英連邦加盟国に居住するインド国民およびインド系住民は五〇〇万人以上に上る。こうした国には大きな国もあれば小さな国もあるし、近い国もあれば遠い国もある。歴史の中で行われた移民もあれば、近年の人の流れという場合もある。インド人が重要な存在であるのは、彼らが真にグローバルだからである。

インド系コミュニティの広範な拡散は、グローバリゼーションがもたらした当然の結果である。それがさまざまな地域でスキルや才能と関連しているのは明らかだ。海外で学ぶインド人留学生は一〇〇万人以上に上るが、これもさらに増加傾向にある。こうしたインド系や国内のカウンターパートに対しては、先進国が移住パートナーシップを通じてアピールを強化している。世界がより高いスキルのニーズと厳しい人口状況に向かっていく一方、インドは人材のクオリティを向上させていくなかで、需要と供給の均衡はいっそう強力なロジックになっている。ポルトガル、オーストラリア、オーストリア、ドイツ、日本、イギリス、イタリア、フランスと近年結んだ協定はこうした変化のさきがけと言える。インドは年を経るごとにグローバルな労働市場において大きなファクターになっていくがゆえに、重要な存在なのである。

　こうしたシナリオの下で、インドが自国の態勢を整える責務は着実に拡大していった。それは海外におけるインドのプレゼンスが大きくなっているだけでなく、国民の期待も大きくなっているからでもある。われわれはこれを国力の増大の反映ととらえる傾向があり、それは誤りではない。しかし同時に、そこにはリソースの配置に関する政治的意思がなくてはならず、ハイリスクの状況においてはとくにそうである。インドの外交姿勢における重要な転換の一つに、海外の自国民を保護するための活動の強化がある。そうした活動では、軍のリソースを用いることも多い。もちろん直近の事例はアジャイ、カヴェーリ、ガンガーといった作戦で、それぞれイスラエル、スーダン、ウクライナから国民を脱出させた。さらに大きな規模で実施されたのがヴァンデー・バーラト・ミッションだ。これは新型コロナウイルスの最中に海外にいる国民を帰還させたもので、おそらく規模は史上最大だろう。イエメンの紛争やネパールの大地震、南スーダンの暴動、カブールの陥落など、多くの事態で同様の対応を行った。

　こうした取り組みを全体として見ると、単に過去のインド自身との比較だけでなく、他国の傾向と比較しても活動が活発になっていると言える。海外における困難な状況を緩和するべく予算を積極的に投じていることも、この思考を裏付けている。インドが重要な存在であるのは、海外で自国のプレゼンスを高めているからだけでなく、それと同時に他国へも助けの手を差し伸べているからでもあるのだ。

戦略的地平線を拡大する

国際関係というものは、当然ながら地理が大きくものを言う。インド亜大陸がその周りに広がる海洋——これも「インド」の名が付いている——にとって中心的な存在であるのは明らかだ。インド洋が海洋全体の動向においてとりわけ活動的な舞台になっていることは、この海の空間をいっそう重要なものにしている。インドのプレゼンスについては、大陸国家という側面もある。インドの積極的参加がなければ、アジアを横断するコネクティビティのイニシアチブは実現しえないのである。結局のところ、東南アジアと湾岸地域を連結するのはインドなのだから。この位置によってインドは中心性を得ており、これは一足先に台頭したグローバル大国になりうる国とは大きく異なる点である。両国の影響力が重なる辺境のマネジメントは容易ならざる責務になっている。インドと直接国境を接する隣国の多くも人的および文化的関係を共有していることで状況はより複雑になり、そのため政策を持続的に実施していく必要がある。インドがいかに巧みに自国の地理的ポジションを活かすかは、世界に対する重要性の中で特筆すべき位置を占めている。インド洋に影響力を及ぼし、インド太平洋に関与するレベルに応じて、インドのグローバルな評価も高まっていくだろう。そしてインドの繁栄と発展がインド亜大陸全体に上げ潮のような効果をもたらせば、それはいっそう大きな結果を挙げることになる。

大半の国にとって歴史には、良い出来事もあればそうでない出来事もあるものだが、それでもなお歴史を最大限活かすことは政策上の責務である。インドのケースでは、分離独立は国の規模を減らすことにはなっただけでなく、長きにわたり尊敬を受け、影響力を行使してきた近隣地域から切り離される結果にもなった。戦略的レガシーを取り戻そうとする近年の試みは、重要な取り組みである。「ルック・イースト」から「アクト・イースト」政策への進化は、東南アジアにおけるコネクティビティと安全保障上の利益に対する真剣な姿勢を際立たせるものだ。これはまた、拡大近隣の設定における最初のステップでもあった。

過去八年間、湾岸地域においても、阻害されたままだったかつてのつながりを再構築しようとする試みが実践された。湾岸地域との関係は数十年にわたりエネルギーと移民に限定されていたが、インドはいまあらゆる分野に及ぶ関係構築に取り組んでいる。経済的つながりの拡大は安全保障面の連携緊密化によって強化されている。IMEC構想は、新時代のさきがけになりうるだろう。

三つ目のイニシアチブは現在進行中で、固有の基盤がある。それは中央アジアを対象にしたものだ。この地域は文化的にきわめて密接な関係を持つ地域だが、ここではコネクティビティ上の障害をどう克服するかが中心的なテーマになっている。もちろん、南方への海洋空間という点では、二〇一五年のSAGARドクトリンによって、その未来がインドと密接に結びついている島嶼国へのアウトリーチが始まった。歴史への回帰と拡大近隣の認識は、インドが重要な存在であることの理由の一つである。

政治上の制約は国益の追求を制限するだけでなく、戦略的地平線を狭めてしまう。インドのケースでは、かなりのレベルでまさにそれが起きてきた。過去の枠組みを超越しようと必死に取り組むなかで、文化的遺産の重要性をあらためて認識すべきなのは自然なことだ。この点でもっとも明白なのは、何世紀にもわたる交流を通じて豊かな共通の遺産が育まれてきた東南アジアについてである。そうした遺産は、今日でも重要なモニュメントや芸術作品に見出すことができる。したがって、ミーソン遺跡における新たな考古学上の発見、あるいはアンコール・ワットやタ・プローム、[5]バガン遺跡の修復プロジェクトは、過去のつながりを活かしながら関係構築を進めていこうとする当然の願望の表れなのだ。東方では、インド文化の影響は韓国にまで広がっている。アヨーディヤの文化的復興が韓国で強い共感をもたらすのはごく自然なことである。

西方では、共通の歴史の表れ方は少々異なるが、社会的慣習の一部をなしている。交易というエネルギッシュな文化は過去の円滑な関係を想起させ、新たなつながりが急速に築かれようとしている。インドのパートナーの文化的慣習に対する直感的な理解もある。アブダビにおける寺院の建立[6]は、長きにわたるインド人社会との間に育まれた関係を象徴するものと言える。

ユーラシア大陸の北方とのつながりも重要である。この大陸における仏教の拡散によって、その知的、精神的、美的メッセージが伝えられた。この遺産はいまも生きており、新たな取り組みによってそれが必ずやふたたび花開くことになるだろう。インドが必要性を認識し政策を拡大したことで、過去数年でこの方向に向けた試みが展開されている。

時代を超えたインドの文化的足跡の保護に対する強い関心は、遺産の保全における協力の推進という重点的な試みに見て取ることができる。国にとって重要なのは、数字で表せるパワーが増えることだけではない。それに伴う文化および知的再興もまた重要であり、それがグローバルなリバランスのカギとなるのだ。インドはこの分野においてユニークな貢献をしているからこそ、重要な存在なのである。

家族としての世界

歴史の奥深くからインドの重要性を強化するファクターが生じたとすれば、それは現代にとっても意味を持つものということになる。ここでも、制約はわれわれの思考の中だけに存在するのであって、その時々の政治によって影響を受けている。前世紀の出来事を例に考えてみよう。二度の世界大戦におけるインドの貢献は重要で、それが勝敗の帰趨を決した戦域もあったほどだ。第一次世界大戦では一〇〇万人以上のインド兵がヨーロッパ、地中海、西アジア、アフリカ戦線に参加した。ソンムの戦いにおけるインドの自転車部隊やエルサレムのヤッフォ門を通っていったターバン部隊は、この時代を象徴するイメージと言える。しかし、こうした兵士の勇敢さと犠牲が一般に知られるようになったのは、近年のことなのである。アジェンダの重荷から解き放たれて、モディ首相は過去を正当に評価し、ヌーヴ＝シャペル(7)やハイファの記念碑で犠牲となったインド兵を追悼した。それによって国民はようやく気づくようになったのである。いまでは、インド兵が海外で作戦に従事した各地を訪ねて回るルートを整備するイニシアチブが進められている。

同じことは第二次世界大戦についても当てはまり、ここでは二五〇〇万人のインド人が武器を取った。このケースでは、連合軍とそれ以外の側の両方でインドの貢献があり、スバース・チャンドラ・ボース率いるインド国民軍が自由の大義を掲げて人びとを駆り立てた。インドは重要な後方支援作戦でも貢献した。中国やロシアのような国は「ハンプ（こぶ）」と呼ばれるヒマラヤ山脈やペルシャ回廊経由で物資の補給を受けたのである。インド軍の部隊は二〇二〇年六月に赤の広場でパレードを行ったが、これは苦難の末に手にした戦勝におけるインドの貢献を想起させるものだった。第二次大戦後に東アジアおよび東南アジアから西アジアおよびヨーロッパまでの広域でインド軍が担った安定化の役割はとりわけ特筆に値する。

インドが国連平和維持活動（PKO）におけるリーダーとして国際的な基盤を支える役割を担っているのも、上述のようなグローバルな貢献の伝統があるからにほかならない。インドはそこからさらに進歩を遂げ、地域の危機的状況において効果的かつ最初に反応を示す国になっている。インドはグローバルなニーズに対して真の貢献をなすことができるゆえに、重要な存在なのである。

近年では、インドは国際的地位を高め、外交においては活力あふれる活動を積極的に展開している。長きにわたり首脳レベルでの対応がされてこなかった地域や国に対しても、集中的な働きかけが行われている。湾岸地域の場合、UAEには三〇年ぶりにインド首相の訪問が行われ、二〇一九年のバハレーンへのインド首相訪問は史上初だった。これと同様に、トルクメニスタンやキルギスといった中央アジアでも二〇年ぶりにインド首相の訪問が実現したが、オーストラリアのような主要パートナーに至ってはさらに間が空き、二八年ぶりの訪問になったのである！　スリランカやネパールのような隣国でさえも二国間ベースでインド首相を迎えたのは、長い空白を経てのことだった。こうした取り組みは、複数の分野における体系的な連携によって支えられている。グローバルな会合における重要課題をめぐる議論では、インドの主張はより明確かつ効果的になっている。

しかし最終的には、かなりの部分が、われわれがどのような全般的な姿勢をとるかにかかっている。インドの国家安全保障が危険にさらされているときには、姿勢を明確に示し、自国の立場を堅持することが大切である。テロに寛容な姿勢で臨むことはもはやないということをはっきりと示したからこそ、ウリやバーラーコートの事件を受けて対応を講じたのである。新型コロナウイルスのときであろうとそうでないときであろうと、北方の国境が中国によって脅かされるとき、それに対抗してインド軍は現地に配備される。このようなことがなくても、台頭するインドはこれまでの枠を超えて、その空間を広げ続けている。国益の追求は世界中で尊重されており、競合国でさえもそれは認めている。核心的利益に関わるものとなれば、必要なことを行うのはさらに死活的な重要性を帯びる。これは領土の一体性や主権の擁護、テロとの戦い、経済利益の追求、そしてグローバルな課題への対応に当てはまるだろう。

クアッドへの参加は世界におけるインドの地位を確実に強化した最近の代表例である。同様に、ウクライナ紛争に対する姿勢は、かなりの部分でグローバル・サウスのそれと強く共鳴するものである。インドはエネルギー安全保障、食糧価格の上昇、貿易の遮断といったテーマについてグローバル・サウスの代弁者として発言している。インドが自信、独立、そして決意を示すとき、重要な存在になるのである。

インドはきわめてユニークな存在であるがゆえに、簡単に模倣できるモデルではない。しかし、同様の課題に直面している他国に対して自国の経験を示すことはしている。実際、インドが台頭すればするほど、その達成が持つ重要性も高まるのである。世界はインドの発展が持つユニークさと重要性の両方を認識している。政治的偏見を吹聴する者のことは脇に置いておこう。それ以外の者は、文明を持った国が再興することで、その国としての性格が示されることを理解している。インドは自国のために語りかつ考え、自国が固有の文化にいかに根差しているかを知らしめていくだろう。インドが自信を強めれば強めるほど、その表現もまた積極的になっていく。そうすることができてはじめて、植民地支配の歴史の中で辛酸をなめさせられたかわいそうな国というイメージを克服することが可能になる。

この取り組みにおいて、インドは近代と伝統の懸け橋になれるというユニークなポジションにある。インドは自国の遺産を消し去るのではなく、尊重することによってインパクトを増すことができる。文化的信条と近代化のアジェンダを重ね合わすことで、現代における多くのジレンマに対処しやすくなるだろう。その歴史上の特質は、自信を持って直視すれば力の源泉となる。たとえば、多元主義の受容は、憲法が定める義務であると同時に、長期にわたる社会的慣行に根差していることがわかる。同様に、国内における強力なナショナリズムと国外における積極的な国際主義の共存も伝統的なものだ。台頭するインドは世界との関与を減らすのではなく、これまで以上に関与を深めたいと考えている。インドはインドらしさを増すことによって、重要な存在になるのである。

政治的地位と経済力の向上を踏まえ、インドは自分たちに対する世界の期待にしっかりと応えていかなければならない。それはまず、直接国境を接する隣国との間で始める必要がある。地理的にも歴史的にもインドに近い国は、当然ながらわれわれに目を向けるだろうし、困難な状況下においてはとくにそうなるはずだ。それは自然災害ということもあれば、政治や経済といった人間がもたらすものもあるだろう。だが、インドに対する期待が選択的に提起されると課題が生じてくる。隣国は自国の都合に合わせてインドのプレゼンスを調節しようとするのは当然と言えば当然である。

インドの観点からすると、両者の適切なバランスをとるのは常に簡単というわけではない。やりすぎれば介入的と見なされ、遠慮がちに振る舞えば、弱さとは言わないまでも関心が低いと受け取られかねない。あるいは、競合国の後塵を拝してしまう可能性もある。あらゆるパートナー国の政治は重要な変数であり、分析においては文脈が重要な位置を占めることも少なくない。

したがって、インドにとって最適の戦略はその日その日の展開に満足せず、構造的なリンケージを構築することである。それを実現するには、非互恵的で、寛大で、忍耐強い政策を重ね合わせることが必要だ。そこでは根本的なレベルで各国をつなぎ合わせ、インフラ整備や社会経済的イニシアチブ、政治的安定を促進することが求められる。コネクティビティや商業、接触といった要素がインドの近隣第一政策の核心なのである。それはスリランカの経済危機に際してインドが積極的に助けの手を差し伸べたことでも示された。結局のところ、地域主義とは主要なプレイヤーに積極的な動きをする用意があって初めて構築されていくものなのだ。そしてインドはインド亜大陸においてそのような能力を持つ唯一の国だからこそ、重要な存在なのである。

インドの地位が高まるにつれて、他国からの期待が近隣地域だけにとどまるものではないことにも政策決定者は気づきつつある。インドの独立がグローバルな脱植民地化の嚆矢となって以来、われわれは幅広い国々の利益を代弁するという責任を担い続けてきた。グローバル・サウスはインドの姿勢と成果を注視しており、その両方から学ぼうとしている。当初、重点が置かれていたのは独立の確立や経済の再建だった。時の経過とともに、多くのより複雑なテーマがアジェンダの中心を占めるようになっていった。

新型コロナウイルスのパンデミックはそのうち直近のもので、ワクチンへのアクセスと価格の問題という試練を際立たせた。気候アクションはより長期的な懸念であり、先進国がなかなか財政的コミットメントをしようとしないという状況が続いている。貿易における非関税障壁と貿易以外の手法を用いたさまざまな形態の保護主義は、さらに長期にわたる闘いと言える。こうした課題の多くについて、インドは自らの利益を有しているのは明らかだ。しかし、ワクチン・マイトリーで示したように、自国が試練の最中にあっても他国を積極的に助けようとしている。世界の多くがこれを連帯の証ととらえたのはまさにこのときだった。植民地主義の二世紀を経て国際秩序を再構築するのは容易ではない。しかし、グローバル・サウスの大部分がインドは自分たちのためにいると考えているからこそ、インドは重要な存在なのである。

過去一〇年、長期にわたる南南協力の伝統はさらに深みを増していった。そこではインドの能力がアフリカやラテンアメリカ、さらにはアジアの願望に直接関わりを持つ分野が対象になっている。そのなかには、エネルギーやデジタル、製造業、教育、コネクティビティにおける開発プロジェクトという形態をとったものもある。それは経験やベストプラクティスの共有、研修によって支えられている。重要なのはこうした取り組みによってもたらされる直接的なベネフィットだけではない。世界に対してより強い姿勢で臨むことを可能にする力がもたらされることで、グローバル・サウスにとってオプションを増やすことにもつながるのである。

G20議長国の就任に当たり、「グローバル・サウスの声サミット」を通じて一二五カ国の見解の把握に努めたことは、こうした思考を力強く示したイニシアチブだった。当然ながら、インドはこうした国々との間に心情的なつながりを有している。アフリカの台頭であれ後発開発途上国（LDC）の持続的成長であれ、その結果もたらされるリバランスはインドの戦略的アドバンテージにとって大きな意味を持っているのだ。

この文脈において、インドはとりわけ二〇一四年以来、グローバル・サウスのエンパワーメントを図るべく積極的な取り組みを行ってきた。信用枠の設定や無償資金協力は、さまざまなレベルにおける社会経済的プロジェクトの実施における牽引役になっている。それは発電所やダム、送電線から公共施設、住宅プロジェクト、鉄道・道路整備、食糧加工施設、ＩＴセンターにまで及ぶ。こうしたプロジェクトの多くが国レベルで実施されているが、コミュニティレベルにおける何百件もの小規模イニシアチブも効果的なインパクトをもたらしている。アセットや施設を整備するだけでなく、それを支えるものとして充実した内容の研修とベストプラクティスの共有も行われている。

　インドの取り組みを際立たせているのは、相手国のプライオリティやニーズへの対応を意識した政策にある。二〇一八年の開発パートナーシップに関するカンパラ原則[8]でモディ首相が強調した点は、インドの存在を際立たせる効果があった。収奪的な目的から行われるイニシアチブとは異なり、インドの取り組みは自立の支援に重点を置いたもので、相手国からは歓迎されている。インドがグローバル・サウスにとって重要な存在なのは、こうしたアプローチをとっている国は他にほとんどないからである。

　インドは自らの明確な特長を示すことによっても重要な存在たりえる。インドの能力と影響力が拡大するなか、国を代表する者は世界の他の国からたびたびこう尋ねられる。なぜ貴国の前に台頭した国の行動パターンを模倣しないのか、と。こうした問いはインドのＤＮＡをよくわかっていないことから来るものであることは明らかだ。

　したがって、インドがそのクオリティや信念、伝統に光を当てることで自国の存在を際立たせることが大切なのである。その中でもっとも基本的なのは、内在的な多元主義であり、それがあるからこそ多様性の中で統一が実現しているという点だ。そこからもたらされるのが民主的精神《エートス》なのである。この特長は国内で実践されているだけでなく、海外における協議においても見て取ることができる。法とルールの順守は、国際社会に対して強調されるべきもう一つの重要なポイントだ。その結果として、インドは強圧的なアプローチで臨んだり一方的な利益を求めたりする国ではないのである。実際、インドの国際社会との関わりは少なくとも何十年にもわたり行われてきたが、それを全体として見ると世界を一つの家族として取ってきた結果だったと言える。それは近年の苦境のように、圧力にさらされた時代であればこの上なく際立っていることは間違いない。

「新生インド」とグローバル・アジェンダ

ではインドは世界の舞台においていかに振る舞っているのだろうか？　世界は数年前と比べても、様相を異にしている。リバランスのプロセスについて言えば、そのペースやクオリティは政治的判断の結果に左右されるとはいえ、おそらく不可避だろう。このリバランスにおけるインドの貢献は決して小さなものではない。象徴的なレベルで言えば、G20を主要なグローバルなグループとして確立したことが挙げられる。G7は西側諸国だけで構成されるグループだが、二〇〇八年の世界金融危機以降その中心的地位は失われ、G20に取って代わられることとなった。しかしパワーの配分の変化には多くの側面があり、さまざまなかたちで現れる。それは経済活動や貿易・投資統計、技術力、市場シェアに見て取ることができるだろう。しかしそれは、気候変動やテロ、ブラックマネーと課税、パンデミックといった今日議論されているテーマにおいても明白である。

こうした議論においてインドはより影響力を及ぼす存在として参加しており、ウクライナ紛争の影響をめぐる事態はその一例である。さらに、域外におけるものも含め、責任の負担という問題がある。二〇一四年以降の人道および災害状況への対処は、インド洋および島嶼国、トルコ、さらに外の地域においてもインドが真っ先に反応する国としての評価を確立した。インドの活動の射程も拡大し、東はインド太平洋、西は湾岸地域およびアフリカにまで及んでいる。インドの発言、行動、新たな状況の構築は、われわれが重要な存在であることを示す強力な理由である。

こうしたイメージはインドが進行中の台頭の中で示してきた思考と行動の独立によって明確になっている。選択の自由を最大化することは、伝統的なインドのアプローチと言える。それは距離を置くことによって実践されてきたこともあった。見解の表明というかたちだったことも時にはあっただろう。しかし、特定のテーマや地域において他国との協働というかたちで実践されてきた場合もあった。結局のところ、われわれの目標を追求するに当たって、他国との一致点を活用しない理由はどこにあるのだろうか？

インドがかくも幅広い利益を有していることを踏まえれば、対立を乗り越えるためにはさまざまな方向のアプローチを通じた試みが必要になる。別の言い方をすれば、パートナー国の性質は問題の性質によるということだ。他国はインドの自由に挑戦したり制約を科したりし、われわれの判断を否定しようとしてくるだろう。それはクアッドのケースで実際に起きてきた。インドは決してそのような圧力に屈するべきでもないし、ヘッジのためにヘッジするようなことがあってもならない。イデオロギー的な留保や隠された目的に惑わされることがなければ、国益というコンパスがわれわれを確かな方向に導いてくれるだろう。これからの数十年でインドが世界をリードするポジションに着いていくからこそ、そうした柔軟性を持つことはいっそう重要になってくる。そして、これはインドだけに起きているのではないことを覚えておく必要がある。他国、とりわけ特定の地域において支配的な存在のミドルパワーかそれ以上の国であれば、同様の願望を持っているものだ。力の中心が各地に生まれているとことは、この時代におけるはっきりとした特長になりつつある。インドが重要な存在であるのは、アジアであれ世界であれ、多極化の登場において中心的な位置を占めているからである。

われわれは、ふたたび規範や行動の重要性が高まりを見せている時代に置かれている。国際法へのコミットメントを示さなかったり、自国が署名した協定やレジームを尊重しなかったりする国はまずいない。しかし、実際にそれが順守されているかは別問題だ。近年注目を集めた例は、一九八二年の国連海洋法条約とその南シナ海への適用をめぐる問題だ。インドはこの問題に対し、国連海洋法条約に示されている国際法の原則に基づき、航行と航空の自由および阻害なき通商を支持するという、原則的なアプローチをとってきた。また、すべての関係国に対し、海洋の国際法秩序の根拠となっている国連海洋法条約に最大限の尊重を示すよう呼びかけもした。さらに重要なこととして、インドはバングラデシュとの海上国境をめぐる紛争において仲裁裁判所の決定を受け入れることでその模範であることを示してきた。

現代世界の中で注目を集めているもう一つの議論のテーマは、国際政治におけるコネクティビティの重要性である。ここでも、インドは早い段階から客観的かつ公正な立場を明確に示してきた国の一つだった。一言で言えば、コネクティビティのイニシアチブは確立された国際的規範や良き統治、法の支配、開放性、透明性、平等性に基づいたものでなくてはならないという考えを訴えてきたのである。それは資金的に責任を持ち、持続不可能な債務を負わせることがあってはならず、生態系と環境を保護し、コストを透明性のあるかたちで評価し、現地のオーナーシップが保証されるものでなくてはならない。コネクティビティのプロジェクトは、主権と領土的一体性を尊重するかたちで進めていく必要もある。

いかなる国際秩序においても国際法の尊重が必須ではあるが、字面を追うだけでその精神が実践されなければ、ダメージをもたらすことになる。制度が操作され、その基盤となる原則が言葉だけのものになってしまえば、世界は明らかに悪い方向に向かってしまう。近年の経験に照らして、ルールに基づいた秩序に対する国際的な関心が高まっているのは決して偶然ではない。これは法からの逸脱としてではなく、規範を推進するための進展と見なされるべきである。インドはルールに基づいた秩序の推進者であるがゆえに、重要な存在なのである。

インドが重要な存在であることが認識されれば、そこから当然生じるテーマは、さらに重要性を増すためには何が求められるかということになってくる。それはやはり、国家安全保障戦略と外交政策における焦点になる。こうしたケースにおける答えの出発点は国内であることが多い。国内の状況を整える国がグローバルな議論においてもいっそう重要な存在になることは明らかだ。それはガバナンスのクオリティに関わるものもあれば、能力の開発に関わるものもある。ジャンムー・カシミールのように長期にわたる脆弱性の対処における進展は当然ながら歓迎されるべきものだ。

地域という点では、構造的リンケージの強化によってインドの活動空間の拡大がもたらされる。地域の統合の度合いが高まることで、最大のプレイヤーのみならず地域全体にベネフィットをもたらすことが可能になる。それは協力の魅力と疎外されることとの対価を示すことで、しっかりと実現することができる。その先に広がる拡大近隣に対しても、持続的な関与が求められる。それに当たっては、直接国境を接する隣国のプライオリティを実現することができて初めて、インドはそのリーチを拡大していけることを忘れてはいけない。拡大近隣は地理的にそれほど近いわけではないことも、それを踏まえた特別な対応の必要性を示している。世界に対しては、すべての大国と関係を築いていくことで、インドは最大のアドバンテージを手にすることができる。

しかし、インド自身のプレゼンスの増大も、世界との関与の必要性による結果でもある。制度上の限界を踏まえ、効率的な関与のあり方の追求がさまざまなグループとの接点を増やすことにつながっている。ASEAN、EU、ユーラシア、アフリカ、湾岸地域、太平洋島嶼国、カリブ海諸国、スカンジナビア諸国といったグループとの間でインドが関係を構築していることはその表れだ。こうした取り組みは、クアッド、I2U2、BRICSといった複数国間のグループによってさらに補完されつつある。その結果言えるのは、インドは競合国が作り上げてきた枠をついに破ったということだ。全方位の関与は、インドが重要な存在であるもう一つの理由である。

インドのような歴史と規模、意欲を持つ国にとって、各国が繰り広げるゲームはより高いレベルに引き上げられる必要がある。グローバルな力学を理解し、さらに活用することは、その実践においてきわめて重要な側面だ。そしてこれは、世界が根本的な移行の最中にあるがゆえに、この上なく厳しい課題と言える。進行する多極化の現実は、二極的な世界がもたらす摩擦によって見えにくくなっている面はある。多くの問題について、こうしたナラティブはさまざまな規模のプレイヤーからなる広範な集団によってかたち作られもする。その結果、インドはさまざまなアプローチを同時並行的に展開していく必要があり、そのなかには一見矛盾するものもあるかもしれない。

根本的な目標として、インドはさらなる多極化と強力なリバランスの推進に向けて取り組んでいかなくてはならない。インドの台頭を自国の戦略的利益にかなうものととらえる支持国が多く出てくれば、このプロセスはより急速に進行していくだろう。他国の判断を活用することは有用な手法だが、慎重かつ確信を伴って実践しなくてはならない。補完態勢も重要であり、威嚇や圧力に屈しないことはインドの成熟性を示すものだ。さらに、台頭する国家は試されるという当然の想定もある。そこで言えるのは、リーダーシップのクオリティと実際によい成果を挙げる能力は、間違いなくインドを他から際立たせる効果をもたらしているのである。

インドが重要な存在であり、時代とともにいっそうその度合いを増していくことは、自信を持って主張できる。だが、政治と歴史におけるきわめて多くの展開と同様に、それは最初から決まっている運命ととらえることは禁物だ。インドが壮大な構想を持つことなどできるわけがないと考える懐疑主義者は常にいる。ポリティカル・コレクトネスとグローバルなコンセンサスを隠れ蓑にする既得権益層の存在もある。われわれを自国の歴史や伝統、文化から距離を置かせようとする試みがこれまで長年にわたり見られてきた。しかし最終的にものを言うのは、国家の団結と集合的な目的意識なのである。本格的なグローバル・プレイヤーとなるには、イニシアチブ、忍耐強さ、エネルギーによって支えられる意欲と戦略が求められる。インドの国民とリーダーシップは、その願望を達成するという運命をしっかりと受け止めなくてはならない。信念を持ち任務に従事することは、それを実践する良き方法と言える。

なぜインドが重要な存在なのかという問いは、それが誰にとって重要なのかという観点からもアプローチされるべきだろう。国際情勢における重要なファクターとして、インドは世界各国の判断においてこれまで以上に突出した存在になっているのは明らかだ。グローバルな移行の時代にあって、これは移行プロセスを形成しようとしている大国にとってはとりわけ大きく関連する点と言える。台頭するインドは競合国にとってもさらに重要な存在であることも明らかだ。インドの限界と欠点を所与のものと見なしている者も、いまやその発展と展望を再評価することは間違いない。インドの隣国にとっては、寛大で非互恵的な国と近い位置にあることのベネフィットと安心感は、日増しに明白になりつつある。グローバル・サウス諸国にとって、より強力なインドはこれまで以上に良き存在なのである。

全体として見ると、今日の国際社会はインドに対して高い熱意と期待を持って関与している。これはインド人自身が評価するべきものであると同時に、結論を導き出さなければならないものでもある。論争や批判はこれからも起こっていくだろう。しかしその中でも、イデオロギー面の攻撃に屈せず、その歩みから外れることもしないインドに対して、各国はこれまで以上に真摯に向き合わなくてはならなくなるだろう。

今日の世界から見て、インドはどのように映るだろうか？インドは力強い回復が進行中の数少ない大規模経済国の一つである。インドはGDPで世界第五位であり、二〇二〇年代末までに第三位になる見通しだ。インドは過去一〇年の中で厳しい決断を下し、困難な改革に着手する意思を示してきた国でもある。人間中心の発展、デジタル公共財の提供、グリーン成長において著しい発展も遂げている。新型コロナウイルスの嵐の中にあっても強さを保ち、さらには他国に助けの手を差し伸べることもした。国家安全保障が挑戦を受けたときには、自国の立場を断固として堅持した。過去と決別し、テロに対しては容赦しない姿勢を示している。このインドは、海外在住の自国民に対する支援の重要性も理解している。この「新生インド」はグローバルなアジェンダをかたち作り、その結果に影響力を及ぼしている。分断した世界において、いまやインドはコンセンサスのまとめ役かつ理性の声として受け止められている。同時に、「グローバル・サウスの声サミット」が示したように、他国は自分たちの主張を代弁してくれる存在としてインドに信頼を置いている。これこそがアイデアとイニシアチブのインドであり、若者の創造性とイノベーションを示すインドなのである。

文明を持つ国家がいまふたたび、国際礼譲においてふさわしい地位を獲得しようとしている。インドはそれを責任や貢献、達成を通じたパートナーシップを推進するというユニークなかたちで展開している。この台頭が伝統や精神《エートス》と調和しながら進んでいくことを世界は理解している。インドの民主主義の重要性、多元的社会、経済的将来性はこれまで以上に強い反響をもたらしていくことは明らかだ。しかし、これらは深い部分に根差した信念と複雑な過去と現在からもたらされる広範な経験によって支えられていくだろう。政策決定が地に足が着いた者によって行われ、懸案が効果的に対処されているのは偶然ではない。それは誰一人として取り残さない社会の実現からテクノロジーの民主化、サステナビリティの推進にまで及ぶ。宇宙であれ、保健であれ、スタートアップであれ、スポーツであれ、各分野の成果は新たな誇りの意識をもたらしており、若い世代においてはとくにそうだ。さらにこれは、遺産に対する明確な意識とグローバルな発展における貢献によっていっそう強まっている。

インドは変革の最中にある国かもしれないが、自らの未来と世界の今後に対する長期的視点を持っていることは明らかだ。そしてインドは、他国と現在の状況に即した関係を築く用意ができている。インドの将来はきわめて国際的なもので、「世界は一つの家族である」という長年の確信に基づいている。日を経るごとに、インドはバーラトであるがゆえに重要な存在ということがより鮮明になりつつあるのだ。

謝辞

個人、団体、プラットフォームを問わず、本書の執筆に貢献してくれた存在は数多くいる。なかでも、わたしが数々の複雑なテーマについて考えをまとめ、それを言葉にしていくなかで助けてくれた同僚や友人に感謝の気持ちを表したい。本書の執筆の過程で生じたあらゆる事柄を我慢強く受け止めてくれた家族にも感謝したい。本書の出版元であるルパ・パブリケーションズはこの作業をとりわけ忍耐強く待ってくれた。このことも特記しておきたい。

訳者あとがき

本書について記す前に、S・ジャイシャンカル氏の前著『インド外交の流儀』（原題 *The India Way*）をめぐる話から始めさせていただきたい。インドで二〇二〇年九月に刊行された同書の邦訳が出たのは二二年一一月のことだった。このとき、翻訳を担当したわたしの中には期待と不安の両方が存在していた。インド人の、それも現職外相による初の著書だけに、インド外交のロジックを知る上で絶好の書であることは間違いない。本国でもベストセラーになっていた。その一方で、「インド外交」という日本では必ずしも幅広い関心が向けられてこなかった分野だけに、はたして日本でどこまで関心を持ってもらえるだろうか、という懸念もあった。

だが、わたしの心配は杞憂に終わった。『インド外交の流儀』は多くの読者に受け入れられ、二〇二四年までに五刷と版を重ねている。国力増大を背景にインドは活発な外交を展開し、国際社会でのプレゼンスを高めた。二〇二三年にはG20議長国として米欧日と中露の間に立って共同宣言をまとめたことは記憶に新しい。日米豪とともに「クアッド」を形成し、G7では招待国の常連になっている。日本との関係も緊密化が進み、政治からビジネス、教育・研究開発まで、幅広い分野でインドに熱い視線が注がれるようになった。日本人のインド研究者による本も数年前とは比べものにならないほど増え、毎月のように新刊が出ている。こうしたなかで、インドの現職外相が自国の外交について論じた同書には、類書にないオリジナリティがあった。

そのジャイシャンカル氏によるインド外交論の第二弾が *Why Bharat Matters* であり、本書はその全訳である。二〇二四年一月に原書が刊行されると、インドでは前著と同様に注目の的となった。前著の各章はジャイシャンカル氏が外務省退官後から外相就任までの「民間人」時代に行った講演に基づいていたが、本書は外相就任以降に著されたものである。それだけに、台頭著しいインドの自信を体現するとともに、外交の司令塔としての自負がみなぎっている。二〇二〇年以降、長引いた新型コロナウイルスのパンデミック、ウクライナ紛争やガザをめぐる情勢をはじめとして、世界を大きく揺るがす事態がいくつも生じてきた。本書でジャイシャンカル氏はこれらにも言及しながら、激変する世界がこれからどうなるか、その中でインドがどう生き抜いていくかについて、明快な筆致でパワフルな主張を展開している。

本書の「読みどころ」はいくつもあるが、ここではインドの文脈という点から三つに絞って解説したい（これは訳者の解釈であり、著者の見解とは異なる可能性もある）。

第一に、「バーラト（Bharat）」である。本書の各章は「〜だからこそ、バーラトが重要なのだ」といったかたちで締めくくられている。原題の「なぜバーラトが重要なのか」に対応しているのは言うまでもない。では、「バーラト」とは何なのか。この点について、本書で十分な説明があるわけではない。これはジャイシャンカル氏の言葉が足りないのではなく、インド人にとっては自明のことだからだろう。ただ、日本の読者をはじめ外部の人間にとっては、そこはピンときにくいところではないだろうか。

「バーラト」が注目を集めたのは、二〇二三年九月のことだった。G20ニューデリーサミットの開催に当たり、加盟国に送られた招待状の発信元は「インド」ではなく「バーラト」になっていたのだ。サミット会場でも、議長を務めるモディ首相の前に置かれた国名を表すプレートには「INDIA」ではなく「BHARAT」と記されていた。これによって、インドが国名を変更するのではないか、と注目された。「バーラト」は、ヒンディー語をはじめインド諸語による自国の呼称で、「バーラタヴァルシャ」という古代の呼称から来ている。現与党のインド人民党の略称はBJPだが、この「B」は「Bharatiya（インドの）」である。国営石油大手の「バーラト・ペトロリアム」をはじめ、企業名に用いられることもある。憲法にも「インド、すなわちバーラトは……」（第一条）とあり、法的にはどちらを使っても問題ないと理解されている。

「インド」と「バーラト」の関係は、日本の「ジャパン」と「ニッポン／ニホン」の関係に近く、わたしも以前はそう説明することが多かった。だが、本書を訳すなかで、「バーラト」には単に自国語に置き換えただけにはとどまらない意味があるのではないかと感じるようになった。そこには自国の文明や伝統、価値が込められているように思えるのだ。その意味で、「バーラト」は日本で言えば「大和（やまと）」に近い感覚かもしれない。そう考えながら本書の原題に立ち返ると、「バーラト」とは、自信を強めたインドが自国の独自の、すなわち前著でも言及された「インドならではの手法（インディア・ウェイ）」で世界と渡り合っていく決意をあらためて示したものと言えるのではないだろうか。

第二の点は、『ラーマーヤナ』を引き合いにしてインド外交や現代の世界情勢を論じていることである。インドの二大叙事詩と言えば、この『ラーマーヤナ』と『マハーバーラタ』である。ジャイシャンカル氏は前著『インド外交の流儀』で、まるまる一章を割いて『マハーバーラタ』を通じて現代世界を論じた（第三章「クリシュナの選択」）。そう来れば、もうひとつを取り上げないわけにはいかない。今回は各章の序盤に『ラーマーヤナ』のさまざまなエピソードを紹介し、それが現代におけるインドの発想や国際関係の展開、人間の強さと弱さを理解する上で貴重な教訓を汲み取ることができるとしている。これも先に触れたインドの伝統への回帰という文脈で理解することができるだろう。なお、『ラーマーヤナ』は日本語でもさまざまな訳書やダイジェスト版、解説書がある。さらには『ラーマーヤナ　ラーマ王子伝説』という、日印合作のアニメ映画（一九九三年）もある。いまでも時々上映会が行われることがあるので、機会があれば観ていただきたい。

第三に、自国の発展と外交政策の正当性に対する絶対的な確信である。インド人による議論の雄弁さはよく知られているが、本書でもそれが遺憾なく発揮されている（日本でもこのようなパワフルな外交論の執筆を政治家に期待したいところだが、どうだろうか）。それまで与党の重鎮が就くことが多かった外相ポストに職業外交官出身で当時議員ではなかったジャイシャンカル氏が任命されたときには、驚きの声が上がった。だが、インド外交の舵取りだけでなく、そのスポークスパーソンとして彼以上の適任者は他にいないことは、前作と本書を読めば明らかだ。二〇二四年六月に発足した第三次モディ政権でも外相に留任したのは当然のことと言える。

インドの台頭がこれからも続くと見られるなかで、日本にとっても世界にとっても同国の重要性はますます増していくだろう。その意味で、本書はインドの外交はもとより、同国のロジックや価値観、さらにはこれからの世界を理解する上で不可欠の書である。

『インド外交の流儀』に続き、本書を邦訳する意義を認めていただいた白水社には深く感謝している。これまでと同様、同社編集部の阿部唯史さんには企画の提案から刊行に至るまでの全行程にわたって担当していただいた。版権の確保やスケジュールの管理はもちろん、訳注や索引の整理をはじめとする細かな作業を含む原稿のとりまとめを的確かつ迅速に進めてくださった。今回もたいへんお世話になりました。

また、秋田の国際教養大学で学ぶ森田陽湖さんには、訳文のチェックをしていただいた。翻訳は英語がわかれば事足りるわけではなく、英文を正確かつ自然な日本語にする能力も求められる作業である。その点、二つの能力を非常に高いレベルで備える森田さんは、まさに適任だった。彼女の的を射た助言のおかげで読みやすくなった箇所が数多くある（もちろん、訳文に関わる責任は訳者にある）。学業の最中にこの作業を快く引き受けていただいた森田さんに、この場を借りて心からお礼の気持ちを伝えたい。

二〇二五年二月

笠井亮平

インド外交の新たな戦略
なぜ「バーラト」が重要なのか

二〇二五年三月一五日 印刷
二〇二五年四月一〇日 発行

著者 S・ジャイシャンカル
訳者© 笠井亮平
装幀 谷中英之
組版 閏月社
発行者 岩堀雅己
印刷所 株式会社理想社
発行所 株式会社白水社
東京都千代田区神田小川町三の二四
電話 営業部〇三（三二九一）七八一一
編集部〇三（三二九一）七八二一
振替 〇〇一九〇-五-三三二二八
郵便番号 一〇一-〇〇五二
www.hakusuisha.co.jp
乱丁・落丁本は、送料小社負担にてお取り替えいたします。

株式会社松岳社

ISBN978-4-560-09160-9
Printed in Japan

著者

S・ジャイシャンカル

S. Jaishankar

インドの外務大臣、元外交官。1955年ニューデリー生まれ。デリー大学卒業後、ネルー大学で博士号（国際関係論）を取得。1977年にインド外務省に入省し、駐日大使館次席公使（1996-2000）、駐チェコ大使（2000-04）、駐シンガポール大使（2007-09）、駐中国大使（2009-13）、駐米大使（2013-15）、外務次官（2015-18）などを歴任した。退官後、2019年5月に発足した第2次モディ政権で外相に就任したほか、同年7月からは上院議員（インド人民党所属）も務めている。邦訳書に『インド外交の流儀』（白水社）がある。

訳者

笠井亮平

かさい・りょうへい

1976年愛知県生まれ。岐阜女子大学南アジア研究センター特別客員准教授。中央大学総合政策学部卒業後、青山学院大学大学院国際政治経済学研究科で修士号取得。在中国、在インド、在パキスタンの日本大使館で外務省専門調査員として勤務。著書に『インパールの戦い』『『実理論』古代インド「最強の戦略書」』（以上、文春新書）、『モディが変えるインド』『インド独立の志士「朝子」』（以上、白水社）、『インドの食卓』（ハヤカワ新書）、訳書に『インド外交の流儀』『ワイルドランド（上下）』『日本でわたしも考えた』『アメリカ副大統領』『シークレット・ウォーズ（上下）』『ネオ・チャイナ』『ビリオネア・インド』（以上、白水社）、監訳書に『日本軍が銃をおいた日』（早川書房）などがある。

事項索引

あ行

アーダール◆296
アートマニルバル・バーラト◆71, 229, 233, 256
アートマニルバル・バーラト・アビヤーン◆116, 121
アーユルヴェーダ◆59
アクト・イースト◆112, 113, 179, 304
アクト・イースト・フォーラム◆191
アジア◆174
アジア金融危機◆81
アジアの世紀◆213, 231
アッサム◆278, 279
アフガニスタン◆40, 73, 80, 82, 89, 93, 105, 122, 144, 145, 185
アブダビ◆305
アブラハム合意◆89
アフリカ◆13, 59, 114, 115, 121, 123, 128, 311, 314
アフリカ大陸◆159
アフリカ連合（AU）◆31, 120, 158, 290
アムリト・カール◆106, 130, 138
アメリカ◆48, 72, 73, 80, 83, 87-89, 91, 93, 95, 96, 99, 103, 119, 121, 133, 153, 154, 156, 173-78, 182-87, 202, 225, 247, 264, 271, 276, 282, 301
アヨーディヤ◆64, 305
アラブ首長国連邦◆40
アラブ連盟対話◆166
アルゼンチン◆100, 161
アルナーチャル・プラデーシュ◆218
アングロスフィア◆154, 192
アンコール・ワット◆180, 305
安全保障◆236, 240-42, 244, 245, 247, 250, 251, 253, 254, 256, 257, 304
イエメン◆97, 122, 165
イギリス◆40, 49, 134, 144-47, 154, 195, 275
イスラエル◆17, 48, 89, 264, 271, 272, 302
イタリア◆157
一帯一路◆207, 221, 228, 231
イノベーション◆59, 117, 131
移民・移住パートナーシップ協定（MMPA）◆125,147, 157
イラク◆81, 82, 99
イラン◆40, 89, 100
印豪関係◆191-94
印中関係◆11, 204, 207, 213, 215, 217, 219, 220, 223, 224, 229, 231, 233, 271, 283
印中国境紛争◆74, 134
印中二国間関係◆214
インディア・ファースト◆204
インド◆295
——とアフリカの関係◆158, 159
——の人材◆130, 183, 301
——の対アフリカ関与◆165
——の台頭◆295
——のデジタル化◆299
——の GDP◆319
自立する——◆71
台頭する——◆308, 318
インド・EU サミット◆157
インド・アフリカフォーラムサミット（IAFS）◆127, 159
インド・太平洋島嶼国協力フォーラム（FIPIC）◆112, 196
インド・中東・ヨーロッパ経済回廊（IMEC）◆18, 27
インド・北欧サミット◆115
インド亜大陸◆126, 148, 174, 185, 228, 303, 310
印独関係◆157
インド国民（NRI）およびインド系住民（PIO）◆301
インド国民会議派◆265, 278

インド国民軍◆ 134, 306
インド人
──学生◆ 39, 193
──コミュニティ◆ 41, 193
──ディアスポラ◆ 159, 186
──留学生◆ 184, 217, 301
在外──◆ 12, 124
インド人コミュニティ福祉基金（ICWF）◆ 56
インド人民党◆ 265
インド太平洋◆ 26, 75, 88, 112, 118, 120, 128, 152, 154, 158, 170, 173, 174, 177-80, 189, 195, 197-99, 314
インド太平洋イニシアチブ（IPOI）◆ 165, 193
インド太平洋経済枠組み（IPEF）◆ 91
インドネシア◆ 195, 197
インド北東部◆ 47, 191
インド洋◆ 134, 178, 179, 303
インド洋委員会（IOC）◆ 195
インド洋大津波◆ 181, 199
インド洋島嶼国◆ 163
印日関係◆ 188-90
印日民生用原子力協力協定◆ 191
印仏関係◆ 151, 152
インフラ◆ 53, 198
印米関係◆ 144, 181-87
印米民生用原子力協力◆ 183
印露関係◆ 148, 150
ヴァスダイヴァ・クトゥムバカン（世界は一つの家族）◆ 135, 138
ヴァンデー・バーラト・ミッション◆ 40, 57, 67, 122, 302
ヴィシュワ・ミトラ（世界の友）◆ 10
ウェストファリア的政治◆ 92
ヴェトナム◆ 178
ヴェトナム戦争◆ 154
ウガンダ◆ 159
ウクライナ◆ 39, 67, 82, 90, 91, 122
ウクライナ紛争◆ 10, 62, 73, 80, 104, 112, 119, 164, 247, 248, 302, 308, 313
宇宙開発◆ 52, 118
ウリ◆ 15
英連邦◆ 144, 166, 193
エジプト◆ 100
エチオピア◆ 100
越境テロ◆ 281
エネルギー安全保障◆ 104, 308
オーストラリア◆ 13, 103, 154, 173, 179, 181, 182, 192-96, 307
オーストラリア・グループ◆ 128
オープンラジオアクセス・ネットワーク（O-RAN）行動計画◆ 198

か行

ガーナ◆ 160
カールギル紛争◆ 134
海洋安全保障◆ 88, 98, 123, 128, 200
海洋状況把握のためのインド太平洋パートナーシップ（IPMDA）◆ 165, 197
カヴェーリー作戦◆ 41
核オプション◆ 145
核実験◆ 151, 182, 188, 191, 192
拡大近隣◆ 113, 316
核不拡散◆ 98
過激主義◆ 89
ガザ◆ 97
カシミール◆ 221, 276
ガティ・シャクティ◆ 121, 261
カナダ◆ 49, 145, 154
ガバナンス◆ 131, 260
カリブ海地域◆ 162
カリブ共同体◆ 166
カリブ諸国◆ 115
カルカッタ（現コルカタ）◆ 278
ガルワーン◆ 212, 217
環インド洋連合（IORA）◆ 166, 180
ガンガー作戦◆ 39
ガンガヤーン探査ミッション◆ 194
環境のためのライフスタイル（LiFE）◆ 123
韓国◆ 121, 179
ガンビア◆ 160
気候変動◆ 14, 58, 98
共和国記念日パレード◆ 59, 122, 128
ギリシャ◆ 157
キルギス◆ 307
近隣第一政策◆ 17, 54, 112, 113, 162, 310
クアッド◆ 18, 27, 75, 91, 98, 103, 115, 119, 123, 154, 165, 166, 170, 172, 173, 180-83, 194-202, 286, 308, 314
クウェート◆ 56, 165
グジャラート州◆ 11, 159

クリーン・アプリ・アプローチ◆ 71
グローバリゼーション◆ 25, 53, 62, 67, 71, 80, 81, 83, 88, 92, 103, 129, 130, 179, 197, 243, 247, 248, 256, 258, 297, 301
グローバル・ガバナンス◆ 101
グローバル・コモンズ◆ 88, 120, 173, 176, 179, 197, 231, 232
グローバル・サウス◆ 18, 29, 30, 60, 73, 101, 104, 107, 116, 120, 164, 165, 290, 295, 308, 310, 311, 312, 319
グローバル・サウスの声サミット◆ 27, 112, 120, 128, 311, 319
グローバル・ミニマム課税◆ 126
グローバル経済◆ 94
グローバルな公共財◆ 201
グローバルな労働市場◆ 55, 301
グローバル化◆ 60, 68, 70, 72, 96
グワーダル◆ 220
経済安全保障◆ 248
経済自由化◆ 188
ケニア◆ 127, 160
原子力◆ 52
原子力供給国グループ（NSG）◆ 151, 219
憲法第三七〇条◆ 16, 76, 252, 275
高速鉄道◆ 52
後発開発途上国（LDC）◆ 311
コーカサス◆ 158
国際雑穀年◆ 123, 165
国際主義◆ 309
国際太陽光同盟（ISA）◆ 58, 123
国際秩序◆ 82, 88, 105, 107, 131, 132, 149, 214, 257, 268, 311, 316
国際南北輸送回廊（INSTC）◆ 150
国際ヨガの日◆ 124
国際連合◆ 49
国連安全保障理事会◆ 16, 99, 100, 144, 150, 274, 281
——常任理事国◆ 152, 153, 206, 283
国連改革◆ 231
国連海洋法条約（UNCLOS）◆ 197, 315
国連気候変動枠組条約締約国会議（COP21）◆ 14
国連平和維持活動（PKO）◆ 307
国家安全保障◆ 75, 83, 93, 102, 116, 122, 241, 248, 261, 274, 277, 316, 319
国境紛争◆ 207
国境問題◆ 208, 213, 218, 232
コネクティビティ◆ 47, 54, 85, 89, 90, 93, 94, 97, 107, 113, 114, 123, 126, 131, 162, 163, 190, 191, 198, 209, 229, 230, 249, 277, 303, 304, 310, 311, 315
「コネクト中央アジア」政策◆ 114
コモロ◆ 165

さ行

サールナート◆ 282
災害支援◆ 59
災害レジリエントなインフラ連合（CDRI）◆ 58, 123, 198
再生可能エネルギー◆ 15, 123
サイバーセキュリティ◆ 184, 201
サウジアラビア◆ 41, 89, 99, 100
雑穀◆ 59
——の振興◆ 30
サブカ・サート、サブカ・ヴィカース（皆のために取り組み、皆のために発展をもたらす）◆ 138
サプライチェーン◆ 17, 52, 53, 68, 70, 88, 91, 93, 101-03, 116, 128, 198, 201, 229, 230, 244, 300
サマルカンド◆ 62
左翼過激主義◆ 254
持続可能な開発目標（SDGs）◆ 118
実効支配ライン（LAC）◆ 215
自動車◆ 52
シムラー協定◆ 277
上海協力機構（SCO）◆ 120, 166
ジャンムー・カシミール◆ 76, 218, 228, 269, 270, 273-75, 277, 316
自由貿易協定（FTA）◆ 52, 75
重要・新興技術（CET）◆ 69, 103, 197, 200, 209
ジュナーガド◆ 269, 270
情報技術（IT）◆ 52
食料安全保障◆ 102, 119, 165
自力更生◆ 102
印ソ平和友好協力条約◆ 225
印パ◆ 280, 281
新型コロナウイルス◆ 10, 40, 43, 44, 51, 57, 59, 62, 67, 68, 100-04, 112, 117, 119, 120, 122, 125-28, 138, 160, 164, 165, 170, 196, 229, 232, 244,

247, 248, 255, 298, 302, 310
シンガポール◆121, 195
新興・機微技術◆156, 165
人工知能（AI）◆69
真珠の首飾り◆208
新生インド◆29, 107, 119, 268, 319
人道支援・災害救援（HADR）◆199
信頼できる最少限の抑止◆151
スーダン◆41, 122, 302
スカンジナビア◆157, 166
スタートアップ◆117
スラフコフ・フォーマット◆166
スリランカ◆114, 163, 307, 310
スロヴァキア◆39
製造安全保障◆102
政府開発援助（ODA）◆188
セーシェル◆165
世界金融危機◆248
世界のバックオフィス◆117
世界の薬局◆117, 299
世界の労働市場◆67
世界は一つの家族である◆320
世界貿易機関（WTO）◆81, 199
全方位の関与◆317
戦略的競争◆105
戦略的自律◆71, 84, 156
相互依存◆54, 105, 236, 241, 247
相互浸透◆54, 236, 241, 247
双循環◆102
ソ連◆84, 148, 276
——との関係◆143, 148, 223

た行

タ・プローム◆305
第一次世界大戦◆306
第三次印パ戦争◆134
第二次印パ戦争◆134
第二次世界大戦◆74, 133, 306
太平洋◆127
太平洋諸国◆162
太平洋島嶼国◆113, 161, 195, 196
太平洋島嶼フォーラム（PIF）◆166, 195
大菩薩会◆282
太陽光発電◆14, 119
多極アジア◆150, 149, 222
多極化◆25, 72, 105, 129, 152, 157, 294, 317
多極世界◆149, 222
多極体制◆84
多国間主義◆133, 135, 200
タジキスタン◆40
「多様性の中の統一」◆272
タリバーン◆39
タンザニア◆127
地域主義◆96
地域全体にとっての安全と成長（SAGAR）◆17
地域的な包括的経済連携（RCEP）◆16
チェンナイ・ウラジオストック海上ルート◆150
知識経済◆157, 237, 296
地平線二〇四七◆152
チャンドラヤーン3◆290
中欧◆115
中央アジア◆59, 114, 150, 163, 166, 304, 307
中国◆11, 48, 66, 73, 81, 84, 87, 95, 99, 176-80, 204-10, 212, 214-16, 218-20, 222-29, 247, 264, 276, 280, 283, 284, 293, 294, 308
——との関係◆158
——との国境紛争◆188
中国・パキスタン経済回廊（CPEC）◆219
中東◆247
中東欧◆157
中米◆115
朝鮮戦争◆154
チンディア（Chindia）◆204, 221
チンディアン◆207
ディアスポラ◆57, 77, 118, 146, 162
デーヴィー・シャクティ作戦◆40
データ◆229, 252
デカップリング◆94
テクノロジー◆25, 71, 76, 77, 85, 97, 99, 105, 128, 131, 156, 229, 243, 244, 247, 249-51
デジタル◆156
——化◆69, 260
——分野◆120, 255
デジタル・インディア◆296
テック戦争◆28
デリーメトロ◆191
テロ◆58, 89, 126
——対策◆98, 184, 200, 201

テロ対策委員会（CTC）◆ 16, 281
ドイツ◆ 90, 121
東南アジア◆ 303, 304
特別戦略的グローバル・パートナーシップ◆ 190
特別代表者◆ 216
ドットコム革命◆ 182
トルクメニスタン◆ 307
トルコ◆ 165, 313

な行

ナショナリズム◆ 21
南南協力◆ 311
西アジア◆ 62, 80, 89, 97, 115
ニジェール◆ 160
日本◆ 11, 103, 121, 172, 173, 178, 179, 182, 187-89, 191, 195, 196, 301
——との関係◆ 181
——の対印 ODA ◆ 190
二〇一四年のインド総選挙◆ 12
人間開発指標◆ 258, 259
ネパール◆ 47, 122, 127, 165, 307
ネルー=パテール論争◆ 208
ネルー=リアーカト協定◆ 279
ネルー主義◆ 206, 207, 218, 221, 265, 284
農村活性化プログラム◆ 76

は行

パーニーパット症候群◆ 246
バーラーコート◆ 15
バーラト◆ 21, 35, 60, 78, 105, 136, 167, 202, 233, 261, 287, 320
バーラト・マンダパ◆ 106
ハイデラバード◆ 269, 270
ハイフン化◆ 17, 131, 134, 144, 185, 187, 280
バガン◆ 282
バガン遺跡◆ 305
パキスタン◆ 46, 48, 93, 131, 133, 143, 144, 147, 185, 187, 221, 224, 225, 228, 264, 269, 275, 276, 278-81, 297
バハレーン◆ 307
パプアニューギニア◆ 161, 196
パブリック・ディプロマシー◆ 106
パリ協定◆ 58
ハリマン・サンディス調査団◆ 276
バルト三国◆ 157
パレスチナ◆ 17
藩王国◆ 269
ハンガリー◆ 39
バングラデシュ◆ 47, 315
パンゴン・ツォ◆ 227
パンジャーブ◆ 278
パンデミック◆ 58, 82
半導体◆ 15, 185, 198
ハンバントタ◆ 220
東アジアサミット◆ 165, 166, 197
非同盟◆ 285
——運動◆ 165
——路線◆ 10
一つの世界、一つの健康◆ 135
一つの太陽、一つの世界、一つの送電網（OSO-WOG）◆ 123
「汎アフリカ e ヴィディヤバーラティ」および「e アロギャバーラティ」◆ 160
フィジー◆ 161, 196
ブータン◆ 47
武漢◆ 219
複数国主義◆ 98
「二つの海の交わり」演説◆ 189
ブラジル◆ 161
フランス◆ 40, 48, 151, 152, 195, 197
プロアクティブなガバナンスとプロジェクトの適時実行支援システム（PRAGATI）◆ 122
分離独立◆ 228, 275, 303
兵器化◆ 245
平和共存五原則◆ 205, 284
ベンガル◆ 278
ベンガル湾多分野技術経済協力イニシアチブ（BIMSTEC）◆ 166
ポーランド◆ 39
北東部◆ 279
保健安全保障◆ 102, 255
北極◆ 150
ポルトガル◆ 128, 157
ボロブドゥール◆ 180

ま行

マーマッラプラム◆ 219
マダガスカル◆ 165
マディソン・スクエア・ガーデン◆ 12

マハーバーラタ◆32, 33, 63
マラバール演習◆194, 197
マルチ・スズキ◆191
マンダラ◆29, 112, 113, 116
ミーソン◆180
ミーソン遺跡◆304
ミサイル技術規制レジーム（MTCR）◆128
ミドルパワー◆97
南アジア◆54, 121, 226
南アジア地域協力連合（SAARC）◆98
南シナ海◆315
ミャンマー◆282
民主主義◆21, 31, 59
民主主義の母◆135
民生用原子力協力◆151
ムンバイとアーメダバードを結ぶ高速鉄道プロジェクト◆190
ムンバイ同時多発テロ◆16, 133, 278, 281
メイク・イン・インディア◆116, 118, 121, 208, 300
メトロ◆52
モーリシャス◆112, 114, 127, 160, 165
モザンビーク◆165
モルディブ◆114, 127, 165, 282

や行

ユーラシア◆128, 149, 305
輸出管理◆98
ヨーロッパ◆24, 59, 73, 90, 91, 114, 115
ヨガ◆14, 59

ら行

ラーマーヤナ◆32-34, 63, 85, 107, 172, 209, 211, 237, 238
ラテンアメリカ◆115, 121, 161
ラテンアメリカ・カリブ諸国共同体（CELAC）◆166
ラファール戦闘機◆48
リバランス◆25, 72, 98, 105, 124, 129, 155, 157, 164, 179, 231, 282, 294, 295, 305, 311, 313, 317
リンク・ウェスト◆113
ルーマニア◆39
ルールに基づいた秩序◆155
ルック・イースト◆112, 304
冷戦◆133
ロシア◆18, 39, 48, 73, 90, 99, 147-50
　——との関係◆158
ロシア・インド・中国（RIC）◆218
ロシア極東◆150

わ行

ワクチン◆18, 68, 104, 118, 126, 199, 255, 310
ワクチン・マイトリー◆17, 29, 122, 123, 140, 165, 290, 310
ワッセナー協定◆128
湾岸協力会議（GCC）◆98, 166
湾岸諸国◆68, 99, 114, 303, 304, 307, 314

数字・アルファベット

2＋2◆191
　——閣僚会合◆122, 191, 197
AI◆92, 103, 244
APEC◆91, 59, 99, 112, 113, 115, 128, 174, 179, 180, 193, 195
ASEAN地域フォーラム（ARF）◆197
ASEANの中心性◆197
AU◆159, 160
BIMSTEC◆195
BRICS◆98-100, 115, 120, 218, 290
CET◆70
COP◆123
COP21◆14
COP26◆15
COVAXイニシアチブ◆196
CPEC◆228, 277
EU◆56, 99, 104, 115, 119, 122, 128, 157, 174
　——離脱◆80, 145-47
FIPIC◆115
G20◆27, 30, 31, 59, 77, 118, 120, 123, 158-60, 166, 180, 281, 282, 290, 311, 313
　——ニューデリーサミット◆10
G7◆313
G77◆165
H1Bビザ◆117, 182
HADR◆200
Hカテゴリービザ◆184
I2U2◆18, 27, 75, 89, 115, 123
IAFS◆166
IAFSサミット◆128
IBSA（インド・ブラジル・南アフリカ）◆166

事項索引

IMEC ◆ 90, 115, 157, 304
IORA ◆ 193, 195, 200
IPOI ◆ 195
ISA ◆ 75
L69 グループ ◆ 165
LAC ◆ 216, 221
NSG ◆ 231
RCEP ◆ 130
RIC（ロシア・インド・中国）◆ 166
RRR ◆ 144
SAGAR ◆ 112, 114, 304
SCO ◆ 123, 128, 219
SDGs ◆ 200, 254, 296
UAE ◆ 99, 100, 113, 307

人名索引

あ行

アイヤンガル，ゴパラスワミ◆270
アッルーリ・シータラーマ・ラージュ◆134
安倍晋三◆189
アボット，トニー◆193
アンベードカル，B・R◆265, 282-84
ヴァジペーイー，アタル・ビハーリー◆134, 151
ウパドゥヤヤ，ディーンダヤル◆265
オバマ，バラク◆12, 277

か行

ガンディー，インディラ◆192, 214, 269
ガンディー，ラジーヴ◆214
岸田文雄◆190
キッシンジャー，ヘンリー◆225
クリシュナ◆63
クリパラニ，J・B◆265
クリントン，ビル◆182, 189

さ行

シーター◆34, 43, 64, 66, 110, 139-41, 171, 267, 291
ジャターユ◆267
ショー，ジョージ・バーナード◆283
シラク，ジャック◆151
ジンナー◆269

た行

ターラー◆65
ダウナー，アレクサンダー◆192
鄧小平◆231
トランプ，ドナルド◆80, 83

な行

ニクソン，リチャード◆225
ネルー，ジャワーハルラール◆204-06, 223, 224, 264-66, 270-72, 274, 278, 283

は行

バイデン，ジョー◆83
パテール，サルダール・ヴァラッブバーイー◆204, 205, 265, 266, 268-73, 275, 278, 279
ハヌマーン◆34, 63- 65, 291, 292
パル，ラダビノード◆188
ハワード，ジョン◆192
ビスマルク，オットー・フォン◆283
ビン・ラディン，オサマ◆93
フィッシャー，ティム◆192
ブッシュ，ジョージ・W◆183, 189
ボース，スバース・チャンドラ◆146, 306
ボース，ネータージー・スバース・チャンドラ◆134
ホルブルック，リチャード◆277

ま行

マサーニー，ミヌー・R◆265, 285
ムケルジー，シャーマー・プラサード◆265, 266, 273-75, 277-82
ムンダ，ビルサ◆134
メノン，V・P◆270
メノン，クリシュナ◆224
モディ，ナレンドラ◆11, 14-17, 19, 20, 59, 62, 77, 108, 109, 112, 121, 123, 125, 158, 159, 184, 193, 195, 201, 272, 306, 312
森喜朗◆189

ら行

ラーヴァナ◆34, 43, 64, 65, 139, 171, 172, 211, 237-39, 267
ラージャーゴーパラーチャリ，C◆271
ラーマ◆33, 34, 42, 64-66, 86, 110, 111, 139-42, 170, 172, 210-12, 238, 239, 267, 291

人名索引

ラクシュマナ◆33, 42, 111, 139, 140, 142, 171, 237, 238, 292
リー・クアンユー◆12
ロヒア，ラーム・マノーハル◆265

訳注

＊各項目の記述は訳者によるものであり、必ずしも原著者の見解を反映したものではありません。

はじめに

(1) **ウクライナ紛争**　著者は the Ukraine conflict という呼称を用いており、日本語訳もそれに基づいた。

(2) **2014年までの時代**　インドでは2004年から2期10年にわたりインド国民会議派主導の連立政権が続いていたが、2014年総選挙でインド人民党（BJP）が勝利し、同党主導の国民民主同盟（NDA）政権が発足、ナレンドラ・モディ氏が首相に就任した。NDAは2019年と24年の総選挙でも勝利した。

(3) **2011年のモディの訪中**　モディはグジャラート州首相時代の2011年12月に北京、上海、成都を訪問したことがある。

(4) **2014年以降の文化におけるリバランス**　同年にモディ氏が首相に就任して以来、インドやアジアの文化面における独自性を主張していることを指していると見られる。

(5) **過去から生じた件**　アメリカがグジャラート州首相時代のモディ首相の対応を問題視し、首相就任までビザを発給しない方針を取っていたことを指すものと思われる。

(6) **マディソン・スクエア・ガーデンで開かれたイベント**　2014年9月にモディ首相が訪米した際に行われた大規模集会。在米インド人を中心に2万人近い観衆が集まったとされる。

(7) **ウリとバーラーコート（Uri and Balakot）の事件**　ウリはジャンムー・カシミールの地名で、2016年9月にパキスタン側から過激派勢力が越境してインド軍施設を襲撃し、兵士19人が死亡した。これを受けて、インドは2カ月後にパキスタンの首都イスラマバードで予定されていた南アジア地域協力連合（SAARC）首脳会議への参加を取りやめたほか、9月下旬にはパキスタン占領下のカシミールに報復攻撃を行った。その後、2019年2月にもジャンムー・カシミールのプルワマでインド治安部隊に対する越境襲撃事件が発生し、40人が死亡した。インド側は同月下旬、パキスタンのハイバル・パフトゥンハー州バーラーコートで過激派勢力のキャンプがあると見られる場所に対し、空軍による報復攻撃を行った。

(8) **憲法第370条に関する問題**　インド政府は2019年8月、ジャンムー・カシミール州に一定の自治権を保障していた憲法第370条を廃止し、国内の他の地域と対等の扱いにすることを決定した（与党BJPが公約に掲げていたもの）。また、同州が「ジャンムー・カシミール」と「ラダック」という二つの連邦直轄領に分割された。

(9) **RCEP参加をめぐる問題**　インドはRCEP交渉に参加していたが、交渉が大詰めを迎えていた2019年11月に離脱した。RCEPは2020年11月、日本、中国、韓国、オーストラリア、ニュージーランド、ASEAN諸国など15カ国によって署名された。

(10) **ワクチン・マイトリー（Vaccine Maitri）**　インドによる海外への新型コロナウイルスワクチンの供給イニシアチブ。「マイトリー」は「友情」の意味。

(11) **地域全体にとっての安全と成長（Security And Growth for All in the Region: SAGAR）**　“sagar” はヒンディー語で「海」を意味する。インド洋におけるインドの海洋戦略を示すもの。

(12) **インドのハイフン化**　カシミールをはじめとする問題をめぐり、インドがパキスタンとハイ

フンでつながれ、セットで捉えられることを指す。

(13) **I2U2** インド、イスラエル、アメリカ(USA)、アラブ首長国連邦(UAE)の頭文字を取ったもの。関係地域の安全や開発、科学技術などの分野で協力を図るもので、2021年10月に立ち上げられた。翌22年7月にはオンライン形式で初の首脳会談も行われた。

(14) **インド・中東・ヨーロッパ経済回廊(India-Middle East-Europe Economic Corridor: IMEC)** 2023年9月のG20ニューデリー首脳会議の際に発表された、インドから中東を経由してヨーロッパをつなぐ経済回廊構想。

(15) **バーラト(Bharat)** 「インド」を意味するヒンディー語。2023年9月のG20ニューデリー首脳会議でインドが自国名を表す際に用い、注目を集めた。本書の「訳者あとがき」も参照。

第1章　世界観を提示する

(1) **テケイド(techade)** 「テック(tech)」と「10年(decade)」を合わせた造語。インドのデジタル振興策「デジタル・インディア」において用いられている。

(2) **I2U2** インド(India)、イスラエル(Israel)、アメリカ(USA)、アラブ首長国連邦(UAE)による協力枠組み。2021年10月に立ち上げられ、22年7月にはオンライン形式で初の首脳会議が行われた。

(3) **テック戦争(tech wars)** 重要なテクノロジーをめぐる国家間の競争。

(4) **拡大近隣(extended neighourhood)** インド外交では、直接国境を接する隣国(immediate neighbourhood)の外周に広がる地域を拡大近隣と位置づけており、とくに近年関係強化に取り組んでいる。

(5) **カヴェリ、ガンガー、デーヴィー、シャクティ、アジェイといった作戦** いずれも海外にいるインド国民が紛争や感染症の拡大などの緊急事態に直面した際に政府が行った本国帰還ミッション。

(6) **ヨガの振興** インドのイニシアチブで、2014年に国連で「国際ヨガの日」(International Day of Yoga)が制定され、翌年から毎年6月21日にインドはじめ世界各地でヨガが行われている。また、2014年にインド政府は既存の部局を格上げするかたちでアーユルヴェーダ・ヨガ・ユナミ・スィッダ・ホメオパシー(AYUSH)省を設置し、ヨガの振興に努めている。

(7) **シュリー・アンナ(Sri Anna)** インドによる雑穀の総称。インドは近年、栄養価が高く、栽培に当たって環境への負荷が少ない食物として、雑穀の国際的な振興に取り組んでいる。2023年が「国際雑穀年」に指定され、同年3月にはデリーでグローバル雑穀会議が開催された。

(8) **ラーマという化身** ヒンドゥー教における神々はさまざまな化身(アヴァターラ)として姿を現す。ヴィシュヌ神は10の化身があり、ラーマはそのひとり。なお、クリシュナもそのひとりである。

(9) **二つの願い事** アヨーディヤ王ダシャラタが戦場で負傷した際、妃のカイケーイーに助けられた。ダシャラタは感謝の気持ちとして、カイケーイーに願い事を二つかなえると約束したことに基づいている。

第2章　外交政策と国民

(1) **スームィ(Sumy)市のケース** スームィはウクライナ北東部の都市。2022年2月24日にロシア軍が侵攻し、ウクライナ軍との間で激戦が行われた。

(2) **バングラデシュとの陸上国境協定交渉** インドとバングラデシュの国境付近には多数の飛び地が存在し、生活や移動を含む多くの面で支障を来していたが、2015年に交渉が妥結したこと

で問題が解消された。

(3) **バングラデシュとの海上国境問題の解決**　2014年7月に国連海洋法条約に基づいて設置された仲裁裁判において下されたもので、インド・バングラデシュともにこれを受け入れたことで問題が解決された。

(4) **フランスのラファール（Rafale）戦闘機〜イスラエルのSPICE爆弾**　ラファールはフランス・ダッソー社の戦闘機で、インド空軍によって中型多目的戦闘機（MMRCA）として採用された。S-400はロシア製の超長距離地対空ミサイルシステム。SPICEは"Smart, Precise Impact, Cost-Effective（スマート、正確なインパクト、コスト効率が良い）"の略で、イスラエルが開発した誘導爆弾。

(5) **インド人コミュニティ福祉基金（Indian Community Welfare Fund: ICWF）**　2009年に設立された、災害や戦争で危機に瀕した在外インド人を支援するための組織。

(6) **インド人ディアスポラ（Indian diaspora）**　インド政府の統計では、海外在住のインド国籍を持つ者およびインド系で移住先の国籍を取得した者は、全世界に合計約350万人に上る。

(7) **2021年のグラスゴー**　イギリスのグラスゴーで開かれた国連気候変動枠組条約（UNFCCC）第26回締約国会議（COP26）。将来の石炭火力発電全廃をめぐり、先進国と途上国の間で見解が分かれた。

(8) **共和国記念日（Republic Day）パレードへの出席**　インドでは1947年8月15日に独立した後、50年1月26日に憲法が発布され、共和国になった。この日が「共和国記念日」としてナショナル・デーとなっており、首都ニューデリー中心部では大規模なパレードが開かれる。このパレードには毎年、インドと重要な関係を持つ国（複数の場合もある）の元首や首脳が主賓として招待されている。

(9) **独立75周年**　インド独立は1947年なので、2022年。インドはこの年を大きな節目として全国各地や在外公館などで祝賀行事が行われた。

第3章　世界の現状

(1) **現下の文脈**　ロシア・ウクライナ戦争を指していると思われる。冒頭のモディ首相の発言は、2022年9月にウズベキスタンのサマルカンドで開かれた上海協力機構首脳会議の際、プーチン・ロシア大統領との個別の会談で出たもの。

(2) **ヴィビーシャナ（Vibheeshana）**　ラーヴァナの弟。ラーヴァナにシーターをラーマの下に戻すよう進言したが受け入れられなかった。のちにランカー島の王になる。

(3) **山を丸ごと引き抜いたエピソード**　ハヌマーンは負傷したラクシュマナを助けるべく山に薬草を探しに行ったが特定することができなかったため、山ごと引き抜いて持っていった。

(4) **キシュキンダー（Kishkinda）**　ヴァナラ（サル）族の都。インド・カルナータカ州のハンピに比定される。

(5) **重要・新興技術（Critical and Emerging Technologies: CET）**　AIや量子などの、戦略的な重要性を持つ先端技術。

(6) **戦略的自律（strategic autonomy）**　いずれの国とも同盟を組まず、フリーハンドを確保し是々非々の姿勢で臨むインドの外交アプローチ。

(7) **アートマニルバル・バーラト（atmanirbhar Bharat）**　2014年に発足したモディ政権による、インドの自立を強調するスローガン。2020年秋にインドが新型コロナウイルス対策として打ち出した経済刺激策の名称としても用いられた。

(8) **2020年の出来事**　2020年5月に印中国境西部セクターで両軍が衝突し、45年ぶりに双方に死者を出した事態を指しているものと思われる。

(9) **クリーン・アプリ・アプローチ(clean app approach)** 2020年の国境での衝突以降、中国との関係が悪化するなかで、インドが安全保障上の観点からとった、TikTokなど59の中国製アプリを禁止する措置。
(10) **1947年、65年、71年に起きた紛争** 3回にわたるインドとパキスタンの戦争。このほか、1999年にもカシミールのカールギル地方で大規模な軍事衝突があった。
(11) **農村活性化プログラム** 2023年にインド政府が承認した、インド北部で外国と国境を接する州の農村において生活水準の向上や産業振興を目的とする中央政府のプログラム。

第4章 バック・トゥ・ザ・フューチャー

(1) **デジタルトラスト(digital trust)** デジタル技術を提供する組織がデータの管理や保護などを適切にできるかどうかに関わる信頼性。
(2) **ヴィシュヴァーミトラ王(Vishvamitra)** 別の名をカウシカ。『リグ・ヴェーダ』第3巻を著したとされる。
(3) **グローバル・コモンズ(global commons)** 地球規模で人類が共有する資産。地球環境や生態系、天然資源、宇宙などが当てはまる。「グローバル公共財」「国際公共財」といった訳語もある。
(4) **アブラハム合意(Abraham Accords)** 2020年8月にイスラエルとUAEの間で結ばれた国交正常化に関する合意。翌9月にはバハレーンもイスラエルと国交正常化に合意した。
(5) **要塞メンタリティ(fortress mentality)** 移民受入やそのための費用負担に反対する意識。
(6) **インド太平洋経済枠組み(Indo-Pacific Economic Framework)** インド太平洋地域の経済連携強化に関する新たな枠組みで、アメリカのバイデン大統領によって提唱された。2022年5月に日米豪印のクアッド4カ国を含む13カ国によるハイブリッド形式の首脳会議が行われ、正式に発足した(のちにフィジーが加わり14カ国)。「貿易」「サプライチェーンの強靱化」「インフラ、クリーンエネルギー、脱炭素」「税制と汚職対策」という4つの柱が設定され、協議が行われている。
(7) **敵味方識別装置(identification, friend, or foe: IFF)** 同士討ち防止のために艦艇や軍用機に設置されている装置。ここではもちろん比喩的に用いられている。
(8) **複数国主義(plurilateralsim)** 少数の国によって構成されるグループによって特定のイシューの協力や連携、対処に取り組むこと。多数の国が参加する多国間主義(multilateralism)とは区別される。また、ミニラテラリズム(minilateralism)に近い。本書の著者が前著『インド外交の流儀』で用いたことで注目されるようになった。
(9) **南アジア地域協力連合(SAARC)** 1985年に創設された、南アジアの地域協力を図る組織。インド、パキスタン、バングラデシュなど域内8カ国が加盟している。
(10) **新たに招かれた6カ国** サウジアラビアとアルゼンチンは2023年8月にBRICSが加盟国拡大を発表した際の対象国に含まれていたが、2025年1月現在、正式に加盟していない。なお、BRICSは2024年10月の首脳会議で「パートナー国」を創設することも決定している。
(11) **双循環(dual circulation)** 中国が2020年5月に打ち出したもので、「国内循環」と「国際循環」の二つを相互補完させ、発展を促す方針。

第5章 転換の一〇年

(1) **バーラト・マンダパム(Bharat Mandapam)** 2023年7月にニューデリー中心部にオープンしたコンベンションセンター。同年9月のG20首脳会議もここで開催された。

(2) **アムリト・カール（Amrit Kaal）** インドは独立100周年に当たる2047年までの先進国入りを国家目標に掲げており、発展を続ける25年間の呼称。

(3)**隣国の首脳を招待** モディ首相は2014年5月の就任宣誓式に、南アジア地域協力連合（SAARC）加盟国の首脳全員を招待した。

(4) **ヤクシニー（Yaksini）** インド神話における女性の鬼神。男性の場合はヤクシャと呼ばれる。漢字では「夜叉」と記される。

(5) **「ルック・イースト」から「アクト・イースト」** インドは1990年代初頭、東南アジアおよび東アジア諸国との関係強化に乗り出し、「ルック・イースト」政策と呼んだ。2014年に発足したモディ政権は、さらに積極的な関与を行っていくという意味を込めて、これを「アクト・イースト」政策に改称した。

(6) **インド・太平洋島嶼国協力フォーラム（Forum for India-Pacific Islands Cooperation: FIPIC）サミット** インドと14の太平洋島嶼国による首脳会議で、第1回は2014年にフィジーで、第2回はインドのジャイプルで開催された。

(7) **リンク・ウェスト** インドは湾岸諸国への関与強化として「ルック・ウェスト」を掲げていたが、「リンク・ウェスト」はこれをさらに積極的に推進するもの。

(8) **コネクト中央アジア（Connect Central Asia）** 2008年頃からインドが提唱している、中央アジアとの関係強化を志向する政策。

(9) **上海協力機構（Shanghai Cooperation Organization: SCO）** 中国、ロシア、中央アジア諸国、インド、パキスタン、イランが加盟する地域機構で、2001年に創設された。安全保障やテロ対策、エネルギーなどの分野で協力を行っている。

(10) **生産連動型優遇策（Production-Linked Incentive: PLI）スキーム** 分野ごとの適格基準を満たした場合に売上高の増加分を補助金として政府が支払う政策。

(11) **ガティ・シャクティ（Gati Shakti）** 2021年にインドが始めた、デジタル技術を活用してプロジェクト間の連携やインフラの改善を図るイニシアチブ。

(12) **プロアクティブなガバナンスとプロジェクトの適時実行支援システム（Pro-Active Governance and Timely Implementation: PRAGATI）** 2015年にインド政府が着手した、ITを活用した政策の的確な執行と透明性の向上、国民の要望の反映を目的とするシステム。

(13) **国際太陽光同盟（International Solar Alliance: ISA）や災害レジリエントなインフラ連合（Coalition for Disaster Resilient Infrastructure: CDRI）** ISAは世界の太陽光エネルギー活用の推進に取り組む協力枠組み。2015年のCOP21に際し、インドの呼びかけで結成された。2024年12月現在、100カ国が枠組み条約に署名、うち90カ国以上が批准している。CDRIは2019年9月の国連気候行動サミットの際にモディ首相が提唱したもので、インフラ分野における技術支援や能力構築、研究の推進、参加国・組織間の協力を図るとしている。

(14) **一つの太陽、一つの世界、一つの送電網（One Sun One World One Grid: OSOWOG）、環境のためのライフスタイル（Lifestyle for Environment: LiFE）、国際雑穀年** OSOWOGは2018年10月の国際太陽光同盟第1回会合でモディ首相が提唱したもので、世界各地域の送電網をつなぐことをめざす。2021年5月にはイギリスとインドが「グリーン・グリッド・イニシアチブ（GGI）」とOSOWOGの統合に合意した。LiFEは2021年のCOP26でモディ首相が呼びかけた国際キャンペーンで、環境と調和したライフスタイルの推進をめざすもの。国際雑穀年（2023年）はインドの働きかけで国連で制定されたもの。

(15) **移民・移住パートナーシップ協定（Migration and Mobility Partnership Agreement: MMPA）** 留学生や高度人材、研修生をはじめとする人の移動の促進に関する二国間の取り決め。インドとドイツは2022年12月にMMPAに署名したほか、インドとオーストラリア間のMMPAは2023年5月に発効した。

（16）**グローバル・ミニマム課税（global minimum tax）** 経済協力開発機構（OECD）の主導で制定した、企業に対する国際的な課税ルール。約140カ国が参加している。多国籍企業による租税回避を防止するねらいがある。

（17）**インド・アフリカフォーラムサミット（India Africa Forum Summit: IAFS）** インドがアフリカ諸国と開催した地域開発協力会議。2008年にニューデリーで第1回首脳会議が、15年10月には第3回首脳会議がそれぞれ開催された。

（18）**ミサイル技術規制レジーム（Missile Technology Control Regime: MTCR）、オーストラリア・グループ、ワッセナー協定** いずれも国際的な輸出管理レジーム。インドはこの三つすべてに参加している。

（19）**1947年に起きたこと** インドとパキスタンの分離独立後まもなく発生した両国の戦争（第一次印パ戦争）を指しているものと見られる。

（20）**ムンバイ同時多発テロ** 2008年11月26日にインドの商都ムンバイで発生した大規模テロ事件。タージ・マハル・ホテルはじめ市内の複数の場所が標的となり、外国人34人を含む少なくとも172人が殺害された。実行犯はパキスタンの拠点から海上経由で上陸し、犯行に及んだとされる。

（21）**ヴァジペーイー（Atal Behari Vajpayee）政権** 1998年に発足したBJPを中心とする連立政権。議会で多数派になれず1999年に総選挙が行われたところ、再度政権構築に成功し、2004年まで存続した。なお、BJPは1996年にもヴァジペーイーを首相とする政権を発足させたことがあるが、このときは13日間で崩壊した。

（22）**ネータージー・スバース・チャンドラ・ボースとインド国民軍（Netaji Subhas Chandra Bose and Indian National Army）** ボースはインド独立運動を代表する指導者のひとりで、インド国民会議派議長も務めた。ガンディーらとの路線対立から国外で闘争を展開する道を選び、ドイツを経て日本と協力。「自由インド仮政府」を樹立したほか、日本軍の働きかけで英軍の投降インド兵を中心に結成されたインド国民軍の最高司令官となった。日本の終戦直後、1945年8月18日に台北で起きた飛行機事故で死亡したとされる（異説もある）。

（23）**ビルサ・ムンダ（Birsa Munda）** 19世紀末、現在のジャールカンド州に当たる地方で活躍した部族指導者。1899年に植民地政府に対して反乱を起こしたが捕らえられ、翌1900年に獄死した。

（24）**アッルーリ・シータラーマ・ラージュ（Alluri Sitarama Raju）** 今日のアーンドラ・プラデーシュ州に当たる地方で起きた「ランパ蜂起」と呼ばれる部族反乱を率いた指導者。1924年に植民地当局に捕らえられ、処刑された。部族指導者コムラム・ビームとともに、大ヒット映画『RRR』の主人公のモデルになった。

（25）**ヴァスダイヴァ・クトゥムバカン（Vasudhaiva Kutumbakam）** 古代インドのウパニシャッド（ヴェーダ文献）に記されている言葉で、「世界は一つの家族」を意味する。BJPが2014年総選挙のマニフェストで言及し、その後インド外交でも盛んに提起されている。

（26）**民主主義の母（Mother of Democracy）** インドが近年掲げているメッセージの一つで、古代インドに民主主義の原点があったとする。モディ首相が2021年の国連総会演説で言及したほか、23年にインドがG20議長国を務めた際にもこの点がアピールされた。

第6章　友好国をつくり、人に影響を及ぼす

（1）**サブカ・サート、サブカ・ヴィカース（Sabka Saath, Sabka Vikas）** 元は2014年インド総選挙でBJPがスローガンとして掲げたもの。2023年11月に開かれた第2回「グローバル・サウスの声サミット」の閉幕あいさつでモディ首相がこの言葉に言及するなど、インドが外交の

舞台でも用いるようになっている。

(2) **サムパーティ（Sampati）** 年老いたハゲタカで、透視能力があるとされる。第10章で登場するジャターユの兄。

(3) **英連邦（Commonwealth）** イギリスと、インド、パキスタン、カナダ、オーストラリアなどかつての植民地の計56カ国で構成される緩やかな国家連合。首脳会議（CHOGM）が不定期に開催されている。

(4) **統合レビュー（Integrated Review）** イギリスのジョンソン政権がEU離脱後の包括的方針として2021年3月にまとめたもの。23年3月にはスナク政権によって改訂版が発表された。

(5) **シティ・オブ・ロンドン（City of London）** ロンドンの中心部に位置する地域で、単に「シティ」とも呼ばれる。イギリス中央銀行や証券取引所などが集中するイギリスの金融センター。

(6) **1971年にインド亜大陸が戦略的転換点を迎えた際** 米中和解を受けて、南アジアでは両国とパキスタンの3カ国がインドを取り囲む状況が発生したことを指していると思われる。

(7) **国際南北輸送回廊（International North-South Transport Corridor: INSTC）** インドのムンバイからイラン、コーカサスを経てロシアのモスクワに至る全長7200キロの交通網整備構想。2002年にインド、ロシア、イランが合意した。カスピ海や中央アジアを経由するルートも検討されている。

(8) **フランス植民地時代の過去** フランスもイギリス同様、自国の東インド会社を通じてインドに拠点を築いていた。インド南部のポンディシェリー（現プドゥチェリ）およびいくつかの飛び地は1954年までフランスの植民地だった。

(9) **信頼できる最少限の抑止（credible minimum deterrence）** 核抑止概念の一つ。インドは1999年の核実験以降、核ドクトリンでこの方針を掲げている。

(10) **原子力供給国グループ（Nuclear Suppliers Group: NSG）から例外扱い** NSGは1974年のインド核実験を受けて結成された、原子力の資機材の取り扱いルールを定め、その運用を行う有志国のグループ。2024年12月現在、48カ国がメンバーとなっている。インドは参加していないが、アメリカなどとの民生用原子力協力の実施を可能とするためにNSGにおける例外扱いを求め、2008年9月の臨時総会で承認された。

(11) **地平線2047（Horizon 2047）** インドとフランスが戦略的パートナーシップ締結25周年の節目となる2023年7月に発表した、2047年までの関係強化に向けたロードマップ。

(12) **アングロスフィア（Anglosphere）** アメリカ、イギリス、カナダなど英語圏の呼称。インドやパキスタン、フィリピンなどを含む場合もある。

(13) **ダウ船（dhow）** インド洋やアラビア海で古くから航海に用いられてきた帆船。

(14) **汎アフリカeヴィディヤバーラティおよびeアロギャバーラティ（e-VidyaBharati and e-AarogyaBharati）** いずれも2019年10月にインドが開始した、アフリカを対象とする通信技術を活用した遠隔協力プロジェクト。

(15) **ジャイプル・フット・キャンプ（Jaipur Foot camp）** インド・ラージャスターン州ジャイプルで始まった、障害者支援プロジェクト。義足の提供やリハビリなどを通じた社会復帰に取り組んでいる。

(16) **インド太平洋海洋イニシアチブ（Indo-Pacific Oceans Initiative: IPOI）** 2019年11月の東アジアサミットでモディ首相が発表したイニシアチブ。インドのインド太平洋政策において中心的な役割を担っている。海洋安全保障、海洋資源、災害リスク削減と管理、貿易のコネクティビティと海上輸送など7つの柱がある。

(17) **海洋状況把握のためのインド太平洋パートナーシップ（Indo-Pacific Partnership for Maritime Domain Awareness: IPMDA）** クアッドの枠組みで2022年に着手された、インド太平洋における安全確保や災害対策などを目的とした海洋状況把握（MDA）についての取り

組み。

(18) **G 77、非同盟運動、L 69 グループといった多国間のフォーラム** いずれも発展途上国によるグループ。G77 は中国を加えて「G77 ＋中国」という枠組みでの活動も行われている。

(19) **ベンガル湾多分野技術経済協力イニシアチブ(Bay of Bengal Initiative for Multi-Sectoral Technical and Economic Cooperation: BIMSTEC)** 1997 年に設立された、ベンガル湾に面した南アジアおよび東南アジア諸国で構成される地域機構。事務局はバングラデシュのダッカに置かれている。2022 年には 5 回目となる首脳会議がオンライン形式で開かれた。

(20) **環インド洋連合(Indian Ocean Rim Association: IORA)** 1997 年に「環インド洋地域協力連合(IOR-ARC)」として発足した地域機構。2013 年に現在の名称に変更された。インド洋に面する 23 カ国が加盟しているほか、日米中露など 9 カ国が対話パートナーとして参加している。2017 年と 19 年に首脳会議が開催された。

(21) **スラフコフ・フォーマット(Slavkov format)** チェコ、スロヴァキア、オーストリアの中欧 3 カ国による緩やかな協力枠組み。

第7章　約束されていたクアッド

(1) **ミーソン(My Son)** ヴェトナム中部にあるミーソン遺跡は古代チャンパ王国時代のものとして知られており、ヒンドゥー寺院の遺跡もある。

(2) **戦略コミュニティ(strategic community)** 主に外交・安全保障・軍事について、元外交官や政府職員、軍人、研究者、実務関係者らによって形成される緩やかなつながりの総称。

(3) **日本の厳しい状況に同情を示す政策** インドはサンフランシスコ平和条約に参加しなかったが、1952 年に個別に対日平和条約を結び、賠償を放棄したほか、在印日本資産の返還に応じた。

(4) **ラダビノード・パル判事(Judge Radhabinod Pal)** インドの裁判官・弁護士。専門はヒンドゥー相続法で、カルカッタ大学副学長(実質的な総長)も務めた。極東国際軍事裁判(東京裁判)でインド代表判事に任ぜられた。裁判では、「平和に対する罪」「人道に対する罪」は事後法であるとし、被告人全員を無罪とする少数意見(いわゆる「パル判決書」)を提出した。1967 年没。

(5) **国連における代表性の向上をめざした共同の取り組み** インドは日本、ドイツ、ブラジルとともに G4 として国連安保理常任理事国入りに取り組んでいる。

(6) **マラバール演習(Malabar Exercise)** アメリカ海軍、インド海軍、日本海上自衛隊による年次共同訓練。ベンガル湾と日本近海で毎年交互に実施されている。現在ではオーストラリア海軍も加わっている。「マラバール」はインド南西部の海岸の名称。

(7) **ガガンヤーン(Gaganyaan)探査ミッション** インド宇宙研究機関(ISRO)が取り組んでいる有人宇宙飛行計画。2024年には宇宙飛行士4人が発表され、26年の打ち上げをめざしている。

(8) **インドの新教育政策(National Education Policy 2020)** インド政府が、1986 年の「国家教育政策」に代わるものとして 2020 年に発表した新たな教育政策。

(9) **首脳の交代** 2022 年 5 月に東京で開かれたクアッド首脳会合では、オーストラリアからは直前に起きた政権交代の結果、アンソニー・アルバニージー新首相が出席した。

(10) **インド洋委員会(IOC)** 1982 年に創設された、マダガスカル、セーシェル、モーリシャスなどインド洋の島嶼国が加盟する地域組織。欧州連合(EU)、日本、中国などの域外国がオブザーバー参加している。

(11) **COVAX イニシアチブ** 新型コロナウイルスワクチンの調達・供給に関する国際的枠組み。

第8章　中国と向き合う

(1) **サルダール・ヴァラッブバーイー・パテール（Sardar Vallabhbhai Patel）**　インド国民会議派の政治家で、独立後の初代内相・副首相。1950年没。2018年には、出身地のグジャラート州に「統一の像」という高さ182メートルのパテール像（世界でもっとも高いとされる）が作られた。

(2) **1954年の平和共存五原則宣言**　1954年にインドのネルー首相と中国の周恩来首相が発表した、国際関係の原則（もともとはチベットとインドの通商・交通について定めた印中協定に盛り込まれたもの）。「領土・主権の相互尊重」「相互不可侵」「相互内政不干渉」「平等互恵」「平和共存」の五つからなる。

(3) **セラとボンディラ（Sela and Bondila）**　いずれもインド北東部アルナーチャル・プラデーシュ州にある峠で、1962年の印中国境紛争で激戦地となった。

(4) **インドの主権を侵害していること**　一帯一路の旗艦プロジェクトとして位置づけられる中パ経済回廊（CPEC）は、インド側が領有権を主張するジャンムー・カシミールの一部を経由しているとして、自国に対する主権の侵害と主張している。

(5) **「真珠の首飾り」（String of Pearls）**　中国がインド洋やマラッカ海峡、南シナ海などに拠点を作り影響力を高めようとしている取り組みについて、2000年代半ばからアメリカの研究者によって用いられるようになった表現。

(6) **ソ連に対して切ったイスラム・カード**　アメリカはじめ西側諸国は、ソ連のアフガニスタン侵攻に際し、イスラム武装勢力を支援することでソ連に対抗しようとした。この中には、のちにアメリカ同時多発テロを起こすアル・カーイダのオサマ・ビン・ラディンも含まれていた。

(7) **デーヴァ（deva）やガンダルヴァ（gandharva）、アシュラ（asura）やキンナラ（kinnara）、ナーガ（naga）やラークシャサ（rakshasa）**　デーヴァは神、ガンダルヴァは半神半獣の奏楽集団、アシュラは神と対立する存在、キンナラは音楽の神、ナーガは蛇神、ラークシャサは羅刹（鬼神）の意。

(8) **ラジーヴ・ガンディー（Rajiv Gandhi）**　インディラ・ガンディーの長男。母の暗殺を受けて、1984年に首相に就任し、89年まで務めた。野党時代の1991年、総選挙運動中にタミル系過激派に暗殺された。

(9) **実効支配ライン（Line of Actual Control: LAC）**　印中間では国境が未画定の状態が続いており、LACが暫定的な境界線と位置づけられている。ただし、このLACも双方で見解が異なる部分もある。

(10) **2003年の特別代表者の任命**　2003年のヴァジペーイー首相訪中の際に、印中双方が特別代表者を任命し、国境問題について協議することが合意された。インド側は国家安全保障担当補佐官が、中国側は外交担当国務委員（副首相級）が特別代表者を務めるケースが多い。

(11) **ビザをパスポートにホチキス留めするという対応**　中国側はインドのアルナーチャル・プラデーシュ州を自国領と主張しており、同州出身者のパスポートにビザを直接貼り付けるとインド領であることを認めることになるという判断から、別紙のビザをホチキスで留めてパスポート本体には痕跡を残さないようにするという対応を行い、これがインドで問題視された。

(12) **限定セキュリティ審査（limited security scrutiny）**　外国からの投資について、特定の国からの案件について安全保障上の観点から行う審査。

(13) **中国・パキスタン経済回廊（China-Pakistan Economic Corridor: CPEC）構想**　中国・新疆ウイグル自治区からパキスタンのグワーダル港までを結ぶルートで交通インフラを整備するとともに、産業振興を図る大規模開発構想。2013年に開始され、総工費は600億ドル以上にのぼると見積もられている。

(14) **武漢とマーマッラプラムの首脳会談**　2018年4月に中国・武漢で、翌19年10月にインドのタミル・ナードゥ州マーマッラプラム（マハーバリプラム）で開かれたモディ首相と習近平主席の印中非公式首脳会談。
(15) **ハンバントタとグワーダル**　ハンバントタはスリランカ、グワーダルはパキスタンの港湾で、いずれも中国による巨額の支援で整備が行われた。
(16) **クリシュナ・メノン（Krishna Menon）**　外交官・政治家。インド独立後、初代駐英大使、国連大使を経て、1957～62年に国防相を務めた。
(17) **パンゴン・ツォ（Pangong Tso）**　印中国境西部セクターに位置し、双方にまたがる湖。2020年5月の国境での衝突はこの付近で発生した。
(18) **ジャンムー・カシミール**　ジャンムー・カシミールはインドの領土であるが、第一次印パ戦争の結果、一部がパキスタンによって占領されているという見方をインドはとっている。

第9章　安全保障再考

(1) **ニクンビラ（Nikumbhila）**　プラティヤンギラの名でも知られる女神。
(2) **インドラストラ（Indrastra）**「インドラ神の兵器（矢）」の意。「アストラ（astra）」は現代のインド軍における中距離空対空ミサイルの名前にも採用されている。
(3) **ブラフマシャクティ（Brahmashakti）**「宇宙のエネルギー」に基づくとされる力。
(4) **ブラフマストラ（Brahmastra）**　強力な火球の形態をとる兵器。ラーマやラクシュマナなど一部の者のみが用いる方法を知っているとされる。
(5) **ナーガパシュ（Nagapash）**　もともとナーガ（蛇神）によって用いられていたとされる兵器。
(6) **パーニーパット症候群（Panipat syndrome）**　3度（1526年、1556年、1761年）にわたるパーニーパットの戦いで、曖昧な姿勢をとることで敵軍の侵入を招いてしまったことを指す。インドの外交・安全保障シンクタンク「マノーハル・パリカル防衛問題研究所」（MP-IDSA）で長年所長を務めたジャスジット・シン空軍准将によって命名された。
(7) **大量排出国（big emitters）**　温室効果ガスの大規模排出国を指している。2020年の世界における二酸化炭素排出量に占める割合は1位が中国（32.1%）、2位がアメリカ（13.6%）、3位がインド（6.6%）、4位がロシア4.9%、5位が日本（3.2%）。
(8) **IT**「インフォメーション・テクノロジー」はIT産業で知られるインドのことを、「インターナショナル・テロリズム」はパキスタンのことを指していると見られる。
(9) **左翼過激主義（Left Wing Extremism）**　インド東部を中心に活動する、インド共産党（マルクス・レーニン主義）などの過激派の呼称。1967年に西ベンガル州ナクサルバリで発生した蜂起から「ナクサライト」と呼ばれている。

第10章　未踏の道

(1) **シャマ・プラサード・ムケルジー（Shyama Prasad Mukerjee）**　1901年生まれの政治家。ヒンドゥー大会議のメンバーとして活動。独立後のインドでは初代工業相や憲法制定委員、連邦下院議員を務めた、1951年にはBJPの前身でインド大衆連盟（BJS）を創設した。1953年没。
(2) **B・R・アンベードカル博士（Dr. B. R. Ambedkar）**　弁護士、社会活動家、政治家。ヒンドゥー教の最下層に位置づけられる「不可触民」の家に生まれる。米英での留学を経て帰国し、その撤廃の活動に取り組む。インド独立後、初代法相に就任するとともに、憲法起草委員も務めた。1956年に56歳で没する直前、支持者とともに仏教に改宗した。
(3) **J・B・クリパラニ（J. B. Kripalani）、ラーム・マノーハル・ロヒア（Ram Manohar**

Lohia)、ディーンダヤル・ウパドゥヤヤ（Deendayal Upadhyaya）、ミヌー・R・マサーニー（Minoo R. Masani） クリパラニはもともとインド国民会議派の政治家で議長まで務めたが、後に離党。ロヒアも会議派所属だったが、独立後に離党して社会主義系政党で活動した。ウパドゥヤヤはBJSの創設メンバー。マサーニーについては第11章の訳注（25）を参照。

（4）**マハートマ・ガンディーの人選** 初代首相にパテールではなくネルーが就任したことを指していると思われる。

（5）**ジャンムー・カシミール、ハイデラバード、ジュナーガドのインド編入** 植民地支配下のインドでは、イギリスに外交・防衛を委ね、内政の自治を認められた「藩王国」が各地にあった。そのうちもっとも大きかったのがこれらの三つである。

（6）**ジンナー（Muhammad Ali Jinnah）** 植民地統治下のインドで全インド・ムスリム連盟総裁として活動し、パキスタン建国を実現した。パキスタンでは初代総督に就任したが、1948年に病死。

（7）**V・P・メノン（V. P. Menon）** インドの官僚。藩王国省次官としてパテールを補佐した。著書に『インド藩王国の統合の物語』『インドにおける権力の移行』がある。

（8）**ジャンムー・カシミールへの侵攻** 印パ分離直後の1947年10月にパキスタン側から民兵がジャンムー・カシミールに進入し、インド側と戦闘が勃発。のちにパキスタン正規軍も加わり、第一次印パ戦争となった。

（9）**ゴパラスワミ・アイヤンガル（Gopalaswami Ayyangar）** インドの政治家。インド独立前のジャンムー・カシミール藩王国で首相を務めた。独立後のネルー内閣で無任所相として入閣、カシミールを担当した。その後、鉄道相や国防相を歴任した。

（10）**C・ラージャーゴーパラーチャリ（C. Rajagopalachari）** インド国民会議派の政治家。インドが独立後、共和制になる前に最後の総督を務めた。パテールの死後にはネルー内閣で1年弱内相も務めた。

（11）**イギリスが任命した総督** 独立直後の時点ではインドは共和制ではなく、形式上インド国王（イギリス国王が兼務）を元首とし、国王によって任命される総督がいた。このときは独立前も総督だったルイス・マウントバッテン卿が引き続き留任していた。

（12）**1963年のハリマン・サンディス調査訪問団** 同年に米英が印パに対して行ったカシミール問題仲介の試み。

（13）**シャクスガム渓谷に関する違法な1963年の中国・パキスタン協定** パキスタンがカシミールのシャクスガム川流域一帯を中国に割譲することを定めたもの。インドはカシミール全域が自国領との立場から、この協定を認めていない。

（14）**1972年のシムラー協定** 前年の第三次印パ戦争を受けて両国がインドの避暑地シムラーで結んだ協定。カシミール問題を印パ二国間で協議することを定めたもの。

（15）**リチャード・ホルブルック大使の権限** ホルブルックがオバマ政権下でアフガニスタン・パキスタン担当特別代表に就任した際、印パのカシミール問題についても関与する可能性が取り沙汰されたことがあり、インドが警戒を示した。

（16）**1950年のネルー＝リアーカト協定** 同年にネルー首相とパキスタンのリアーカト・アリー・カーン首相の間で結ばれた協定。印パ分離の結果生じた難民やマイノリティの扱い、両国間の往来などについて定めたもの。

（17）**軍事政権が発展を実現している例としてもてはやされた時期** 2000年代初頭から半ばにかけて、パキスタンは対テロ戦争における支援の一環で米欧からの経済支援を受け、経済が成長した時期のことを指していると思われる。当時、パキスタンはBRICsに続く新興国群「ネクスト11」にも含まれていた。

（18）**1971年の結果** 同年の第三次印パ戦争のこと。

(19) **ハバナやシャルム・エル・シェイク** 前者は2006年9月に、後者は2009年7月にそれぞれ開かれた印パ首脳会談を指している（いずれも非同盟運動（NAM）諸国会議の際に行われたもの)。パキスタンが関与したと見られるテロが起きた後も、インドが融和的姿勢で臨んだとされている。

(20) **「テロへの資金源を断つ」** 金融行動タスクフォース（FATF）による国際会議。2022年11月にデリーで第3回会議が開かれた。

(21) **安保理決議1267制裁委員会** 1999年に国連安保理で採択された決議1267に基づいて設置された委員会で、アル・カーイダやオサマ・ビン・ラディン、タリバーンと関係がある人物や団体に対する制裁を目的としている。

(22) **大菩提会（Maha Bodhi Society）** スリランカの高僧ダルマパーラらによって1891年に設立された仏教団体。現在の本部はコルカタに置かれている。ムケルジーは1942～53年に会長を務めた。

(23) **ダルマ・ダンマ会議（Dharma Dhamma Conference）** インドの「インド財団」が主催する、ヒンドゥー教と仏教に関する国際会議。2024年8月には8回目となる会議が開かれた。

(24) **サールナート（Sarnath）** 悟りを開いた釈迦が初めて教えを説いた「初転法輪」の場所で、四大仏教聖地の一つとされる。現在のインドではウッタル・プラデーシュ州に属する。

(25) **ミヌー・R・マサーニー（Minoo. R. Masani）** 1905年にボンベイで生まれ、弁護士を経てインド独立運動に参加。独立後は駐ブラジル対し、連邦下院議員（3期）を務めた。当初インド国民会議派に属していたが、中道保守のスワタントラ党結成に参画。1998年没。

第11章　なぜバーラトが重要なのか

(1) **チャンドラヤーン3の月面着陸成功** 2023年8月にインド宇宙研究機関（ISRO）が打ち上げた無人月探査機。月面着陸に成功したのはアメリカ、ソ連（当時)、中国に次いで世界4番目。

(2) **ジャン・ダン-アーダール-モバイル（JAM）** 銀行口座開設を促進する「ジャン・ダン」計画、インド版マイナンバーカード「アーダール」、携帯電話を組み合わせ、公的給付金の受取を円滑にする取り組み。

(3) **「ベーティー・バチャーオー・ベーティー・バダーオー（Beti Bachao Beti Padhao)」スキーム** 「女子を救い、女子に教育を」の意味。2015年にインド政府によって始まったもので、出生数における男女比の改善を目的としている。

(4) **海外で在住・在勤しているインド国民（NRI）およびインド系住民（PIO）** NRIはNon-Resident Indian、PIOはPerson of Indian Originの略。前者はインド国籍を保有している者、後者は移住先の国で国籍を取得した者。

(5) **タ・プローム（Ta Prom）** カンボジアのアンコール遺跡の一つ。

(6) **アブダビにおける寺院の建立** 2024年に建立された「BAPSヒンドゥー・マンディール・アブダビ」。アブダビにおける初のヒンドゥー教寺院とされ、土地はUAE政府が提供した。

(7) **ヌーヴ＝シャペル（Nouve Chapel）** フランスの街。第一次世界大戦における激戦地の一つで、戦後の1927年にインド兵を追悼する記念碑が設置された。

(8) **2018年の開発パートナーシップに関するカンパラ原則** 2018年7月にモディ首相がカンパラのウガンダ議会で行った演説で提唱した、インドの対アフリカ関与についての10項目からなる原則。